CONTINENTE TURBULENTO E PODEROSO
QUAL O FUTURO DA EUROPA?

FUNDAÇÃO EDITORA DA UNESP

Presidente do Conselho Curador
Mário Sérgio Vasconcelos

Diretor-Presidente
José Castilho Marques Neto

Editor-Executivo
Jézio Hernani Bomfim Gutierre

Superintendente Administrativo e Financeiro
William de Souza Agostinho

Assessores Editoriais
João Luís Ceccantini
Maria Candida Soares Del Masso

Conselho Editorial Acadêmico
Áureo Busetto
Carlos Magno Castelo Branco Fortaleza
Elisabete Maniglia
Henrique Nunes de Oliveira
João Francisco Galera Monico
José Leonardo do Nascimento
Lourenço Chacon Jurado Filho
Maria de Lourdes Ortiz Gandini Baldan
Paula da Cruz Landim
Rogério Rosenfeld

Editores-Assistentes
Anderson Nobara
Jorge Pereira Filho
Leandro Rodrigues

ANTHONY GIDDENS

CONTINENTE TURBULENTO E PODEROSO

QUAL O FUTURO DA EUROPA?

Tradução de
Gilson César Cardoso de Sousa

© 2014 Anthony Giddens
© 2014 Editora Unesp
Título original: *Turbulent and Mighty Continent: What Future for Europe?*
(1.ed.)
This edition is published by arrangement with Polity Press Ltd., Cambridge

Fundação Editora da Unesp (FEU)
Praça da Sé, 108
01001-900 – São Paulo – SP
Tel.: (0xx11) 3242-7171
Fax: (0xx11) 3242-7172
www.editoraunesp.com.br
www.livrariaunesp.com.br
feu@editora.unesp.br

CIP – Brasil. Catalogação na publicação
Sindicato Nacional dos Editores de Livros, RJ

G385c

Giddens, Anthony, 1938-
  Continente turbulento e poderoso: qual o futuro da Europa? / Anthony Giddens; tradução Gilson César Cardoso de Sousa. – 1. ed. – São Paulo: Editora Unesp, 2014.

  Tradução de: Turbulent and Mighty Continent
  ISBN 978-85-393-0579-7

  1. Europa – História. I. Título.

14-15945   CDD: 940
                                                       CDU: 94(4)

Editora afiliada:

Asociación de Editoriales Universitarias
de América Latina y el Caribe

Associação Brasileira de
Editoras Universitárias

Sumário

Agradecimentos   1
Introdução   3

1   A UE como comunidade de destino   23
2   Austeridade e depois   65
3   Não há mais modelo social?   103
4   O imperativo cosmopolita   143
5   Mudança climática e energia   179
6   A busca de relevância   215
Conclusão   247

Referências bibliográficas   261
Índice remissivo   267

Figuras e tabelas

Figuras

Figura 1. Churchill tira o chapéu para a multidão, Zurique, 19 de setembro de 1946.. 7

Figura 2. "A última batalha: como a Europa está arruinando sua moeda." Uma visão da influente revista Der Spiegel (2010).. 29

Figura 3. A causa da instabilidade do euro não é a dívida em si. 32

Figura 4. "Meu nome é Bond. Euro Bond. Nunca diga nunca." Às vezes, anedotas capturam a realidade muito mais eficazmente que grandes quantidades de discursos sérios.. 35

Figura 5. Queda vertical do apoio expresso à UE.................. 49

Figura 6. O efeito do euro sobre os empréstimos................. 72

VIII ANTHONY GIDDENS

Figura 7. A União Monetária Europeia (UME) não dispõe dos mecanismos de ajuste necessários para compensar a perda de flexibilidade na taxa de câmbio 78

Figura 8. O PIB *per capita* nas principais regiões da UE (EUA = 100), 1950-2007 81

Figura 9. Os salários na Europa são menos diferenciados do que em outras regiões (razão de ganhos entre o decil maior e o decil menor, 2007-9) 113

Figura 10. O desemprego na área do euro e em outras regiões e países 122

Figura 11. Após os atentados a bomba de Londres: mulheres muçulmanas registram seu protesto contra a violência.. 167

Figura 12. Emissões de dióxido de carbono relacionadas à energia no mundo, por tipo de combustível, 1990-2035 (bilhões de toneladas métricas) 189

Figura 13. Consumo mundial de carvão por região, 1990-2005 (quatrilhão de Btu) 197

Figura 14. Capacidade de geração de energia nuclear no mundo, 2008 e 2035 (gigawatts) 201

Figura 15. Gastos militares dos EUA *versus* mundiais em 2008 (em USD bilhões, com a porcentagem do gasto global total) 226

Figura 16. Um restaurante em Pristina exibe a bandeira da UE junto com a bandeira nacional albanesa um dia antes da declaração de independência de Kosovo, fevereiro de 2008 234

Figura 17. "Salvando o euro" 252

Tabelas

Tabela 1. Percentagem da população com 65 anos ou mais em alguns países europeus selecionados (1985, 2010 e 2035) 135

Tabela 2. As dez primeiras cidadanias de imigrantes para os 27 Estados membros da UE, 2008 146

Tabela 3. Número de pessoas viajando por ano: um mundo hipermóvel – mas de modo desigual 150

Tabela 4. Razões mencionadas pelas quais as discussões de admissão com a Turquia não devem ter prosseguimento (até três razões eram registradas) 241

Agradecimentos

Muitas pessoas me ajudaram no preparo deste livro. Como sempre, gostaria de agradecer a todo o pessoal da Polity Press por sua eficiência e receptividade. Minha gratidão especial a John Thompson, Gill Motley, Neil de Cort, Elliott Karstadt, Breffni O'Connor e Ginny Graham. Caroline Richmond fez um trabalho notável na preparação do texto. Anne de Sayrah transcreveu uma primeira versão da obra e prestou auxílio de várias outras formas. Devo muito a Andreas Sowa por suas pesquisas e seu trabalho na averiguação da exatidão dos fatos. Sou-lhe muito grato por suas ideias e críticas argutas. Minhas filhas, Michele e Katy, leram vários capítulos e contribuíram com importantes comentários críticos. David Held leu diversas vezes o manuscrito e apresentou observações valiosas, às quais procurei responder; Gerry Bernbaum fez o mesmo; sou muito grato a ambos. Gostaria de agradecer também a Kevin Featherstone por suas sugestões extremamente úteis. Alena e Maria Ledeneva contribuíram para pôr em ordem o que era uma primeira versão um tanto confusa. Pelas conversas e observações valiosas, devo agradecer a Olaf Cramme, Martin Albrow, Roger Liddle, Enrico Franceschini, John Ashton, Alistair Dillon, John Urry, Mark Leonard, Montserrat

Guibernau, Monica Mandelli, Giles Radice, Mary Kaldor e Susie Astbury. O que me inspirou a escrever o livro foi minha participação no Council for the Future of Europe, criado por Nicolas Berggruen e Nathan Gardels. Os membros do grupo têm visões variadas da Europa, e as aqui expressas são minha própria perspectiva das coisas. Aprendi muitíssimo convivendo com meus colegas do Subcomitê "D" da Câmara dos Lordes, que se ocupam da política da União Europeia nas áreas de Agricultura, Pesca, Ambiente e Energia, de modo que quero aqui lhes prestar meu tributo de gratidão.

Anthony Giddens

Introdução

Trechos do discurso de Winston Churchill, proferido na Universidade de Zurique, Suíça, em 19 de setembro de 1946:

Hoje, quero falar-lhes sobre a tragédia da Europa. Este nobre continente, que engloba de um modo geral as regiões mais belas e cultas da Terra, gozando de um clima temperado e homogêneo, é o lar de todas as grandes raças que deram origem ao Ocidente [...] E a que situação a Europa foi reduzida? [...] Em vastas áreas, uma massa enorme de seres humanos assustados, aflitos, famintos, abandonados e desnorteados vaga em meio às ruínas de suas cidades e casas, fitando o negro horizonte à espera de um novo perigo, tirania ou terror. Entre os vencedores, há um vozear confuso; entre os vencidos, o silêncio sombrio do desespero [...].

No entanto, existe um remédio que, se fosse geral e espontaneamente adotado pela grande maioria dos povos, em muitas terras, transformaria como num milagre o cenário todo [...] Em que consiste esse remédio supremo? Em recriar a Família Europeia até onde for possível, dotando-a de uma estrutura sob a qual possa viver em paz, em segurança e em liberdade. Devemos construir uma espécie de Estados Unidos da Europa [...].

Nós, britânicos, temos nossa Comunidade de Nações [...] por que não haveria um grupo europeu capaz de proporcionar um senso de patriotismo ampliado e cidadania comum aos povos conturbados deste continente turbulento e poderoso? E por que não iria ele tomar seu lugar de direito entre outros grandes grupos, ajudando a moldar o futuro dos homens? [...] Por isso eu lhes digo: que a Europa se erga!

Estamos em 2006, 60° aniversário do discurso de Churchill. Não existem Estados Unidos da Europa, mas aquilo que se tornou a União Europeia (UE) voa alto. A Guerra Fria acabou. A URSS se dissolveu há muito tempo, quase, curiosamente, sem que se disparasse um único tiro. A Alemanha dividida voltou a ser uma. Também a Europa Oriental e a Europa Ocidental se reuniram, com a UE desempenhando um papel fundamental nesse processo. O euro foi lançado, e seu aparente sucesso vem confundindo os críticos. Em seu relatório de setembro daquele ano, o Fundo Monetário Internacional (FMI) declara que a economia global segue sólida, embora houvesse alguns motivos de preocupação. Pouco mais de doze meses depois, o mundo mergulha em sua maior crise econômica desde os anos 1930. Os líderes europeus, de início, veem o problema como puramente norte-americano, provocado pela natureza liberal de sua versão do capitalismo. Isso é em parte verdadeiro, mas seus efeitos na Europa[1] logo começam a se revelar profundos e inquietantes. A arrogância dos líderes da União Europeia não tarda a se transformar em algo que lembra de perto o desespero, ao tentarem enfrentar o problema. A existência do euro – uma moeda em pleno voo, mas sem o alicerce de um poder soberano – vem agravar a situação como um todo. Os países da eurozona se empenham numa luta feroz para manter o euro vivo.

---

1 Neste livro, sigo a convenção e uso os termos "Europa" e "União Europeia" um pelo outro, exceto quando o contexto exige sua clara diferenciação. Uma linha precisa é difícil de traçar porque as políticas nacionais podem ter forte impacto em escala europeia – por exemplo, nas áreas de bem-estar social e políticas energéticas.

CONTINENTE TURBULENTO E PODEROSO 5

Avancemos até o dia de hoje. As tribulações do euro foram contidas, mas não superadas inteiramente. Os problemas da UE continuam graves e perigosos: graves porque o projeto todo da construção de um continente unido pode vir abaixo; e perigosos porque, se as coisas forem de mal a pior, as consequências podem ser catastróficas. Algumas pessoas sustentam que os mesmos antagonismos responsáveis pelas guerras do passado continuam existindo. "Os demônios não se foram – estão apenas dormindo, como mostram as guerras da Bósnia e Kosovo."[2] Felizmente, a perspectiva de um embate militar entre as grandes nações da Europa parece remota. Os conflitos nos Bálcãs, afinal, ocorreram no que restou do império soviético, agora desaparecido para sempre. Mas convém mesmo temer os espectros que permanecem à espreita, caso a UE comece a se desintegrar. Quando a moeda única foi introduzida, com efeito, a União Europeia estava entrando num jogo arriscado – e conscientemente. Desde o começo, o euro foi um projeto político tanto quanto econômico. Seus criadores estavam cientes de que as plenas condições necessárias para uma moeda ser estável e bem-sucedida não existiam. Esperavam, contudo, que essas condições surgissem à medida que o euro fosse incentivando uma economia europeia mais coesa. As proporções do jogo talvez não tenham sido percebidas pelos iniciadores do projeto porque as condições econômicas eram bastante propícias na época, e assim continuaram por algum tempo.

A Europa já não é poderosa, mas tornou-se de novo turbulenta graças aos conflitos e divisões que vêm ocorrendo no continente. O desemprego atingiu níveis nunca antes vistos e é especialmente notório entre os jovens. Países que antes da crise financeira conseguiam equilibrar suas contas agora estão

---

2 Valentina Pop, citando Jean-Claude Juncker, Europe still has "sleeping war demons", *EU Observer*, 11 mar. 2013.

assustadoramente endividados. Entre os que mais esbanjaram, alguns se encontram em péssima situação econômica e não têm meios de desvalorizar sua moeda. Tiveram de aceitar imensos socorros financeiros. Os destinos dos membros do Norte e do Sul da eurozona divergiram radicalmente. Sob o impacto da crise, o apoio à União começou a vacilar. Os achados da Eurobarometer, pesquisa realizada pela Comissão Europeia a cada seis meses, revelam uma decepção crescente com a UE em quase todos os lugares.[3] Na Espanha, por exemplo, em 2007, 65% dos entrevistados manifestaram confiança na UE, contra 23%. Hoje, esses números mais que se inverteram: 20% ainda acreditam na UE, enquanto 72% pensam diferentemente. O mesmo ocorre na Grécia, Portugal e Irlanda, mas também em algumas das ex-nações comunistas como Hungria e Romênia. De modo menos acentuado, é esse igualmente o caso em membros mais prósperos, inclusive Alemanha, Áustria e Finlândia. No Reino Unido, país que sempre manifestou o nível mais baixo de apoio público à UE, a opinião a respeito se tornou ainda mais negativa que antes. Houve protestos e manifestações contra a União em vários países.

Poucos grupos, se algum houve, foram vistos nas ruas demonstrando apoio à União Europeia. Seria justo dizer que, apesar de seus muitos sucessos, a União não criou raízes emocionais entre os cidadãos em nenhum lugar. Como gostam de salientar os acadêmicos, trata-se de um empreendimento "funcionalista", movido por resultados, não por afeição e muito menos por paixão. Não surpreende, pois, que à falta de resultados comece a diminuir o apoio das pessoas. O "senso de patriotismo ampliado e cidadania comum" de que Churchill falava simplesmente não surgiu. Proponho, nas páginas seguintes, que a UE se aproxime

---

3 Traynor, I. Crisis for Europe as trust hits record low, *The Guardian, Europa,* 24 abr. 2013. Disponível *online.*

mais de seus cidadãos daqui por diante – e vice-versa –, caso contrário, ela não sobreviverá de forma reconhecível. Escrevi este livro para investigar de que modo tal processo poderá ocorrer. Introduzo novos conceitos a fim de esclarecer os limites da União atualmente e seu potencial para o futuro. Se com frequência pareço crítico, faço-o com o objetivo de ajudar a levar adiante o projeto europeu. O destino da União *importa* – importa muito. Mais de 500 milhões de pessoas vivem nos Estados da UE. O que acontece na Europa afeta a história do mundo por sua importância. A aposta é, realmente, muito alta.

Figura 1. Churchill tira o chapéu para a multidão, Zurique, 19 de setembro de 1946.

A estrutura da UE explica, em grande parte, por que ela é tão distanciada de seus cidadãos. Em termos bastante crus, a União sofre ao mesmo tempo de falta de democracia e ausência de liderança eficaz. Suas três instituições principais são a Comissão, o Conselho e o Parlamento. A Comissão é formalmente responsável pela elaboração de planos, projetos e políticas para a União como um todo. As decisões sobre as propostas da Comissão são tomadas pelo Conselho e o Parlamento, o que não raro é um processo demorado e sem garantias de êxito final. Além disso, em momento algum os cidadãos se envolvem diretamente. As eleições europeias são conduzidas, em grande parte, tendo em vista os problemas nacionais. O comparecimento a essas eleições é baixo porque os eleitores conhecem muito bem a situação. O Parlamento tende a operar à sombra, com processos obscuros para o grande público. Líderes nacionais, especialmente dos países maiores, querem as vantagens das duas situações ao mesmo tempo. Proclamam suas credenciais europeias, mas, na prática, aquilo que entendem ser de interesse nacional vem em primeiro lugar. No que diz respeito aos seus cidadãos, a UE possui uma fonte de legitimidade muito escassa à qual recorrer, pois não tem raízes profundas em suas vidas diárias.

A administração normal da UE se faz por etapas, e, nela, a Comissão desempenha o papel mais importante. Isso possui até mesmo um nome: "método Monnet". Jean Monnet, grande figura europeia, sustentava que a arquitetura da Europa poderia ser montada mais proveitosamente tijolo a tijolo. O diálogo e a discussão para dar esses passos ocorriam sobretudo em pequenos círculos; parlamentos nacionais e cidadãos ficavam de fora. Assim, a UE foi criada quase toda "fora das vistas". Quando é preciso tomar decisões rápidas ou prenhes de consequências, tem-se um problema, um grande problema. Com efeito, elas não podem ser enfrentadas no âmbito das próprias instituições formais. Em tais circunstâncias, um punhado de pessoas, usualmente dos grandes Estados membros, toma as rédeas, determina o que se há de fazer – e faz. Foi o que ocorreu, por exemplo, com a reunificação da Alemanha e a implementação do euro. A falta

CONTINENTE TURBULENTO E PODEROSO

de liderança efetiva na UE fica, desse modo, temporariamente sanada. A França e a Alemanha têm sido quase sempre os principais atores, juntamente com um número finito e variável de outros Estados, e às vezes chefes de organizações internacionais. A administração da União ocorre, pois, por intermédio da intersecção de duas estruturas que, à falta de termos melhores, chamarei de *UE1* e *UE2*. A UE1 é a Europa do método Monnet, com a Comissão e o Conselho, mais tarde o Parlamento, no comendo. A UE2 é onde reside boa parte do poder real, exercido em base seletiva e informal. A distinção entre UE1 e UE2 pouco tem a ver com a que se possa fazer entre a Comissão e o Conselho. Ela incide sobre as diferenças entre como as coisas devem presumivelmente ser feitas e como efetivamente o são, sobretudo em situações de crise. Todavia, uma versão mais nebulosa da UE2 opera nos bastidores de um modo mais constante, podendo ser vista, na verdade, como inerente ao método Monnet. Funciona como uma espécie de recurso para a Comissão e outros organismos da UE, que consultam certos líderes nacionais informalmente, antes de pôr em prática suas iniciativas.

A UE2, que está *de facto* governando a Europa no momento, é composta da chanceler alemã, atualmente Angela Merkel, o presidente francês (François Hollande) e mais um ou dois outros líderes nacionais, além dos diretores do Banco Central Europeu (BCE) e do FMI. Os presidentes do Conselho Europeu e da Comissão quase sempre participam. O termo *Troika* passou a ser amplamente usado com referência aos chefes do BCE, do FMI e da Comissão em seu papel de supervisores das economias em processo de falência. O rótulo é francamente irônico. Outrora, designava os líderes da União Soviética – os chefes do Partido Comunista, do governo e do Estado. Porém, no presente contexto, essa é uma noção inadequada. A chanceler Merkel é, de fato, a figura mais importante da Europa hoje. O que a Troika decidir tem de ser ratificado por ela.

Os conceitos de UE1 e UE2, mais aquilo que chamarei de *Europa de papel*, são cruciais para este livro. Sustento que a evolução da União pode ser interpretada levando-se em conta esses termos, ocorrendo o mesmo com seus atuais conflitos. Em razão da falta de liderança democrática, a União ocupa o espaço onde se dá a intersecção dos três. Os objetivos da UE em diversos campos, do sucesso econômico à manutenção da paz mundial, são muitas vezes bastante ambiciosos. Como fins, e não meios, contrastam com a cautela do método Monnet. A Europa de papel consiste numa série de planos futuros, roteiros etc., desenhados pela Comissão e outras agências da UE. Muitos não passam disso: aspirações que não podem se materializar e se concretizar porque não existem meios efetivos para sua implementação. A Europa de papel não é a mesma coisa que burocracia, embora se confunda com ela. O ponto, aqui, não é seu modo de proceder, mas sim o fato de propostas e esquemas ambiciosos permanecerem em grande parte meros esboços. A existência da Europa de papel é óbvia dentro e fora da UE: portanto, afeta sua credibilidade. Ninguém leva a sério uma pessoa que faz promessas grandiosas e não as cumpre; o mesmo se aplica a qualquer instituição.

Quase todos os observadores que hoje escrevem sobre a Europa insistem nos cismas que ocorreram por toda a região. Discordo radicalmente dessa perspectiva convencional. Sugiro que na verdade há dois processos em curso, ligados entre si – divisão e conflito, sem dúvida, mas também integração *de facto*. Movida justamente pela profundidade da crise atual, a UE ganhou experiência como *comunidade de destino* de um modo nunca antes visto. O que quero dizer com isso é que cidadãos e líderes políticos, em toda a Europa, se tornaram cônscios de sua interdependência. Existe, pela primeira vez, um espaço político europeu. A despeito de todos movimentos de protesto e tensões (ou por causa deles), a Europa conseguiu avançar em sua agenda política, tanto para as nações membros quanto, o que é mais importante, para os cidadãos. As eleições nacionais refletem os problemas europeus mais diretamente que antes. Mal se pode abrir um jornal sem encontrar alguma notícia sobre a UE (mesmo no Reino Unido): transição significativa porque, quase certamente, é irreversível. Para quem, como eu, deseja ver a União Europeia sobreviver e prosperar, há uma pergunta simples a fazer e a responder. O sinal negativo sob o qual estão ocorrendo as mudanças poderá se transformar num sinal positivo? A UE2, sob um sinal positivo, não seria um quadro *ad hoc* de indivíduos sem legitimidade, mas um sistema institucionalizado de liderança com mandato democrático. Transformar a União numa comunidade de destino, em sentido positivo, significa construir solidariedade e sentimentos de adesão à UE como um todo, não apenas às nações e regiões que a constituem. A meu ver, esses desdobramentos são não só possíveis como necessários para que a Europa se cure de seu mal-estar.

A curto prazo, as eleições europeias de 2014 poderão representar um divisor de águas. Elas talvez sejam as primeiras de seu tipo a enfatizar realmente os problemas europeus, e não apenas os nacionais. Travarão uma vigorosa escaramuça na demorada batalha pelo futuro da Europa. O perigo óbvio é acabarem dominadas pelos populistas e os eurocéticos. Os pró-europeus, em todo o continente, devem se unir bem antes das eleições a fim de apresentar seus projetos ao público. O esforço terá de ser não somente nacional, mas pan-europeu – liderado por atores diversos, como organizações civis, *think-tanks* e grupos partidários populares. Eu gostaria de ver a mídia defensora do projeto europeu contribuir publicando regularmente artigos sobre problemas de interesse comum. A Comissão elaborou seu próprio projeto para um "grande debate" europeu, e seus representantes já percorrem o continente para implementá-lo; mas o que tenho em mente é algo mais amplo e menos imposto de cima.

Meu raciocínio em longo prazo é o seguinte. O euro cumpriu a tarefa que seus criadores esperavam. Tornou a eurozona, e por extensão a UE como um todo, bem mais interdependente que antes. No entanto, fez isso de uma maneira oblíqua, explosiva e, sob vários aspectos, irresponsável, deixando muito sofrimento em sua esteira. A disciplina econômica e os mecanismos fiscais que deveriam ter existido desde o começo estão sendo criados por causa do medo de futuros desastres. A UE2 se apressou, ao menos pelos padrões usuais da União, a empreender as inovações necessárias, embora todas precisem do aval da Alemanha. Muita coisa resta a ser feita. Aparentemente, a Alemanha conseguiu por meios pacíficos o que foi incapaz de obter pela conquista militar – o domínio da Europa. Como condição permanente, porém, a "Europa Alemã" está fadada ao fracasso.[4] Sua existência está na origem dos ressentimentos que dividem o continente. Em essência, a Europa deve escolher um novo futuro e, dessa vez, com a participação direta dos cidadãos. Os países da eurozona devem imprimir o ritmo, mas os Estados fora do euro serão afetados do mesmo modo pelas inovações feitas.

Conhece-se bem, em princípio, o caminho a seguir, embora os problemas práticos e políticos que o atravancam sejam consideráveis. A cadeia de raciocínios é a seguinte. O euro precisa ser salvo – fazê-lo retroceder, mesmo que aos poucos, seria extremamente difícil e talvez desastroso. Além disso, a UE desapareceria como influência confiável nas questões internacionais. Uma reforma estrutural é imprescindível em escala maior, não apenas nas economias mais fracas, mas, até certo ponto, em todas. Em termos mais concretos, preservar a moeda única significa estabelecer uma união bancária e transferir alguns poderes fiscais dos

---

4 Beck, *German Europe*. A atual liderança alemã reconhece essas necessidades. Wolfgang Schäuble, ministro das Relações Exteriores do país, disse enfaticamente que "os alemães são o último povo que toleraria uma Europa germanizada". "Queremos", prosseguiu ele, "pôr a Alemanha a serviço da recuperação econômica da comunidade europeia [...]. sem enfraquecer a própria Alemanha". Schäuble, W. We Germans don't want a German Europe, *The Guardian*, 19 jul. 2013. Disponível *online*.

Estados da eurozona para entidades econômicas governamentais. Isso implica, em contrapartida, a aceitação da *mutualidade* – responsabilidades partilhadas igualmente entre economias ricas e pobres. Se esse passo não for dado a certa altura, todas as apostas num futuro estável para a Europa ficam indefinidas. A coordenação intensiva, método costumeiro da UE, não é um substituto à altura dessa medida crucial. A UE possui, poderíamos dizer, uma anatomia detalhada e mesmo francamente complexa –, mas uma fisiologia pouquíssimo desenvolvida.

Já a interdependência econômica nessa escala pressupõe, cedo ou tarde, uma futura integração política. Em termos mais claros, uma solução federal de qualquer tipo, mesmo de caráter minimalista, não apenas volta à agenda, mas torna-se uma exigência – e para um futuro relativamente próximo. Federalismo: nada encoleriza tanto os eurocéticos. Estes ostentam diferentes matizes, mas quase todos repelem a ideia de ser "governados por Bruxelas". No entanto, não parecem incomodar-se com o governo do mercado de ações, que é bem mais distante e bem mais impessoal. Não parecem temer que a imigração para a Europa se torne bem mais difícil de regular amanhã do que hoje. Não parecem levar em conta a possibilidade do ressurgimento de graves conflitos nacionais. Não parecem inquietar-se com o fato de, caso a UE desapareça ou encolha, restar apenas um mundo G2 dominado pelos Estados Unidos e pela China. Boa parte das preocupações com o federalismo envolve a perda de soberania nacional. Contudo, para que adquira algum sentido, a soberania deve pressupor um controle real dos negócios da nação. Não se pode entregar o que já não se tem. O poder das nações individuais na arena global é pequeno. O sustentáculo lógico para um futuro agrupamento de soberanias na UE é o que chamarei de *soberania+*. Os Estados membros da UE podem adquirir mais influência real no mundo trabalhando juntos do que insistindo em agir sozinhos. Cada qual, em outras palavras, obteria um lucro líquido. Esse efeito não se limita às decisões em comum, pois, implicitamente apoiados pela UE, os membros individuais têm mais influência do que teriam como agentes isolados. Escrevo este livro como um pró-europeu confesso. E sou pró--europeu porque é muito forte a evidência de que a soberania+ confere benefícios em larga escala. A UE e seus predecessores ajudaram a agregar um continente dilacerado pela guerra. Muitos sustentam que essa fase do desenvolvimento da União já passou, porquanto a perspectiva de conflito na Europa desapareceu. Mas ainda há muito trabalho a fazer. Assistimos, não faz muito tempo, a uma luta amarga e sangrenta, fruto do esfacelamento da Iugoslávia. Essa guerra deixou marcas e alguns problemas de difícil solução. A Croácia foi o último Estado a entrar para a UE. Convém, e muito, que países vizinhos, sobretudo a Sérvia, façam o mesmo sem demora. Seria uma grande conquista se as nações balcânicas como um todo fossem logo incorporadas à UE como membros de pleno direito. A UE pode desempenhar na política global um papel cuja importância não está ao alcance de nenhum de seus membros em separado. Em suma, ela pode e deve se tornar uma significativa influência mundial quando as instituições internacionais ortodoxas chegarem a um impasse.[5] De qualquer maneira, a arena internacional é dominada por um punhado de Estados maiores. Uma Europa fragmentada tem poucas chances de se fazer ouvir.

A ação comum é necessária em inúmeras áreas da Europa e em suas fronteiras – e boa parte dela o seria ainda que a UE não existisse. Incontáveis preocupações podem ser incluídas nessa categoria, entre elas o policiamento de fronteiras, o controle alfandegário, o combate ao crime, a aplicação do direito internacional, a coordenação dos sistemas monetários (na ausência de uma moeda única), a cooperação ambiental, a prevenção e o

---

5 Hale; Held; Young, *Gridlock: Why Global Cooperation is Failing when We Need it Most*.

CONTINENTE TURBULENTO E PODEROSO

controle das doenças etc. A UE pode se encarregar de muitas dessas funções com muito mais eficiência e economia do que seria possível com um número exorbitante de acordos *ad hoc*. Novas áreas de instabilidade surgiram na periferia da UE, especialmente no Oriente Médio. Elas exigirão uma resposta coletiva caso suas consequências atinjam a Europa. A UE pode ajudar a promover valores que, embora não sejam apanágio da civilização europeia, estão profundamente enraizados nela – lado a lado, cumpre ressaltar, com sua história de violências e colonialismo. Incluem-se aí ideais como a promoção da paz, o império da lei, os direitos de participação democrática, a igualdade dos sexos e outros ditames morais. Se a União perder importância, ou coisa pior, a Europa se tornará um amontoado de Estados estagnados de pequenas e médias dimensões. Todavia, não poderá se isolar de um mundo em perpétua mudança, permanecendo, ao mesmo tempo, geopoliticamente vulnerável.

Por mais implausível que possa parecer nas atuais circunstâncias, a UE aí está para promover a prosperidade econômica comum. Antes da eclosão da crise financeira, calculou-se em 2006 que o mercado único acrescentava 2,2% ao Produto Interno Bruto (PIB) total da UE por ano. A arena econômica da UE é maior que a dos Estados Unidos. Em muitas áreas, os negócios são conduzidos segundo um único conjunto de regras, quando, se ela não existisse, uma multiplicidade deles estaria em vigor. A UE pode fazer acordos comerciais externos que uma nação isolada não conseguiria obter. A curto prazo, a reconstrução econômica será provavelmente a chave para quase tudo o que venha a ser feito na Europa. Se a eurozona, sob a égide de uma maior integração econômica, recuperar a prosperidade, as atitudes dos cidadãos europeus provavelmente mudarão. A União será vista como a solução, e não como o problema.

Superficialmente, a situação parece medonha. Só houve uma retomada muito fraca e parcial do crescimento. Em média, o desemprego está assustadoramente alto. Todos os países da UE, mesmo os mais industrializados, acumularam dívidas. Mas, curiosamente, alguns analistas se comportam como se a recessão atual não passasse de um hiato temporário. Não é assim. Há provas suficientes de que fatores mais graves estão envolvidos. Talvez nos achemos às voltas com uma profunda transição na história econômica do mundo, ainda não perfeitamente compreendida. Ninguém viveu antes num mundo tão interconectado. A teoria dominante da economia global, nas últimas três décadas mais ou menos, falhou sem que se encontrasse um substituto para ela. Segundo a visão ortodoxa então reinante, a maneira de se administrar eficientemente uma economia era manter a inflação baixa, preservando-se ao mesmo tempo o equilíbrio fiscal e procedendo-se a uma desregulamentação em larga escala. O mundo real acabou mostrando-se bem diferente. Nele, os choques sistêmicos às vezes são impossíveis de prever, as baixas taxas de juros não estimulam a atividade econômica, os fluxos de capital abalam em vez de consolidar a estabilidade econômica, e as bolhas financeiras podem ser identificadas apenas quando já é tarde demais. Não se sabe ao certo se as doutrinas keynesianas têm alguma alternativa a oferecer, oriundas que são de uma época bem diferente da nossa. Talvez novos choques nos esperem, dada a complexidade do sistema financeiro mundial, em que as reformas feitas até agora foram relativamente marginais.

A esta altura, temos de pensar em termos radicais e de uma maneira inovadora. Essa recessão não é do tipo que uma retomada da demanda e do consumo vá corrigir tudo. Ela é profundamente estrutural e exige remédios na medida de sua amplitude. De onde virão empregos novos e suficientes nos países industrializados? Essa é uma questão séria, aguda especialmente na Europa porque se sobrepõe aos problemas do euro; e vai muito além da relação entre austeridade e investimento produtivo. A desindustrialização prejudicou bastante a Europa, assim como ocorreu em outras regiões. Não podemos simplesmente aceitá-la como fato consumado, mas investigar se (e como) essa tendência poderá, ao menos até certo ponto, ser revertida. Mudanças profundas estão afetando não apenas a produção industrial, mas também o setor de serviços, provocadas em parte por esse extraordinário veículo de transformação global que é a internet. A produção digital parece ser uma força revolucionária em formação. Creio ter sido um dos primeiros, há anos, a aventar a noção de globalização; mas não adivinhava, na época, quão intensa e generalizada ela seria. De qualquer forma, a globalização talvez esteja nos começos, e muita coisa ainda vá acontecer.

Devo argumentar que, em grande medida por causa do progresso da globalização e do advento da internet, nós (seres humanos como um todo) estamos vivendo numa espécie de sistema social e tecnológico que não lembra sequer o do passado recente. Chamo a isso *sociedade das oportunidades e de alto risco*. Em parte devido à nossa recente interdependência global e em parte como resultado da evolução geral do nível da inovação tecnológica e científica, oportunidades e riscos se conjugam para nós de um modo sem precedentes na história. Não é fácil prever se o resultado do jogo entre riscos e oportunidades será positivo. Existem riscos sistêmicos de base num mundo bem mais interdependente, como se vê pela crise financeira atual. Nós, cumpre reconhecer, não sabemos até quando conseguiremos debelar os perigos da mudança climática, da proliferação possível das armas nucleares, das pandemias e de outras ameaças graves. Por outro lado, o grau de inovação em certas áreas como a genética e a nanotecnologia é impressionante. Riscos e oportunidades se combinam de modos muito complicados, difíceis ou impossíveis de prever com a devida antecedência. Discuto essas ideias em todos os capítulos do livro. Uma nova reflexão será necessária em diversos campos, da economia à mudança climática.

Independentemente de seu alcance, as políticas da UE ou de seus Estados membros talvez não consigam restaurar um crescimento significativo, para não dizer estável e sustentável, sem uma reformulação da ordem econômica mundial. A União deve, a todo custo, procurar desempenhar um papel de relevo nesse processo, que pode levar anos: e será bem mais fácil consegui-lo caso o euro se estabilize como moeda global. É preciso ter cautela, em minha opinião, com as insinuações de que este será o século asiático ou de que os países industrializados estão fadados a um relativo declínio. Pode ser que seja assim, mas não devemos nos esquecer de que a história progride dialeticamente. Tendências operantes muitas vezes invocam seus opostos. De qualquer modo, a situação de décadas passadas não pode perdurar. Na situação à qual me refiro, os países asiáticos, sobretudo a China, produziram bens para os consumidores ocidentais pelos quais estes não podiam pagar. Esses consumidores, então, pediram empréstimos e mais empréstimos para comprar, acumulando débitos que acabaram assumidos... pelos chineses, na forma de títulos da dívida pública e outros papéis. Enquanto isso, a tendência dos chineses a poupar em vez de gastar (postura inteligente, à falta de um sistema de assistência social digno de nota) deprimiu a demanda interna, necessária ao subsequente desenvolvimento do país. Impõe-se um amplo esforço de ajuste. Ideias e políticas ousadas serão requeridas aqui também, para vencer essas dificuldades.

Numa fase de tamanhos problemas para a UE e, de um modo geral, para o mundo industrializado, faz sentido examinar novamente, com bastante critério, suas principais áreas de atividade. O "modelo social", tão caro à Europa, conseguirá sobreviver num período de grave recessão econômica? O modelo social – isto é, um sistema abrangente e eficaz de bem-estar associado a metas de igualdade e inclusão – sempre foi em parte realidade e em parte aspiração. Reformas profundas serão necessárias, na maioria dos países, para que a primeira prevaleça sobre a segunda. Porém, se o modelo for transformado no que chamo de *Estado de investimento social,* ele poderá não só sobreviver como prosperar. O modelo social terá de ser integrado à consecução da prosperidade econômica, e não ser visto como mero fator dependente dela. Uma questão afim, bastante controversa, é o impacto da imigração. Alguns a consideram tão grave quanto os problemas econômicos e políticos do continente. O multiculturalismo, afirmam eles, tem sido um desastre. Não concordo com isso de modo nenhum e tentarei mostrar por quê. Entretanto, a questão deverá ser reformulada no contexto da era da "superdiversidade", na qual, como consequência da internet, vivemos agora. O mundo se distanciou dos velhos tempos em que a noção de multiculturalismo foi originalmente formulada. Um conceito melhor para entender esse fenômeno é o de *interculturalismo.*

A UE enfatizou, entre outras coisas, os problemas ambientais, e uma de suas grandes pretensões foi estar à frente do resto do mundo no combate à mudança climática – combate urgente e compensador, como jamais houve igual. No entanto, a reunião das Nações Unidas em Copenhague, em 2009, que deveria coroar o esforço de liderança europeu, terminou, como todos sabem, num fiasco. Em vista de seu problema de sempre – quem fala pela UE? –, os líderes da União não participaram diretamente do encontro em que os acordos alcançados foram formulados. Tudo deve ser repensado, a começar pelos conceitos de "conservação", "sustentabilidade" e "princípio de precaução". A dificuldade com essas noções, tais quais são em geral entendidas, é o fato de terem se desenvolvido no âmbito do movimento ecologista, que enfatiza a proteção da natureza e os limites do progresso. Elas, pois, emergiram daí como ideias essencialmente conservadoras e defensivas, com o objetivo de preservar o mundo natural. Ora, esse mundo está hoje plenamente humanizado. Visto de perto, o princípio da precaução parece incoerente. A inovação é o coringa do baralho quando se fala em sustentabilidade. Na área da energia, por exemplo, ninguém antecipou, nem sequer recentemente, que o gás de xisto operaria tantas transformações. Os Estados Unidos, nos últimos anos, reduziram muito mais suas emissões de CO_2 que a União Europeia, em parte por adotarem o gás em lugar do carvão. Ali, os preços da energia caíram, o que favoreceu o renascimento da indústria local.

No âmbito das relações internacionais, a UE deve *deixar de renunciar ao poder*, inclusive o militar. As origens dessa atitude são compreensíveis. A nova narrativa para a UE, de fato, pressupõe o poder – o poder de praticar o bem num mundo que não é um paraíso kantiano de paz eterna, nem uma guerra hobbesiana de todos contra todos. A ordem internacional também não visa mais a um equilíbrio de poder no sentido que esse termo tinha no passado. Vivemos, em vez disso, num mundo de colaboração multipolar entre os grandes Estados e grupos de Estados, muito embora essa colaboração seja pontuada por tensões e divisões. O ideal europeu de substituir seu passado belicoso pela promoção da paz com recurso à negociação e ao império da lei é, sem dúvida, plenamente justificável. Mas, na prática, isso tem envolvido também uma boa dose de hipocrisia. A UE pede socorro aos Estados Unidos quando necessário, como sucedeu durante o conflito na ex-Iugoslávia, e, com alívio, se coloca sob a proteção da Organização do Tratado do Atlântico Norte (Otan), financiada principalmente com dinheiro americano e cujas operações exigem o emprego de tecnologia americana. A União deve, nesses casos, procurar uma parceria mais igualitária com os Estados Unidos, pelo menos no contexto de atividades na Europa e nas vizinhanças.

Seguir o caminho do federalismo significa renunciar a certos orgulhos da UE. Uma União federal não será o experimento em relações internacionais que muitos aguardam. Exercerá maior impacto no resto do mundo do que exerceu até agora, mas não dará uma contribuição à governança global em sua forma atual. Aqui, é necessário um *mea culpa*. Como tantos outros, eu pensava que a UE poderia ser pioneira em matéria de governo sem cair em nenhuma das armadilhas de um Estado. Tive de rever minhas ideias.

Numa Europa federal que tenha a eurozona como sua força motriz, talvez não haja mais muito espaço para a "geometria variável". Ou seja, os Estados membros não adeptos do euro e de uma série de outras provisões da UE com muita probabilidade não permanecerão indefinidamente dessa maneira. A direção do movimento da UE, para que ela supere os obstáculos atuais, deve seguir um único caminho tanto quanto possível. Nesse ponto, há problemas à vista para o Reino Unido, cujo primeiro-ministro, David Cameron, se declarou contrário a essas exigências. O país pode se ver bastante isolado dentro da UE e talvez opte por sair. Ficará então na posição prevista por Churchill, mas sem o manto protetor do império que ainda existia em sua época – para o bem ou para o mal, sozinho num mundo muito vasto e inquietante.

1
A UE como comunidade de destino

O mal-estar do euro não é um caso isolado. Essa situação reflete problemas que vão muito além da Europa, incluindo uma série de graves percalços econômicos sofridos pelos países industrializados. No contexto europeu, as vicissitudes do euro puseram a nu fraquezas que vêm acometendo a União há muito tempo, mas agora exigem solução. Tudo ainda pode acabar mal. Se o euro entrar em colapso, como ainda é possível, as consequências serão calamitosas para a economia não apenas da Europa, mas do mundo todo.

A Europa, no momento, está dominada por uma versão específica de UE2, suscitada pela crise do euro. Há uma "presidente" informal da Europa, Angela Merkel. Quando Barack Obama quer interferir nos negócios da Europa, fala em primeiro lugar com a senhora Merkel. A "presidente" possui um "gabinete interno", de composição variada, com o qual toma as decisões importantes – sobretudo em períodos de grande dificuldade – e então procura impô-las. O "gabinete" consiste de um pequeno número de líderes de Estados influentes, do presidente do BCE e de um ou dois funcionários do FMI. Há também, é claro, uma rede de conexões com a UE1 e seus vários presidentes, que seguem trabalhando na sombra. A líder alemã dá o tom devido às dimensões da economia e no sucesso de seu país em comparação com outros grandes Estados europeus. Essa situação precisa ser transitória. É arriscada em razão das divisões perniciosas que ocorreram entre os membros e suas ramificações generalizadas na política. Os países do Sul, que dependem da aquiescência alemã para a liberação de fundos necessários, se ressentem tanto dessa situação quanto os "doadores". O público alemão se irrita com a imagem dos gregos "preguiçosos", que criou raízes profundas após as turbulências naquele país. Ao mesmo tempo, políticos gregos exumam a Segunda Guerra Mundial e pedem reparações à Alemanha por suas brutalidades históricas. Partidos populistas brotaram por toda parte, embora os mais destacados tenham surgido antes da crise. A maioria, de uma maneira ou de outra, é nacionalista e eurocética. Alguns, como o liderado por Geert Wilders na Holanda, já participaram do governo. Por vezes, os processos democráticos chegaram a ser suspensos. Em novembro de 2011, o primeiro-ministro da Itália, Silvio Berlusconi, renunciou ao cargo e foi substituído pelo "tecnocrata" Mario Monti, que lançou um programa de reformas na Itália, aprovado pela chanceler Merkel, pelo então presidente da França, Nicolas Sarkozy, pelo BCE e pelo FMI – ou seja, pela UE2.

Monti então se apresentou como candidato nas eleições gerais de fevereiro de 2013, à frente de uma nova coalizão. Sua coalizão, porém, terminou em último lugar entre os quatro principais contendores. A grande surpresa foi o sucesso do "Movimento Cinco Estrelas", encabeçado pelo comediante e ator Beppe Grillo. Em consequência da pulverização dos votos, nenhum governo coerente pôde de início ser formado. Grillo descreveu Monti como um agente dos bancos e insistiu num referendo sobre a permanência da Itália na zona do euro. Ele não é, afirmou, um eurocético nem um antieuropeu, mas sim um crítico da evolução da UE. "Por que só a Alemanha enche os bolsos?", perguntou.[1] O euro pode, em princípio, regredir, um ou dois membros podem ser expulsos ou sair, ou a coisa toda pode ser esquecida. Remeto à discussão detalhada dessas possibilidades no fim do deste livro. Até as opções menos ambiciosas talvez se revelem bem mais difíceis do que muitos dos promotores desses cursos de ação parecem imaginar. Seguir o caminho de uma integração maior é, para a União, a única maneira de superar os obstáculos que ela agora enfrenta. O teorema básico não poderia ser mais simples: salvar o euro significa obter uma coesão econômica maior dentro da eurozona. Como a liderança da UE2 é, por natureza, excessivamente instável e desagregadora, essa característica presume, por seu turno, uma transformação das instituições políticas da UE2. As falhas profundas e em cadeia que rondam o projeto europeu desde o começo (sua falta de legitimidade democrática e de liderança efetiva) precisam ser encaradas. Os recursos políticos necessários para que esse trajeto ocorra, porém, são em si um desafio, pois refletem as próprias limitações do sistema que exige substituição.

O progresso até o momento tem sido considerável, mas irregular. Dado que a reforma é motivada pela crise, muitas vezes as decisões são tomadas e implementadas na última hora. Quando as coisas parecem um pouco mais calmas, o ímpeto rumo a uma mudança de maior amplitude arrefece. As personalidades envolvidas contam bastante, tanto quanto o grau de entendimento entre elas ao longo do tempo, pois sua associação é informal – quer dizer, não se baseia num sistema institucional sólido. Além disso, a UE2 se mostra instável em virtude dos

---

1 Beppe Grillo warns that Italy will be "dropped like a hot potato", *The Telegraph*, 13 mar. 2013. Disponível *online*. O movimento posteriormente se fragmentou e perdeu boa parte de sua influência.

caprichos do calendário eleitoral dos países, cujas datas diferentes laboram contra a continuidade da liderança. Por isso, alguns críticos declararam que a Europa era liderada pelo "Merkozy" – a dupla formada por Angela Merkel e Nicolas Sarkozy. Muitos jornais chegaram a publicar fotos em que os traços dos dois se mesclavam, formando um único rosto. O tabloide alemão *Bild* estampou a seguinte manchete: "Merkozy – sieht so das neue Europa aus?" ["Merkozy – É esta a nova face da Europa?"].[2] Embora de início tenha havido inúmeras tensões entre ambos, Merkel e Sarkozy se tornaram "o casal indispensável da Europa". Sarkozy, nos bastidores, explicou muito bem a dinâmica desse "casamento": "A Alemanha sem a França assusta todo mundo; a França sem a Alemanha não assusta ninguém".[3] Atuando juntos, eles poderiam intercambiar essas características e, ainda, alicerçar as atividades mais amplas da UE2.

A Alemanha se tornou a nação imprescindível da Europa. O Merkozy, porém, revelou-se mais transitório do que muitos imaginavam. De repente, Sarkozy se foi. Em seu lugar apareceu François Hollande, um homem com personalidade e visão política bem distintas das de seu antecessor. Os jornais tentaram, mas não conseguiram fundir convincentemente os nomes da chanceler alemã e do novo mandatário francês. Esse fracasso espelha a realidade. Hollande passou a integrar a UE2, cuja dinâmica interna, todavia, mudou. Ninguém ousaria misturar os rostos dos dois – que, não obstante, precisam trabalhar juntos.

A dialética da UE1 e da UE2 sempre apontou o caminho para a Europa. Porém, com o advento da crise, um novo jogador, o

---

2 Blome; N.; Hoeren, D. Merkozy – sieht so das neue Europa aus?, *Bild*, 1° dez. 2011. Disponível *online*.

3 Hewitt, *The Lost Continent*, p.261. Este livro é um relato muito útil da luta dos líderes europeus contra as ameaças ao euro. Para uma análise tendo como pano de fundo o quadro geral da história europeia, ver o capítulo 8 e a conclusão do livro de Brendan Simms, *Europe: The Struggle for Supremacy*.

FMI, entrou em campo e se transformou num membro-chave da Troika. O envolvimento do FMI é humilhante para a União, mas revelou-se absolutamente essencial. Sua atual diretora-geral, Christine Lagarde, foi ministra da Economia da França e está, portanto, bastante familiarizada com a política europeia. É a primeira mulher a administrar o FMI. Além de Mario Draghi, presidente do BCE, ela e Merkel são as mais destacadas lideranças da UE2 no momento – momento único na história da UE, que sempre foi um assunto para homens. A UE alega ter tido muitos pais fundadores, mas pelo que sei não teve mães fundadoras. Lagarde e Merkel parecem manter um bom relacionamento, embora hajam, vez por outra, se desentendido publicamente. Lagarde afirmou que Merkel é "a líder incontestável" do cenário europeu. As duas trocam presentes e até jantam juntas. Mas Lagarde pensa que a reforma na UE vem progredindo muito lentamente. Aconselhou os líderes da Europa a "apoiar a união. União bancária, e posteriormente união fiscal... É preciso manter essa zona monetária unida e sólida".[4]

Houve outras tensões no seio da Troika. Um relatório do FMI publicado em junho de 2013 criticou a maneira com que a UE conduziu o processo da primeira ajuda à Grécia em 2010, que chegou a 110 bilhões de euros.[5] Foi um equívoco, disse o FMI, não obrigar os investidores em títulos gregos a aceitar perdas naquele momento, mas apenas no final de 2011. Se isso tivesse sido feito, o governo não precisaria determinar cortes tão dramáticos em seus gastos. Olli Rehn, o comissário europeu para Assuntos Econômicos, repeliu as críticas. "Não acho justo o FMI lavar as mãos e jogar a água suja nos europeus", irritou-se. Observou que Lagarde se opusera a toda e qualquer reestruturação da

---

4 Smialek, J. IMF chief Lagarde calls Merkel "unchallenged leader" in Germany, *Bloomberg*.com, 10 abr. 2013.

5 Ewing, J.; Kanter, J. A *Troika* for Europe faces own crisis of confidence, *International Herald Tribune*, 10 jun. 2013.

28 ANTHONY GIDDENS

dívida quando integrava o gabinete de Sarkozy. O governo grego, na época, também foi duramente criticado por não acelerar as reformas previstas no acordo.[6]

Até onde se progrediu?

"É imperativo romper o círculo vicioso entre bancos e soberanos" – essa declaração foi feita num comunicado da UE de junho de 2012 e repetida após uma reunião do Conselho Europeu um ano depois.[7] Para alcançar esse objetivo, como é amplamente reconhecido, cumpre estabelecer uma união bancária e logo depois uma forma qualquer de união fiscal. Uma não se sustenta sem a outra. A maioria das uniões bancárias tem três elementos: poder de supervisão, poder de resolução de dívidas e uma garantia para depósitos. No que diz respeito ao primeiro, um limiar importante foi transposto em março de 2013 com o endosso legal à criação de um Mecanismo de Supervisão Único. Este coloca uma série de poderes de supervisão nas mãos do Banco Central Europeu, que monitorará diretamente os grandes bancos e aqueles que receberam ajuda direta da UE. Os Estados fora do euro podem entrar caso aceitem as condições impostas. Um mecanismo de resolução europeu, igualmente importante, ainda está sendo elaborado. Nesse ponto, a UE está muito atrás dos Estados Unidos. Bancos com problemas – e parece que ainda há muitos deles – foram chamados pelos críticos de "mortos-vivos", "instituições-zumbi" intoxicadas de ativos podres. Não podem ser fechados, dando baixa em seus ativos, antes que se consiga uma união bancária. Um banqueiro americano observou em

---

6 Spiegel, P.; Hope, K. EU's Olli Rehn lashes out at IMF criticism of Greek bailout, *Financial Times*, 7 jun. 2013. Disponível *online*.

7 Leipold, A. *Inching Forward in Testing Times*, 1º jul. 2013. Disponível *online*.

Figura 2. "A última batalha: como a Europa está arruinando sua moeda."
Uma visão da influente revista Der Spiegel (2010).

maio de 2013: "O BCE e os políticos contam uma bonita história. Mas, por trás desse cenário, o mercado teme que a Europa entre lentamente em declínio, sem possibilidade de reversão".[8]

O problema é sério porque, até que um sistema bancário seja consolidado, mesmo os bancos mais saudáveis poderão limitar os investimentos necessários para promover o crescimento. É longo o caminho para a elaboração de um quadro aceitável. Os encontros do Ecofin em junho de 2013 concordaram quanto ao modo de atuação do Mecanismo de Estabilidade Europeu em prol de recapitalizações bancárias diretas e das regras de *bail-in*[9] para os bancos em dificuldades.[10] Desde a crise de Chipre, reconhece-se que o bail-in deve substituir os empréstimos [*bailouts*], ficando para os bancos e seus investidores a responsabilidade de aceitar prejuízos. O que parecia uma estratégia perversa e perigosa na época é agora aceito como norma. Reconheceu-se também que o Mecanismo de Supervisão Único exige um Mecanismo de Resolução Único, que ainda está em fase de discussão. A UE corre o risco de se contaminar com o modo vagaroso de proceder da UE1 em face de problemas que exigem solução urgente. Angela Merkel rejeitou, "ao menos por enquanto", a proposta de um seguro europeu de depósitos unificado.[11]

A integração fiscal existe, mas até agora se baseia na extensão da prática tradicional da UE1 de coordenar as políticas da eurozona. As medidas tomadas incluem o "pacote de seis", o "pacote

---

8 Donnellan, A.; Fraende, M. Bankers demand faster action on Europe banking union, *Reuters*, 23 maio 2013. Disponível *online*.

9 No original, *bail-in*. Termo cunhado pela revista *The Economist* para caracterizar soluções de crises financeiras que convocam os próprios credores a compartilhar das perdas em um processo de recuperação de uma instituição. Essa modalidade se opõe ao *bailout*, quando o socorro financeiro é promovido por uma entidade externa, como, por exemplo, o governo ou o FMI. (N. E.)

10 Leipold, op. cit., p.2-3.

11 Verma, S. Germany's rejection of a pan-European deposit guarantee scheme is no disaster, *Euromoney.com*, 13 abr. 2013.

CONTINENTE TURBULENTO E PODEROSO

de dois" e o Tratado de Estabilidade, Coordenação e Governança, todos estribados no "Semestre Europeu", o calendário das políticas da UE. Esse tratado é às vezes conhecido, abreviadamente, como Compacto Fiscal. Foi endossado por 25 dos 27 Estados da UE – a Grã-Bretanha e a República Checa não o assinaram. O Reino Unido, na verdade, impugnou a proposta em sua forma original. A complexa série de medidas pretende promover a disciplina que faltava no Pacto de Crescimento e Estabilidade, posto em vigência quando da criação do euro. Há também o objetivo de prever crises e sufocá-las no nascedouro. Tudo isso é ótimo, mas falta, nos passos já dados, a aceitação da mutualidade – o reconhecimento material, pelos membros da eurozona, das obrigações financeiras de uns para com os outros. A intervenção mais importante que estabilizou a situação financeira na Europa não foi nenhuma dessas, mas sim uma que se deveu exclusivamente à UE2. Ocorreu quando Mario Draghi anunciou que o BCE "está disposto a preservar o euro custe o que custar". E acrescentou: "Podem crer, isso será suficiente". Estava garantindo, com firmeza, que a eurozona se perfilaria em peso atrás de sua moeda. No entanto, até agora, essa conclamação não foi apoiada institucionalmente. O euro continua vulnerável.[12]

O que está em jogo é justamente o "custe o que custar". As falhas presentes desde o começo na construção de uma moeda única precisam ser corrigidas. Nunca houve uma união monetária duradoura sem a mutualidade e os meios de respaldá-la. A Alemanha declarou seu apoio a uma união bancária. Angela Merkel também subscreveu de viva-voz a necessidade de uma integração fiscal. Até o momento, porém, o governo alemão tem repelido todas as exigências de algo mais. Alguns outros Estados do Norte

---

12 Em julho de 2013, o Draghi deu mais um passo. Pela primeira vez, o BCE ofereceu "orientação" sobre taxas de juros, pedindo que fossem mantidas baixas e transgredindo um de seus limites estabelecidos, o que lembrou a prática do Federal Reserve. O mercado respondeu prontamente e de maneira positiva.

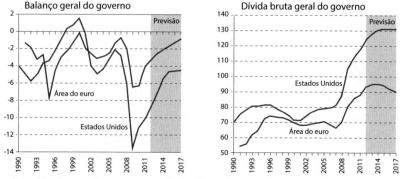

Figura 3. A causa da instabilidade do euro não é a dívida em si.
Fonte: Darvas, *The Euro Crisis: Ten Roots, but Fewer Solutions*. Bruegel Policy Contribution, out. 2012.

hesitam, para dizer o mínimo. O principal motivo alegado é o risco moral que seria então introduzido – a sanha reformista nos países mais fracos se perderia, enquanto os mais ricos, sobretudo a Alemanha, pagariam a conta.[13] Esse é o percalço, o problema que, como nenhum outro, redesenhará o futuro da Europa. A Alemanha, seus líderes e seu povo aceitarão ou não, em algum momento, a mutualidade sob uma forma qualquer? Se a resposta for negativa, a condição do euro permanecerá incerta, tanto quanto o futuro da Europa. Em abril de 2013, o financista George Soros deu uma palestra em Frankfurt sobre a crise. Argumentou, corretamente, o defeito crucial do euro: ao criar o BCE, os Estados membros "se endividaram numa moeda que não controlam".[14] Quando a Grécia parecia caminhar para a insolvência,

> os mercados financeiros reagiram com sede de vingança, relegando todos os membros pesadamente endividados da eurozona ao *status* de países do

---

13 Ver Begg, *Fiscal Union for the Euro Area: An Overdue and Necessary Scenario?*. Disponível *online*.
14 Todas as citações são de Soros, G. Germany's choice, <www.project-syndicate.org.> CFS Presidential Lecture, House of Finance, Frankfurt, 10 abr. 2013.

CONTINENTE TURBULENTO E PODEROSO

Terceiro Mundo com débitos em moeda estrangeira. Depois, esses membros passaram a ser tratados como se fossem os únicos responsáveis por suas mazelas, ficando sem correção os defeitos estruturais do euro.

A solução, disse Soros, era óbvia: introduzir os eurobonds. "Seria como acordar de um pesadelo." O Compacto Fiscal poderia ser ajustado para se tornar uma forma mais rígida de disciplina. Juntas, as duas medidas minimizariam quaisquer riscos de insolvência, desde que, também, limites claros à dívida fossem prescritos. A Alemanha, reconheceu ele, opõe-se vigorosamente aos eurobonds. Se as coisas continuarem assim, o país deverá abandonar o euro, e os outros Estados da eurozona irão adiante com os eurobonds por conta própria, pois disso todos se beneficiarão. Entendo que o que Soros queria mesmo era provocar. Embora um partido antieuro tenha surgido na Alemanha, as chances de o país abandonar unilateralmente a moeda são insignificantes. Os argumentos de Soros foram ironizados pelos críticos. A palestra teve como debatedor Otmar Issing, ex-economista-chefe e membro da diretoria do BCE. Para ele, a introdução dos eurobonds significaria que o contribuinte alemão financiaria indiretamente as dívidas de outros países. Ou seja, a redistribuição aconteceria sem mandato democrático. Invocou o princípio "Nenhuma taxação sem representação". Outros se mostraram ainda mais desdenhosos. Seu colega economista Hans-Werner Sinn acusou Soros de "brincar com fogo".[15] A verdadeira causa da crise do euro é a falta de competitividade dos países do Sul. Para recuperá-la, o preço de seus produtos precisa cair, enquanto os Estados do Norte devem aceitar uma inflação mais alta. As economias mais fracas têm de se submeter a reformas dolorosas.

---

15 Sinn, H.-W. George Soros is playing with fire, *The Guardian*, 24 abr. 2013. Para a resposta de Soros, ver Eurobonds or exit: the choice is Germany's, *Guardian Economic Blog*, 30 abr. 2013.

A mensagem impopular que Soros endereçou à Alemanha, porém, estava correta. A Alemanha se beneficiará da aceitação de algum tipo de mutualidade tanto quanto outros países da eurozona. A reforma não pode ser promovida eternamente por medidas de austeridade impostas de fora; precisa basear-se parcialmente em incentivos. A Alemanha não tem nada a ganhar com o aprofundamento da recessão e do desemprego estrutural nas economias mais fracas; e a Europa tem tudo a perder por causa do descontentamento que isso gerará. A portas fechadas, Angela Merkel teria declarado que os eurobonds jamais seriam introduzidos enquanto ela vivesse – palavras que vazaram e figuraram como a "Frase do ano" no *Frankfurter Allgemeine Zeitung*.[16] Também o Partido Social Democrático, de oposição, rejeitou os eurobonds. No entanto, uma liderança da UE2 encabeçada pela Alemanha é por natureza frágil e não pode sobreviver indefinidamente. Num famoso discurso dado em Berlim em 2011, o primeiro-ministro da Polônia, Radosław Sikorski, declarou que temia menos o poderio que a inatividade da Alemanha. "Pedimos a Berlim", disse ele, "para admitir que é o maior beneficiário dos arranjos atuais e, portanto, tem maior obrigação de sustentá-los. A Alemanha sabe muito bem que não é uma vítima inocente da extravagância alheia".[17]

Sikorski tinha razão e continua tendo. As vantagens que a Alemanha aufere por estar na eurozona são enormes, e cabe à liderança do país fazer com que os cidadãos entendam isso. Maior proteção contra futuras oscilações econômicas é do interesse de todos. Acredito que, a certa altura, os membros da eurozona acabem aceitando alguma forma de partilha condicional de dívidas, quando mais não seja porque as alternativas não parecem nada

---

16 Crawford; Czuczka, *Angela Merkel: A Chancellorship Forged in Crisis*.
17 Sikorski, R. I fear Germany's power less than her inactivity, *Financial Times*, 28 nov. 2011.

Figura 4. "Meu nome é Bond. Euro Bond. Nunca diga nunca." Às vezes, anedotas capturam a realidade muito mais eficazmente que grandes quantidades de discursos sérios.

palatáveis. Entretanto, para a Europa, seria muito, muito melhor introduzi-la como um passo positivo do que como uma concessão relutante. Para que o euro se consolide e resista aos choques, as únicas questões em pauta são: quando a mutualidade será formalmente reconhecida e que forma ela assumirá? Entre outras consequências, a mutualidade reforçará a posição do euro como moeda de reserva internacional. Propuseram-se inúmeras versões de eurobonds a se considerar, inclusive a endossada pela Comissão, que limitariam as obrigações e ofereceriam outras formas de proteção aos países mais afluentes.

Alguns autores parecem supor que a UE poderá prosseguir aos trancos e barrancos indefinidamente, uma vez que a integração bancária e fiscal seja conseguida num grau razoável, ou mesmo que não se faça nada. Em sua história da UE, notável sob muitos outros aspectos, Luuk van Middelaar afirma que um "salto federal" da parte da União não é necessário para se evitar um possível retorno ao caos: "Nenhuma calamidade nos ameaça – nem a revolução, pois a Europa é paciente, nem o colapso, pois a Europa é resistente. A aventura de transformar um continente numa União, ainda que insuflada por crises e dramas, leva tempo [...]".[18]

Discordo inteiramente. A UE, com efeito, precisa desde já avançar, mas não insistindo em sua abordagem tradicional por etapas. A União deve criar uma UE3 – um sistema capaz de proporcionar mais liderança dinâmica e legitimidade política, bem como maior estabilidade macroeconômica, do que as existentes hoje. Em outras palavras, o federalismo econômico, agora inevitável para salvar o euro, tem de vir acompanhado do federalismo político sob uma forma qualquer. José Manuel Barroso declarou há pouco que será necessária, na UE, uma "união política intensificada" que envolva todos os Estados membros. Antes das eleições europeias de 2014, a Comissão lançará propostas

---

18 Van Middelaar, *The Passage to Europe: How a Continent Became a Union*, p.x.

CONTINENTE TURBULENTO E PODEROSO   37

explícitas para uma mudança no tratado. Em suas palavras: "As grandes forças da política europeia devem tomar a iniciativa, abandonando sua zona de conforto para acolher e apoiar esse debate, em vez de deixar que o façam os grupos eurocéticos ou eurofóbicos".[19]

Em resultado dos esforços dos eurocéticos, o termo "federalismo" acabou adquirindo uma conotação sinistra – como, mais ainda, o espectro de um "superestado federal" europeu. Na verdade, os termos "federal" e "superestado" não são sinônimos. Classicamente, define-se o sistema federal como aquele em que o poder é dividido, e não concentrado nas mãos de um Estado dominante. Cientistas políticos têm falado de uma "nova era de federalismo" enquanto os países tentam se desembaraçar do pântano de influências que os sufocam. O federalismo, como já se disse muito bem, permite "governo partilhado e autogoverno, governo nacional coordenado e diversidade, experiências criativas e liberdade".[20] Com exceção da China, todos os grandes países do mundo são federações. Os Estados unitários que ainda existem, como o Reino Unido, a França, a Espanha, o Sri Lanka e a Indonésia, já enfrentaram, quase todos, movimentos separatistas. O federalismo não é uma ideologia, mas sim uma forma pragmática de governo, flexível e adaptável quando bem-sucedida. Exceto em casos de invasão, nenhum país federal optou jamais por retornar ao Estado unitário. Sem dúvida, nas nações federais, ocorrem muitos conflitos entre as unidades ou regiões e o centro político, sendo sempre difícil alcançar o equilíbrio. Mas, como são essencialmente descentralizadas, tornam possíveis várias formas de experimentação local, muitas vezes justamente por causa dos atritos que precisam superar.

---

19 Federal Europe will be 'a reality in a few years', says José Manuel Barroso, *WordPress. com*, 8 maio 2013, p.2.
20 Walker, G. de Q. Rediscovering the advantages of federalism, Parliament of Austria, mar. 1999. Disponível *online*.

Um sistema federal na Europa teria de se haver simultaneamente com o problema da liderança e com o déficit democrático perene. Liderança e legitimidade vão de mãos dadas. O problema de falta de liderança eficaz na UE (salvo em situações de crise) está diretamente ligado ao seu verniz superficial de democracia. Como em outras áreas, a UE não deveria simplesmente "correr atrás do prejuízo", mas tentar ficar à frente do placar no tocante a outros modelos disponíveis. A integração política na Europa exige, acima de tudo, a correção de algumas das deficiências mais gritantes da UE, não sua multiplicação. A abordagem da liderança e da democracia não pode ser meramente formal, isto é, preocupada apenas com os mecanismos eleitorais. Um dos objetivos básicos deve ser reduzir a burocracia.

Da forma como estão organizadas atualmente, há dificuldades estruturais em todas as grandes instituições de governo da UE, bem como na relação entre elas. É no Conselho Europeu e no Conselho de Ministros que se tomam muitas das decisões concretas no âmbito da UE1. Contudo, possuem um baixo nível de visibilidade para o público, que ignora boa parte de seus procedimentos. Muitos cidadãos jamais ouviram falar nessas instituições e, se ouviram, podem confundir as duas. De fato, elas costumam ser facilmente confundidas não só uma com a outra, mas também com o Conselho da Europa, que nada tem a ver com a UE. Os cidadãos quase sempre identificam a UE com a Comissão. Esta é mais visível principalmente porque sugere políticas e publica-as sob a forma de documentos de consulta. A Comissão não lembra em nada um serviço civil ortodoxo, pois não dispõe de nenhum governo eleito formado em conjunção com o parlamento, como sucede num Estado convencional. Seu papel não se limita a aprovar políticas vindas de fora; ao contrário, é ela que cria pela maior parte essas políticas, embora tenha pouco poder para aplicá-las. A posição peculiar da Comissão é um dos principais motivos da existência da Europa de papel. Não se pode criticá-la por esse

CONTINENTE TURBULENTO E PODEROSO   39

fato, que se deve à sua situação estrutural. Os planos que ela elabora não se integram a um processo político efetivo.

O Parlamento Europeu adquiriu mais influência nas duas últimas décadas, mas não logrou gerar legitimidade pública para a UE. As razões são bastante conhecidas. Por melhor que seja seu trabalho, ele não responde às preocupações dos eleitorados europeus. Para a maioria do público, seus atos são marginais e relativamente invisíveis. A participação dos eleitores é baixa e as eleições giram, sobretudo, em torno de problemas e dilemas nacionais. Alguns sustentam que a única maneira de superar essa dificuldade é estabelecer conexões mais estreitas entre o Parlamento Europeu e os legislativos nacionais.[21] A UE atua principalmente no âmbito do mercado único, da política monetária, da concorrência e da regulamentação – e essas não são as principais preocupações dos eleitores. Se os parlamentos nacionais se envolvessem mais diretamente com a legislação da UE, parte de sua legitimidade se transferiria para o nível europeu. Por exemplo, o grau da vigilância exercida por esses parlamentos sobre os assuntos da UE poderia aumentar. De forma alternativa, os parlamentos nacionais e europeu trabalhariam mais estreitamente e de modo articulado. Não creio que esse seja o caminho a seguir. A última coisa de que uma União reestruturada precisa é de mais um nível burocrático, disseminado pelos países membros. O estilo UE1 de governar não combina com um mundo que tem cada vez mais pressa.

A pergunta que Kissinger nunca fez

O federalismo deixou de ser o sonho remoto de Churchill e dos pais fundadores da UE para se transformar numa exigência

---

21 Menon; Peet, *Beyond the European Parliament: Rethinking the EU's Democratic Legitimacy*. Disponível *online*.

do momento presente. Nos últimos três ou quatro anos, inúmeras publicações acadêmicas e jornalísticas discutiram que forma ele deve assumir no nível europeu. Eis um exemplo, entre muitos outros, da emergência de um genuíno espaço político transeuropeu. Não tenciono resumir esses debates aqui. Vou me limitar a umas poucas observações. Duas perguntas exigem resposta: que tipo de federalismo deve ser implantado; e, igualmente importante, como poderá ele ser constituído perante o baixo nível atual de popularidade da UE?

O novo sistema teria de ser uma espécie de "federalismo brando", pois um sistema político mais intrusivo não seria nem politicamente viável nem necessário. O objetivo consistiria, ao mesmo tempo, em robustecer a capacidade de liderança da UE e ampliar a participação democrática dos cidadãos da Europa. Nenhum país em especial deve ser tomado como modelo. Churchill falou em construir os Estados Unidos da Europa e, ao longo dos anos, muita gente fez o mesmo. Quer se empregue ou não esse termo, o exemplo americano não deve figurar como modelo direto – o que se aplica também a todo e qualquer país da atualidade. Não há muito sentido em comparar a situação da UE hoje com a dos Estados Unidos no século XVIII, ainda que se tenha repisado ultimamente o "momento Filadélfia" da Europa. Não se trata apenas de reformular instituições. As reformas precisam levar em conta as possibilidades e os problemas mais amplos que as novas realizações tecnológicas trouxeram para a democracia. A flexibilidade e a adaptabilidade devem estar no centro das preocupações. Um sistema de governo reestruturado tem de se apoiar na sociedade civil e dar-lhe respostas.

A liderança é um bom ponto de partida. Para mim, isso significa, como muitos outros vêm sugerindo, a eleição direta de um presidente europeu. É a melhor estratégia para combinar liderança com legitimidade popular. A eleição direta pode ser a única resposta cabal à famosa pergunta de Henry Kissinger: "Se eu quiser

CONTINENTE TURBULENTO E PODEROSO   **41**

falar com a Europa, a quem telefono?'". Assistimos a uma divertida sequência de acontecimentos depois da assinatura do Tratado de Lisboa. José Manuel Barroso garantiu que Kissinger agora já saberia muito bem a quem se dirigir: a Cathy Ashton, a "ministra das Relações Exteriores" da Europa, pois na época ele, Kissinger, era secretário de Estado. "O chamado problema Kissinger", disse Barroso, "foi resolvido".[22] Mas acrescentou que a UE é representada também pelo chefe da Comissão Europeia e pelo governo do país que ocupa a presidência semestral da UE. Herman Van Rompuy, diretor do Conselho Europeu, deixou claro que um presidente dos Estados Unidos deveria se dirigir primeiro a ele.

Em suas horas de folga, Van Rompuy compõe deliciosos *haicais* – uma forma poética japonesa que tradicionalmente apresenta uma rígida estrutura silábica de difícil reprodução nas línguas europeias. Um exemplo:

Bruxelas:
diferentes cores,
línguas, torres e deuses
procuro meu caminho[23]

Seus esforços inspiraram inúmeros imitadores.[24] Eis aqui um *haicai* sem qualidades poéticas, mas que vai diretamente ao ponto:

Kissinger telefona
e Van Rompuy atende
Henry: "Desculpe, foi engano"[25]

---

22 Brunnstrom, D. EU says it has solved the Kissinger question, *Reuters*, 20 nov. 2009. Disponível *online*.
23 No original: *Brussels:/ different colours/ tongues, towers and gods/ I search my way*. (N. E.)
24 Martin, I. Herman Van Rompuy's greatest hits, *Wall Street Journal*, 17 nov. 2009. Disponível *online*.
25 No original: *Kissinger calling/ Van Rompuy answers the phone/ Henry: "rong number"*. (N. E.)

Para pôr ainda mais lenha na fogueira da ironia, Kissinger admitiu num debate em 2012 que não estava certo de ter dito aquilo que há tanto tempo lhe atribuem.[26] De qualquer modo, o tempo em que a liderança da UE podia ser quase anônima e passar desapercebida à maioria dos cidadãos seguramente já se foi. A Europa precisa ter um "rosto", tal como hoje ocorre, ainda que temporariamente – o da Merkel. O dono desse rosto deve deter um poder real (como ela detém) e "falar pela União Europeia".

As outras peças do quebra-cabeça se encaixam com relativa facilidade – embora, na prática, o diabo esteja sempre nos detalhes.[27] Numa União reestruturada, uma grande parcela de poder precisaria ser confiada ao Parlamento Europeu. O Conselho Europeu poderia ser transformado em senado, representando nações e regiões. A Comissão seria uma espécie de serviço civil ortodoxo, ocupada menos em propor políticas do que em implementá-las. Os eurocéticos estão certos ao criticar a atual estrutura burocrática e distanciada da UE. Para eles, um passo em direção ao federalismo tornaria esses aspectos ainda mais opressivos. No entanto, um sistema federal, na verdade, ajudaria a transcender alguns deles. A UE andaria mais depressa e se aproximaria mais dos cidadãos. A lentidão do processo decisório da UE1 provém em grande medida dos traços específicos do sistema vigente, em que uma coordenação minuciosa entre os 28 Estados membros ocupa o lugar da integração política. O denso matagal de comitês que sufoca as três principais instituições da UE poderia ser grandemente desbastado.

A meu ver, é essencial que alguns poderes sejam devolvidos às nações, regiões e localidades como parte do acordo (mas não

---

26 Gera, V. Kissinger says calling Europe quote not likely his, *The Big Story*, 27 jun. 2012. Disponível *online*.

27 Para uma discussão importante e interessante, inserida num amplo contexto global, ver Berggruen; Gardels, *Intelligent Governance for the 21st Century: A Middle Way between West and East*.

CONTINENTE TURBULENTO E PODEROSO 43

como opção de autoexclusão *ad hoc*). Não é certo nem conveniente que, uma vez obtidos, os poderes entregues nunca mais sejam devolvidos ou substancialmente modificados. Hoje, alguns sistemas federais incorporam esses mecanismos, importantes porque propiciam flexibilidade e adaptabilidade diante da mudança, oferecendo ao mesmo tempo um meio de introduzir inovações. O elemento subsidiário deve ser real, e não o termo quase vazio que se tornou ao longo dos anos. Entre as atribuições atuais da UE há uma "cláusula de flexibilidade", mas que diz respeito unicamente ao topo. Permite que a UE, em certas ocasiões, ultrapasse seus limites legalmente definidos, quando as circunstâncias justificarem essa transgressão. Que nível e que formas de integração devem existir nos diversos ramos de atividade da UE? Terá de haver uma estrutura variada, com maior integração em algumas áreas que em outras. A união fiscal pressupõe a elaboração de um orçamento para a eurozona, cujo vínculo com o orçamento europeu existente precisaria ficar bem claro. Isso, por seu turno, significaria financiar até certo ponto projetos transeuropeus de bem-estar, saúde e educação, embora, a despeito do nome, o "modelo social europeu" vá permanecer em grande parte na alçada nacional. Poderia e deveria haver maior colaboração na área militar, em que não são poucos os desperdícios e as sobreposições de gastos. Se não fosse a presença americana na Otan, a Europa disporia hoje de pouquíssima capacidade militar para garantir sua segurança.[28]

Ainda resta muito a ser feito em todas essas áreas. Por exemplo, no caso de uma eleição para presidente europeu, como se escolherão os candidatos? É de presumir que se façam campanhas eleitorais por toda a Europa: mas como organizar um processo tão complicado? Como resolver o problema da disparidade de idiomas? As nações votarão em bloco, como tendem a fazer

---

28 Ver o capítulo "A busca da relevância".

neste evento de muito menor consequência que é o Eurovision Song Contest? Havendo vontade e recursos, penso que nenhum desses problemas é insuperável; mas terão de ser bem estudados para se chegar a um consenso relativamente ao procedimento. Mesmo que tudo caminhe como se espera – uma grande incógnita –, ainda temos pela frente um período de uns dez anos entre o início e a solução. Será que o empreendimento conseguirá ao menos decolar? A UE parece presa a uma armadilha que ela própria construiu. O euro foi introduzido, em parte, para promover a integração política no seio da UE. Entretanto, ajudou a gerar a crise que está afastando os cidadãos do projeto europeu como um todo. Obviamente, uma Europa federal não deve e não pode ser criada contra a vontade dos cidadãos.

Estrutura e processo

Como solucionar esses dilemas? Existem problemas de curto e longo prazo que precisam ser enfrentados. É preciso ter alguma simpatia por quem declara que a Europa simplesmente se meteu numa enrascada ao introduzir o euro.[29] Não há retorno, dizem essas pessoas, e mudanças efetivas não são possíveis por causa dos obstáculos políticos e organizacionais que teriam de ser superados. O paradoxo, pelo menos em minha opinião, é que a enrascada por eles descrita é em si mesma impossível. A UE pode estar entre a cruz e a espada, mas essa é em si uma posição de grande risco. A União simplesmente não pode usar sua consagrada estratégia de mudança cautelosa entremeada por grandes referendos ocasionais. Os obstáculos estruturais podem ser rapidamente enumerados. Um livro inteiro, bem maior que este,

---

29 Marsh, *Europe's Deadlock*.

CONTINENTE TURBULENTO E PODEROSO 45

poderia ser escrito sobre eles e creio que muita gente já esteja fazendo isso. Certamente, é o que espero. Quaisquer soluções propostas precisam levar em conta a divisão entre a eurozona e o resto dos países da UE. A eurozona deve constituir uma espécie de vanguarda e pode introduzir várias mudanças por conta própria; estas, porém, terão de atender aos interesses dos Estados fora dela, pois algumas políticas necessárias precisam ser aplicadas não apenas nos países da eurozona, mas em todos os que integram a UE. Aqui, há dificuldades notórias. A dada altura, mudanças serão inevitáveis no acordo, que interesses consolidados, produzidos pelas políticas anteriores, poderão tentar bloquear, modificar ou enfraquecer. As persistentes dificuldades envolvidas na implantação de um sistema mais racional em lugar da Política Agrícola Comum já dão uma ideia das resistências que teriam de ser superadas.

No passado, as nações do núcleo do projeto europeu tinham visões diferentes umas das outras e pressões políticas internas a vencer. No caso da Alemanha, a pergunta principal, como já enfatizei muitas vezes, é: esse país aceitará a lógica da interdependência na eurozona? A França continua exibindo a *hauteur* de um país pós-imperial ainda relutante em aceitar a realidade de sua relativa insignificância no mundo contemporâneo. Lembranças de um grandioso passado imperial ainda estão vivas também no Reino Unido e explicam em parte sua indiferença pelo resto da Europa. Ao mesmo tempo, os países menores, com muita razão, objetam ao domínio dos maiores no processo de decisão da UE2.

"Europa Federal" continuará sendo um termo sem substância até que músculos sejam aplicados ao esqueleto. Existem à sua disposição diversos modelos possíveis. Aqueles que desejam uma integração política maior talvez não se entendam quanto à forma concreta que ela deverá assumir. Alguns veem, implícita no termo, uma versão ampliada de seu próprio modelo nacional preferido – por exemplo, um tipo de economia de mercado social com fortes elementos corporativistas. Outros querem que a UE seja uma força contra a globalização econômica e enfatizam o protecionismo, o fechamento das fronteiras e por aí além. Outros, todavia (inclusive eu), encaram a globalização como uma nova condição da vida, e não como uma força externa a aceitar ou repelir. Preconizam uma Europa aberta, mas também flexível e dinâmica. Superar todos esses problemas exigirá uma liderança real e de preferência inspiradora, em nível europeu. De onde ela virá, dada a pouca visibilidade dos líderes atuais da UE1? A "presidente Merkel" quererá e poderá levar a Europa adiante? Se não for ela, quem será?

Passos parciais dados rumo a uma integração política mais efetiva podem se tornar difíceis de anular, mais tarde. Por exemplo, no Parlamento Europeu, cada um dos principais grupos partidários está se mobilizando para propor candidatos à próxima presidência da Comissão, antes das eleições europeias. Essa é uma atitude importante e notável sob vários aspectos. Introduz pelo menos um elemento de democracia e pode produzir um líder mais em evidência que o conseguido pelo processo usual de nomeação, baseado em acordos entre os Estados membros, numa época em que a liderança é fundamental e, basicamente, um assunto da UE2. Nomes de destaque já foram propostos. No caso do Partido dos Socialistas Europeus, temos Helle Thorning-Schmidt, primeira-ministra da Dinamarca; José Luis Zapatero, ex-primeiro-ministro espanhol; Pascal Lamy, diretor da Organização Mundial do Comércio; e Martin Schulz, presidente do Parlamento Europeu. Entre os candidatos potenciais apresentados pelo Partido do Povo Europeu, contam-se Christine Lagarde; Donald Tusk, primeiro-ministro da Polônia; e Fredrik Reinfeldt, primeiro-ministro da Suécia. Outros grupos partidários também têm seus candidatos. Isso, no entanto, pode ter o efeito de paralisar o processo, de modo que ele não chegue a ser a eleição direta de um presidente europeu.

Poderão tais obstáculos ser superados mediante negociação? A resposta, numa palavra, é sim – embora eu não me apresse a garantir que isso de fato venha a acontecer. A situação da Europa ainda é difícil. Mas há boas razões para um otimismo moderado. As tribulações do euro deixaram claro que a atitude leviana outrora tomada frente às responsabilidades mútuas acarretadas pela adoção de uma moeda comum deve ser esquecida de uma vez por todas. Afinal, foram a Alemanha e a França que, primeiro, romperam despreocupadamente o Pacto de Estabilidade e Crescimento. As consequências foram ao mesmo tempo dramáticas e acauteladoras.

A Comissão está estudando propostas específicas que apresentará publicamente antes das eleições de 2014. É um passo inicial necessário que, se bem-sucedido, provavelmente apressará a evolução da UE. Como eu já disse, os pró-europeus devem se empenhar ativamente no apoio ao que for feito por meio das instituições da UE. Talvez essas eleições sejam as mais importantes já realizadas na Europa. Os partidos eurocéticos farão muito barulho. Nesse momento, as vozes pró-europeias terão de se fazer ouvir em todo o continente e com muita ênfase; do contrário, o processo eleitoral corre o risco de se tornar um veículo para protestos difusos. Haverá uma dimensão esquerda-direita, porque quase todos os partidos populistas antieuropeus estão na direita política, e os mais tradicionais de centro-direita também se mostram hostis à integração europeia. Não vejo isso como uma coisa ruim, já que contribui para a "normalização" da esfera pública europeia ainda incipiente. Os candidatos às eleições provavelmente receberão maior cobertura da mídia do que antes. Esta é uma oportunidade para consolidar a liderança europeia durante o período crucial em que ocorrerão os eventos mais relevantes.

A queda acentuada no apoio popular à UE, como mostram as pesquisas, deve ser encarada com certa cautela. Uma vez que a adesão à União é relativamente frouxa, não surpreende que o apoio tenha diminuído em vista do fraco progresso econômico e da circunstância de os acordos necessários à UE ainda estarem por concluir. Talvez uma medida melhor seja o nível do endosso público ao euro. Uma pesquisa recente em oito países-chave da UE, pela empresa americana Pew Research Centre, pode ajudar aqui.[30] Esses países são Alemanha, Grã-Bretanha, França, Itália, Espanha, Grécia, Polônia e República Checa. O apoio incondicional a uma maior integração europeia caiu visivelmente, chegando a 32%. No entanto, 65% dos cidadãos dos países da eurozona continuam endossando a adesão ao euro. Em nenhum país, o apoio é menor que 60%. A pesquisa Pew subverte alguns dados costumeiramente atribuídos à Alemanha. Na palavra de seus autores, ela "contradiz narrativas persistentes" sobre as atitudes dos alemães. Eles não estão com um medo paranoico da inflação. Ao contrário, de todas as populações dos países pesquisados, parecem os menos inclinados a considerar esse um problema grave. Além disso, a Alemanha é o país rico mais propenso a ser favorável ao oferecimento de ajuda financeira a outros membros da UE em dificuldades econômicas.

A atual estratégia da UE parece presumir que as eleições nacionais seguirão o caminho de sempre e ignorarão os problemas europeus. Afora as eleições europeias, a ideia parece ser adiar o envolvimento democrático em reformas políticas até se obter um produto final por meio de referendos nos Estados membros. Como disse Jürgen Habermas, "a democratização definitiva é apresentada como uma promessa semelhante à luz no fim do túnel".[31] Não é essa a abordagem a adotar. O perigo dessa estratégia fica claro a partir do destino da Constituição. O apoio e o envolvimento democrático devem ser dados desde

---

30 Pew Research Global Attitudes Project, The new sick man of Europe: the European Union, 13 maio 2013. Disponível *online*.
31 Habermas, J. Democracy, solidarity and the European crisis. Palestra dada em Leuven, 26 abr. 2013. Disponível *online*.

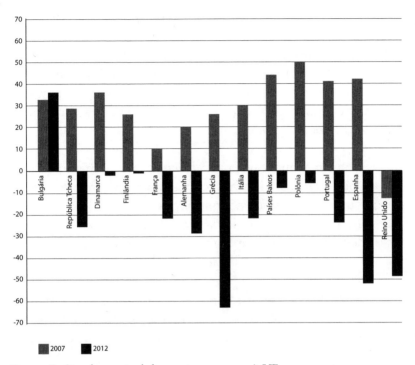

Figura 5. Queda vertical do apoio expresso à UE.

Fonte: Torreblanca; Leonard, *The Continent-Wide Rise of Euroscepticism*, ECFR Policy Memo, 2013.

o começo, e não adiados até o Big Bang. A Europa tornou-se uma comunidade de destino comum. Pondo de parte um colapso, não creio que isso vá mudar nos próximos anos. Novas dinâmicas se desenvolverão, mesmo no curto prazo – na verdade, isso já aconteceu, pois a Europa é uma presença constante hoje em dia. A integração poderá sucumbir à divisão, mas é esperar para ver. A evolução potencial da UE será um tópico significativo em quase todas ou em todas as eleições nacionais no futuro próximo, em muitos casos com uma coloração de esquerda-direita. O espaço político pan-europeu que está surgindo enseja um fórum no qual ideias sobre o futuro da Europa poderão ser exploradas pelos mecanismos democráticos normais.

Nessas circunstâncias, os partidos eurocéticos terão de desenvolver uma visão mais coerente do que a adotada até agora. Muitos são impelidos quase exclusivamente por aquilo a que se opõem. Precisam dizer *do que* são a favor. Quem critica a posição atual da UE poderia querer:

- uma União mais livre que a existente no momento – o que pode significar, digamos, o abandono do euro e o retorno a uma UE centrada no mercado único;
- uma União reformulada para ser, por exemplo, mais democrática e descentralizada (existem inúmeras possibilidades nessa categoria, dependendo em parte do contexto nacional);
- uma área de livre-comércio – e nada mais –, segundo as linhas do Acordo de Livre-Comércio da América do Norte (Nafta) ou da Associação de Nações do Sudeste Asiático (Asean);
- uma ou mais nações excluídas da UE – por exemplo, a Grã-Bretanha –, sob a alegação de que elas querem seguir seu próprio caminho, pouco importando o que aconteça no resto da Europa; ou
- a dissolução completa da UE e a volta a uma Europa constituída por Estados nacionais em sua forma anterior.

Convém notar que todas essas opções envolvem complexidades não apenas na forma específica que possam assumir, mas também no modo como seriam levadas a cabo. Os eurocéticos terão de mostrar como essas opções devem ser encaradas e, igualmente, como pô-las em prática. Abolir instituições existentes, por exemplo, constituiria um processo extremamente drástico e polêmico, com incontáveis obstáculos legais a superar. Quem,

CONTINENTE TURBULENTO E PODEROSO

com relação à UE, aspira a uma ruptura ou a um retrocesso radical, deve informar o que acontecerá à multiplicidade de Estados separados que ficará em seu lugar. Algumas formas de cooperação e mesmo de governança comum seriam certamente exigidas, uma vez que muitos problemas, hoje, refletem preocupações compartilhadas. Conexões regionais continuarão sendo importantíssimas. Nenhum eurocético incapaz de propor um cenário positivo pode ser levado a sério no nível da criação de políticas. Os argumentos dos eurocéticos devem ser apresentados – mas os dos pró-europeus também. E é isso que quero ajudar a conseguir escrevendo este livro.

Mesmo na atmosfera carregada de hoje, é real a possibilidade de seguir adiante com maior integração política e econômica. Existe uma base sólida para o apoio potencial a esse processo, e com um componente democrático, sobretudo se os pró-europeus, daqui por diante, se tornarem tão ativos politicamente quanto seus adversários. Muita coisa dependerá, no médio prazo, da associação desses desdobramentos com o retorno a uma maior saúde econômica, especialmente no contexto dos Estados mais fracos. A Alemanha pode ser a principal influência, mas outros países também devem entrar no jogo. A França, país com uma grande dose de orgulho nacional, aceitará a lógica da soberania+? François Hollande declarou seu apoio à ideia de um presidente europeu eleito, embora existam vários grupos no país que se opõem à cessão de mais poderes à Europa. Os Estados membros terão de renunciar à atitude de querer as vantagens das duas situações ao mesmo tempo, que há muito vem persistindo. Em suma, seus líderes insistem em poder se comportar como atores independentes quando querem, mas, ao mesmo tempo, cobiçam as vantagens da União. Essa conquista exigirá uma mudança de mentalidade, mas a hora de começar é já.

De baixo para cima

Os cidadãos devem, a esta altura, envolver-se mais ativamente nos processos da reforma europeia – o elemento de baixo para cima precisa ser forte e persuasivo, não limitado a consultas ocasionais ou mesmo eleições.[32] É preciso insistir na construção de identidade. De nada adiantará repetir truísmos como "A Europa tira forças de sua diversidade". Os pró-europeus podem se consolar com o fato de, em meio à diversidade, aos nacionalismos e às divisões regionais, ter surgido uma nova geração europeizada. Programas ativos como o esquema Erasmus ajudaram a criá-la. Esse é o caso até mesmo no Reino Unido, onde se observa uma nítida divisão entre pessoas com mais de 50 e com menos de 30 anos.[33]

Como sucede a qualquer outra área, existem iniciativas de curto e longo prazo que podem ser introduzidas para ajudar a produzir o que seria, com efeito, uma sociedade civil pan-europeia. A Comissão já sugeriu vários projetos. Há, por exemplo, o Serviço Voluntário Europeu (European Voluntary Service), que possibilita o trabalho voluntário de pessoas de 18 a 30 anos num país membro ou postulante por um período de até um ano. O ano de 2011 foi escolhido como o Ano Europeu do Voluntariado (AEV), que é um conceito desenvolvido por um grupo de redes de voluntários em diferentes países, com o apoio da Comissão. Cerca de 100 milhões de pessoas na Europa praticam algum tipo de atividade voluntária regular; o que se pretende é conectá-los mais e atrair outros. Entretanto, existem aí sérias dificuldades. Uma delas é o próprio patrocínio de Bruxelas. Já se disse que o financiamento da UE pode ter um "efeito tóxico" sobre a situação das Organizações Não Governamentais (ONGs). Um grande

---

32 Ver Kaldor, M.; Selchow, S. The "bubbling up" of subterranean politics in Europe, *Journal of Civil Society*, 9, 1, p.78-99.

33 Ver Bruter, M.; Harrison, S. *How European Do You Feel? The Psychology of European Identity*. Disponível *online*.

CONTINENTE TURBULENTO E PODEROSO 53

número de organizações da sociedade civil tem representação em Bruxelas. Boa parte do dinheiro fornecido pela Comissão vai para elas. Inevitavelmente, é grande a pressão para que se conformem às linhas de pensamento da Comissão, quaisquer que sejam elas. Ora, desse modo, os próprios líderes das ONGs se afastam de suas raízes – e as raízes são o que supostamente deve embasar uma sociedade civil.[34]

A Comissão iniciou há pouco uma série de debates públicos por toda a Europa. O objetivo, afirma ela em tom ligeiramente paternalista, é dar "às pessoas comuns uma oportunidade de acesso direto aos políticos da UE" para falarem sobre o futuro do continente. Os debates fazem parte do Ano Europeu dos Cidadãos 2013 – uma designação só por si bastante peculiar. Não deveriam todos os anos ser o ano dos cidadãos? Seja como for, é um empreendimento válido. Os debates foram anunciados no discurso do presidente Barroso à União, em 2012, que nem de longe pode ser comparado ao que o presidente dos Estados Unidos faz todos os anos. Quem, entre os cidadãos europeus, sequer tomou conhecimento desse discurso? Os que o ouviram (ou viram) diretamente, em que língua o ouviram? Quais líderes estrangeiros, de outras partes do mundo, acompanharam-no ou tiveram notícia dele? Quantos europeus sequer sabem o nome do presidente da Comissão?

A questão é espinhosa, mas deve-se fazer um esforço para transformar o inglês na língua oficial da UE, lado a lado com os idiomas nacionais, e ensiná-lo como tal em todas as escolas. O "inglês" já não é apenas uma língua nacional, mas o idioma dominante da comunicação global. A ideia foi defendida, entre outros, pelo presidente alemão Joachim Gauck.[35] De qualquer modo, a

---

34 Nicolae, V. A sick European civil society – Brussels, *Wordpress.com*, 18 fev. 2013.
35 Oltermann, P. Something in common: should English be the official language of the EU?, *The Guardian*, 24 abr. 2013.

maioria dos jovens já cresce falando razoavelmente o inglês, o que sem dúvida ajudará muito no processo de desburocratização. Cerca de 1,8 milhão de páginas de tradução são produzidas pela UE todos os anos. Mais importante ainda, isso facilitaria o desenvolvimento de organizações e fontes de mídia transeuropeias, reforçando assim o domínio público criado por eventos recentes. Reconciliar liderança e democracia na UE, a esta altura, deve ir além das propostas de acordos institucionais formais. Temos de considerar como as correntes mais profundas de mudança, já mencionadas, deveriam ser integradas às propostas que acabamos de discutir. A internet é global no sentido mais elementar do termo. Há dois "mundos" que interagem e se chocam. Um é o governo representativo, territorial e lento. O outro é um mundo de interação bem mais marginal, acionado bilhões de vezes por dia e instantâneo por natureza.

A consequência lógica no contexto político parece ser que a UE deveria adotar formas eletrônicas de democracia direta. Como no mundo inteiro, vem ocorrendo um aceso diálogo sobre essa possibilidade tanto na Comissão quanto nos círculos acadêmicos. Um exemplo destacado é a Iniciativa dos Cidadãos Europeus, criada pelo Tratado de Lisboa e lançada em 2012. Desde que inclua pessoas de pelo menos um quarto dos Estados da União Europeia, um milhão de cidadãos da UE podem apresentar uma proposta legislativa à Comissão. As assinaturas são coletadas principalmente *on-line*. A primeira que obteve sucesso foi uma petição para sustar a venda de serviços de fornecimento de água a empresas privadas. Por mais útil que possa ser, a Iniciativa dos Cidadãos não é bem uma contribuição para a participação constante na política. Não tem nada da rapidez de comunicação que se observa na esfera digital em perpétuo desenvolvimento, com seus inumeráveis serviços – Twitter, Facebook, YouTube, Tumblr, Pinterest etc. Na verdade, ninguém até agora encontrou uma maneira de integrar sistematicamente esses serviços aos procedimentos democráticos estabelecidos. A mídia social provocou um forte impacto no mundo ao estimular o apetite pelo envolvimento democrático. No entanto, a tentativa de atrelar esse desejo aos mecanismos da governança cotidiana falhou. É difícil acreditar que, cedo ou tarde, isso não vá acontecer, e provavelmente com profundas consequências; mas ainda não chegamos nesse ponto. Portanto, a democracia representativa continuará sendo fundamentalmente importante. De que modo o advento da internet pode aperfeiçoar seu funcionamento? Sugiro, como a melhor maneira, o que chamo de *regra da transparência*. Para bem ou para mal, o primado do mundo digital anuncia o fim da privacidade – todo traço eletrônico pode ser descoberto. Quando Marshall McLuhan antecipou a implantação da aldeia global, foi mais presciente do que ele mesmo imaginava. Como numa aldeia, todos sabem o que os outros estão fazendo e poucos segredos podem ser conservados por muito tempo. Nem todas as consequências são benignas, mas têm implicações básicas para as operações do poder. Acordos secretos, manipulações de bastidores, corrupção direta e mesmo ineficiências se tornaram, de um modo geral, bem mais difíceis de esconder do olhar do público.

Nós, na Europa, vivemos hoje em democracias não apenas representativas, mas também "monitoradas".[36] Uma democracia monitorada é aquela que está mais ou menos sujeita à contínua vigilância dos tomadores de decisão, tanto na esfera política quanto em outras áreas, inclusive o comércio e a indústria. Essa vigilância é exercida por vários grupos, entre eles meios de comunicação, agências da sociedade civil, grupos e *bloggers* da internet etc. Todos esses grupos, ao mesmo tempo que estão sujeitos à democracia monitorada, facilitam-na. Sendo global, a internet

---

36 Keane, *The Life and Death of Democracy.* Keane remonta sua noção de democracia monitorada a uma data mais antiga do que eu o faria.

não se limita a um território, como ocorre com a democracia representativa, e interage com instituições representativas de modos complexos e até contraditórios. Assim, muita gente se decepciona com líderes políticos, quando mais não seja porque eles se tornam "demasiadamente humanos" – suas mazelas e fraquezas passam a ser conhecidas por todos, abalando a mística do poder. Agressões pessoais e políticas, inclusive calúnias, tornam-se parte de sua experiência diária.

Há um lado fortemente positivo, entretanto. Os líderes políticos terão de adotar padrões mais altos do que antes em suas vidas públicas e privadas, o que significa, em certos países, adaptar-se forçosamente às práticas normais. Consideremos o que aconteceu nos últimos anos no Reino Unido. Uma a uma, as principais instituições britânicas foram se abrindo ao escrutínio de um modo nunca visto. Foi como se um abridor tirasse a tampa de uma lata – nem sempre revelando coisas das mais agradáveis. Isso aconteceu no caso dos políticos, particularmente no tocante às suas despesas; dos bancos, muitos dos quais eram coniventes com a distorção do mercado por meio da fixação das taxas Libor e fechavam os olhos à lavagem de dinheiro em grande escala, além de se entregar a outras práticas condenáveis; da polícia, cujos métodos perniciosos, amplamente adotados, vieram à tona; da mídia, em que o grampo telefônico e outros procedimentos ilegais se revelaram corriqueiros; do serviço de saúde, com inúmeros escândalos em hospitais sendo desmascarados; da BBC, que ocultara por décadas episódios de abuso sexual; e das igrejas, em muitas das quais a libertinagem parece ter sido um meio de vida.

Há paralelos em muitos outros países da União Europeia, o que mostra como são profundos os novos processos em ação. Não é por acaso que se tenha visto uma verdadeira torrente de casos de corrupção por toda a Europa nos últimos anos. Todos os grandes Estados europeus foram envolvidos, de Norte a Sul. Um relatório da Transparência Internacional publicado em 2012

CONTINENTE TURBULENTO E PODEROSO

foi condenatório em suas conclusões: que na Grécia, Portugal, Espanha e Itália, os baixos níveis de responsabilidade pública, as práticas perversas e a corrupção são não apenas endêmicas como se acham na própria raiz da crise. O diretor da TI grega observou: "A corrupção gerou todos os elementos dos problemas financeiros da Grécia [...] Contaminou a mentalidade do povo e das instituições do país".[37] A diferença agora é que terá de haver mudanças estruturais não apenas nesses Estados, mas em toda a Europa. Pela primeira vez, sente-se uma forte pressão por reformas: de cima (como as obrigações dos governos que querem reduzir suas dívidas) e de baixo (por exemplo, movimentos como o dos *indignados* da Espanha).

A UE promoveu várias campanhas em prol da transparência, mas definiu-a de um modo muito limitado. Além disso, não aplicou suficientemente o que promovia a si mesma. A União não tem transparência no nível superior justamente por causa da UE2: as principais decisões são tomadas nos bastidores pelos líderes dos grandes Estados. Quando Bernard Connolly escreveu *The Rotten Heart of Europe* [O coração podre da Europa], que trata das origens da união monetária europeia, foi isso o que quis dizer, embora tenha empregado desnecessariamente uma retórica agressiva para enfatizar seus pontos de vista.[38] O vínculo entre democracia e transparência na era da internet não é apenas informacional, como muitos pensam. É também estrutural. Ou seja, a transparência não diz respeito somente à inevitável mudança de rumo na visibilidade das ações dos líderes; diz respeito também ao melhor modo de reorganizar e reformular os mecanismos de governo.

---

37 Rampant corruption is aggravating the EU crisis, *EUobserver.com*, 6 jun. 2012, p.1. (Ver, a seguir, o capítulo "Austeridade e depois".)
38 Connolly, *The Rotten Heart of Europe*. Ver também a nova edição de 2012. Este livro continua muito popular.

O Reino Unido e a Europa

Em seu discurso em Zurique, Churchill deixou claro que a Grã-Bretanha não participaria da federação que ele sonhava para o resto da Europa. Como afirmou em outro contexto, "Nós estamos com a Europa, mas não nela [...]. Se a Grã-Bretanha tiver de escolher entre a Europa e o mar aberto, deve sempre escolher o mar aberto".[39] Desde os primeiros dias do projeto europeu, muitos concordaram com Churchill em que a Grã-Bretanha é uma nação à parte. Um governo trabalhista recusou a oportunidade de participar das reuniões que levaram à criação da Comunidade do Aço e do Carvão. Foi sobretudo a perspectiva de êxito econômico da futura União Europeia que persuadiu o governo do conservador Edward Heath a mudar de ideia em 1973.

A motivação econômica foi o tema enfatizado num discurso do primeiro-ministro David Cameron sobre a adesão britânica à UE, proferido quase exatamente quatro décadas depois. Ele afirmou que a Grã-Bretanha "tem o caráter de uma nação insular", ciosa de quaisquer ameaças à sua soberania. Mas, ao mesmo tempo, é um país "cosmopolita. Que se volta para o mundo [...]". A base mais consistente da UE, aos olhos dos britânicos, "é o mercado único, não a moeda única". Os Estados membros da UE assumiram o compromisso de "lançar os alicerces de uma união cada vez mais estreita entre os povos da Europa". O Reino Unido, garantiu ele, respeita a decisão de quem quer perseguir esse objetivo, mas a Grã-Bretanha – "e talvez outros" – tem em mira um objetivo diferente. Cameron reconheceu que, a essa altura, a eurozona deve seguir seu próprio caminho, promovendo "uma integração política e econômica ainda maior". A Grã-Bretanha, porém, "jamais terá esse objetivo" nem adotará o euro. O país procurará negociar um novo acordo com o resto da UE, que

---

39 Churchill, W. Cabinet Memorandum, 29 nov. 1953. Disponível *on-line*.

CONTINENTE TURBULENTO E PODEROSO 59

lhe permita tomar um rumo diferente do da maioria dos outros membros – ou de todos. Haverá um referendo dentro de determinado prazo para dar ao povo a chance de decidir.

Como bem mostrou a resposta da Europa a esse discurso, a concepção que Cameron tinha do futuro da UE, na qual o mercado único era o traço característico, não foi partilhada pelos outros membros. Mesmo os líderes de países supostamente mais ligados ao Reino Unido, como a Dinamarca e a Suécia, reagiram timidamente ao discurso do primeiro-ministro. Provavelmente, nenhum outro Estado membro vê a UE como "um meio para um fim", e não como "um fim em si mesmo", nas palavras de Cameron. Grande parte da motivação do discurso foi a tentativa de neutralizar, ou aplacar, os eurocéticos do Partido Tory. A esse respeito, não teve grande sucesso. Além disso, nas eleições locais realizadas logo depois, o Partido da Independência do Reino Unido, que luta pela saída da Grã-Bretanha da UE, obteve alguns êxitos bastante significativos.

A situação atual deixa todos às voltas com dilemas difíceis. Se o Reino Unido tentar vetar mudanças que promovam as reformas necessárias na eurozona, receberá respostas furiosas de outros Estados membros. No entanto, a própria UE ficaria enfraquecida caso um de seus membros mais importantes simplesmente pedisse licença e saísse. A situação pode, é claro, ser disfarçada, remendada, com os britânicos alegando ter obtido quase tudo o que queriam e o resto da UE sustentando que soube se opor às exigências do Reino Unido. Contudo, uma situação dessas não interessa a ninguém. A Grã-Bretanha continuaria sendo o parceiro embaraçoso, censurável – parte da UE, mas optando por um caminho diferente do que a União é obrigada a seguir para sobreviver.

Por algum tempo, acreditou-se que o Reino Unido lideraria o importante grupo dos "desligados" – os Estados membros fora da eurozona. Essa situação não se concretizou. Os desligados são, na verdade, um grupo menos homogêneo do que os "ligados" da eurozona. Há três categorias de desligados. A maior parte são os "pré-ligados", aqueles que no devido tempo terão de adotar o euro e pretendem cumprir essa obrigação. É de seu interesse participar dos progressos da eurozona, adaptar suas políticas a ela, participar plenamente de suas reuniões e acordos relevantes sempre que puderem. Dois outros Estados, que já mencionamos, têm uma postura mais ambígua: a Dinamarca e a Suécia. Como o Reino Unido, a Dinamarca quer se manter afastada do euro... mas sua moeda está presa a ele. É, portanto, "um país do euro com moeda própria".[40] E que se inscreveu no Compacto Fiscal. A Suécia está numa posição diferente. Passou pela crise em boa forma e, no momento, não pretende aderir à eurozona – mas essa decisão não é definitiva. O governo britânico é o único a declarar que o país jamais adotará o euro, que um novo acordo tem de ser feito levando especialmente em conta os interesses da Grã-Bretanha e que, em data marcada, haverá um referendo sobre a adesão à UE.

Que fazer em tais circunstâncias? Entendo que, a dada altura, se promova um referendo no Reino Unido para decidir se o país deve aderir ou não. Essa decisão será a mais importante que ele terá tomado no último meio século. Mas o referendo deverá ser precedido por um debate público franco e informativo, em que ambos os lados expressem de maneira ampla e bem fundamentada seus pontos de vista. Marcar para ele uma data limite, como o sr. Cameron fez, é sem dúvida um equívoco no que diz respeito aos interesses do país. O pior que pode acontecer a um governo – a qualquer governo – é apressar um referendo por razões partidárias internas. Não pormenorizarei aqui os argumentos de

---

40 Parello-Plesner, J. Denmark caught between "ins" and "outs", European Council on Foreign Relations, 24 out. 2012, p.1.

CONTINENTE TURBULENTO E PODEROSO   **61**

ambos os lados.[41] Quase tudo, em última análise, dependerá do destino do euro e dos próximos passos da UE. Supondo-se que uma nova Europa possa ser edificada, creio que o Reino Unido andaria melhor política, econômica e culturalmente olhando de dentro para fora do que de fora para dentro. Entretanto, se for abrangente, um debate sobre a questão poderá ser útil por si mesmo. Ficará claro então aos britânicos que o que está em jogo não é apenas a adesão à UE, mas também o tipo de nação que a Grã-Bretanha deve ser. Em suma, se o país sair, uma identidade nova, com vistas ao futuro, terá de ser forjada. Se o Reino Unido permanecerá íntegro, eis uma questão em aberto: a postura da Escócia frente à UE é muito diferente da que prevalece no resto do país.

Não vejo motivo para que qualquer entidade fora da União deixe de sobreviver com saúde, embora, em termos mundiais, ela fique bastante enfraquecida. As comparações com a Noruega e a Suíça são inadequadas. A se fazer alguma comparação, faça-se com o Canadá. O Canadá é um país próspero, que vive à sombra de um vizinho muitíssimo mais poderoso. Até agora, conseguiu conter suas próprias divisões internas. Sua economia depende fortemente da economia americana e seu padrão médio de vida é apenas ligeiramente mais baixo que o dos Estados Unidos. O Canadá tem uma presença diplomática significativa no palco internacional e uma imagem positiva em muitas partes do mundo. É membro da Otan e da Commonwealth, que, para alguns, é a principal organização à qual a Grã-Bretanha se voltará caso deixe a União Europeia. A Grã-Bretanha gostaria de exercer uma influência mais ampla que o Canadá por ser maior em termos de população e por causa dos resíduos de seu papel histórico no mundo, como o assento permanente no Conselho de

---

41 Para uma discussão excelente e equilibrada, ver Charter, *Au Revoir, Europe: What if Britain Left the EU?*.

Segurança das Nações Unidas. Todavia, uma parte substancial da reconstrução do país após a saída da UE teria de ir além desses resíduos. A saída colocaria sem dúvida a Grã-Bretanha sob forte pressão no que tange à sua cadeira no Conselho de Segurança e a privaria de aliados dispostos a apoiar sua permanência. Caso uma União mais integrada tome corpo, a cadeira da França poderá muito bem se tornar a da UE como um todo. Essas mudanças abririam as portas para a Índia e o Brasil, o que é uma renovação das mais desejáveis.

A relação transatlântica seria certamente afetada, mas não interrompida. Os Estados Unidos iriam por força tratar diretamente com a União Europeia em quase todos os assuntos de importância. Se um acordo comercial fosse assinado entre os Estados Unidos e a UE, levando a uma parceria maior, a Grã--Bretanha independente teria de negociar termos especiais por conta própria, um processo que poderia apresentar inúmeras dificuldades. A City londrina não poderia esperar reter seu nível de influência caso a Grã-Bretanha deixe a Europa; mas, em termos de equilíbrio da economia, isso talvez não seja tão ruim assim. O país poderia, digamos, reduzir suas forças armadas ainda mais do que já fez, pois, com toda a probabilidade, terá quase tão poucos inimigos diretos quanto o Canadá.

A Grã-Bretanha precisaria fazer o que a maioria dos eurocéticos propõe (embora, quase sempre, de maneira um tanto vaga): ampliar suas conexões comerciais com as economias emergentes. Para isso, contudo, teria de elevar seu nível de competitividade, tornando-se menos insular e presa à tradição do que ocorre no momento. Uma atitude mais cosmopolita e progressista seria imprescindível. A imigração teria mais peso, tanto estatisticamente quanto em termos de seu valor econômico para o país. Essa visão, alicerçada nas realidades contemporâneas, não deixa de ser atraente. E é a que pelo menos alguns dos defensores da saída da UE sonham para o futuro da Grã-Bretanha.

Já os eurocéticos pensam de outra maneira. Em sua imagem do futuro, a Grã-Bretanha reterá, não se sabe como, grande parte da influência atual – e conseguirá até mesmo ampliá-la. São movidos pela nostalgia de um passado perdido, não pelas realidades do presente. Terão de demonstrar como um país sem envolvimento direto com a UE, e cujas relações com os Estados Unidos serão necessariamente prejudicadas, conseguirá ainda agir como uma grande potência. Por enquanto, não sabemos que tipo de UE emergirá da crise. Talvez a Grã-Bretanha deva esperar até que uma solução razoavelmente duradoura seja alcançada. Com efeito, em algum momento, a UE terá de promover referendos de âmbito continental. A Grã-Bretanha terá pela frente uma União mais integrada e precisará decidir, com base nesse fato, onde reside seu futuro. De qualquer forma, na hora certa, a incômoda relação da Grã-Bretanha com a UE deverá ser posta a limpo.

2
Austeridade e depois

As aflições econômicas da Europa precisam ser vistas contra um pano de fundo muito amplo. O declínio financeiro, que já tem mais de cinco anos, não é obviamente cíclico, mas sim resultante de tendências muito mais profundas. Os remédios precisam estar à altura do mal. Praticamente todos os países industrializados se veem forçados a fazer reajustes substanciais em suas economias. Aqui, o pensamento econômico convencional parece tropeçar, tendo sido, aliás, um dos responsáveis pela própria crise que se mostra tão irredutível. O debate sobre austeridade *versus* estímulo ao investimento é importante e pode dar resultados, mas, pelo que se nota, é em grande parte uma repetição de controvérsias muito antigas. A economia mundial é hoje bem diferente. Em grande medida, achamo-nos em território desconhecido. Ninguém sabe se o mundo industrializado retomará o crescimento estável, dará outro salto à frente ou mergulhará na estagnação. O mesmo se aplica à economia global, que, no mínimo, necessita de um reequilíbrio em grande escala.

Como os Estados da UE, sobretudo os mais prejudicados no momento, encontrarão o caminho de volta ao crescimento e à prosperidade? O que não falta são planos e propostas. Alguns autores, por exemplo, sugeriram uma versão requentada do Plano Marshall, tão decisivo para o desenvolvimento da Europa após a Segunda Guerra Mundial. O Plano Marshall, porém, foi amplamente financiado pelo governo norte-americano. Fontes generosas assim não existem mais. Além disso, nenhum programa, por maior que seja, conseguirá fazer muita coisa para solucionar o problema extremamente grave com que a UE se defronta. Será preciso agir em inúmeras frentes, da local à transnacional, e recorrer a uma boa dose de pensamento criativo. Que forma deveria esse pensamento assumir?

As questões discutidas no capítulo anterior são altamente relevantes para este. O avanço da união fiscal e bancária é de vital importância. Se os bancos não forem devidamente recapitalizados e se o risco soberano não for contido, o crédito para investimentos continuará reprimido. A aceitação da mutualidade por parte da Alemanha é imprescindível para a retomada do progresso econômico na eurozona. Em pouco tempo, a Alemanha deixou de ser o homem doente da Europa para se tornar seu ator principal, em parte por causa das restrições salariais e das reformas no mercado de trabalho promovidas durante o governo de Gerhard Schröder. Mas ela foi ajudada também por sua adesão ao euro, da qual obtém lucros desproporcionais. Os países do Sul têm de fazer reformas e muitos as estão fazendo sob pressão da UE2. Alguns, porém, correm o risco de cair no esquecimento, caso a austeridade não seja complementada pelo investimento. O retorno ao crescimento é obrigatório, dado o nível de endividamento dos Estados da UE. O crescimento, entretanto, não é um fim em si mesmo: suas características e distribuição são cruciais. Homilias inconsistentes sobre crescimento sustentável não funcionarão. O retorno ao crescimento terá de ser acompanhado por reduções nas emissões de carbono, teste difícil considerando-se o pouco progresso feito até agora na UE. Não bastasse isso, o preço da energia, atualmente, pode prejudicar a competitividade dos

CONTINENTE TURBULENTO E PODEROSO

Estados da UE. De algum modo, esse círculo precisa ser retificado. O crescimento assimétrico também não é bom, pois carece de valor social ou econômico quando se limita a uma fração da população. Corrigir as desigualdades oriundas de cima significa, a meu ver, restaurar a prosperidade econômica – e é isso que vou defender. Frente ao altíssimo nível de desemprego, um dos pré-requisitos na UE consiste na criação de muito mais empregos do que os eliminados em dado período de tempo. Como, atualmente, as dificuldades econômicas são estruturais, segue-se que esses empregos não podem ser criados em quantidade suficiente apenas pela renovação da demanda e pelo fortalecimento do poder de compra. O intervencionismo, propugnado pela UE2, é necessário para apoiar as reformas necessárias e ajudar a promover o investimento. Investir na infraestrutura, em nível europeu, pode estimular o crescimento e ter efeitos multiplicadores a curto e longo prazo. A UE deveria trabalhar na concepção de políticas para gerar esse investimento, do qual grande parte terá de vir obrigatoriamente de fontes privadas. O mesmo se diga da outra ponta da escala: as pequenas e médias empresas, responsáveis por quase toda a capacidade produtiva da Europa. O comércio com as economias emergentes oferece inúmeras oportunidades para os Estados da UE e pode, ao mesmo tempo, ajudar a promover o desenvolvimento nos países mais pobres. Afinal, nas últimas duas ou três décadas, boa parte do desenvolvimento na economia mundial se deveu aos países não industrializados. Porém, há aqui mais problemas do que parece à primeira vista. Não podemos presumir que as tendências, nos próximos anos, serão as mesmas de antes. Além disso, a menos que os países da UE de desempenho mais fraco aumentem sua produtividade e competitividade geral, a eurozona não conservará sequer sua fatia de mercado atual. "O mundo não tem a obrigação de nos sustentar!": eis um lembrete que deveria ser exibido em escritórios e oficinas por toda a Europa.

O debate sobre reindustrialização, que começou nos Estados Unidos, tem de ser levado a sério também na Europa, embora seu desfecho seja ainda incerto. Como os Estados Unidos, a Europa tem pontos fortes na manufatura, com a economia alemã à frente. Apesar disso, o retorno à fabricação de objetos de modo mais geral é um objetivo a ser perseguido. A desindustrialização não deve ser vista como um fenômeno inevitável e irreversível. Muito crescimento ainda provirá da área de serviços. Contudo, algumas tendências de peso estão em curso. A distinção entre manufatura e serviços começa a desaparecer, o que é potencialmente uma mudança de grande alcance. A reforma de instituições situadas fora da economia não pode faltar em nenhum cenário previsível de crescimento. Os exemplos óbvios são educação, pesquisa e desenvolvimento, bem-estar, pensões, melhoria da eficiência e reatividade das instituições públicas. A política de imigração não é um elemento secundário da prosperidade futura da Europa, e sim primordial. E a razão disso é que se sobrepõe a várias outras áreas de importância. As dificuldades que os Estados da UE estão enfrentando para absorver uma imigração em larga escala podem ameaçar a estabilidade dos sistemas educacional e de bem-estar, tanto quanto os sentimentos mais amplos de solidariedade. A chegada de muçulmanos em grande número tem sido fonte de enorme tensão. A hostilidade à imigração se agravou principalmente após o advento da crise. Todavia, sem um fluxo constante de imigrantes, alguns dos problemas mais difíceis da Europa, como o envelhecimento da população, ficariam ainda piores.

Para que se alcance a maioria desses objetivos, avanços na cooperação internacional serão necessários. Alguns terão de ser de longo alcance. É uma condenação escandalosa da ordem atual que, a qualquer tempo, cerca de metade do capital líquido do mundo esteja em paraísos fiscais, onde escapa aos impostos e, portanto, à transferência para o bem-estar social. Outras formas perversas de evasão de impostos também são praticadas.

Mudanças nessas áreas, que há pouco tempo pareciam impossíveis, já fizeram grandes avanços. A proposta de livre-comércio entre a UE e os Estados Unidos poderia ser uma grande fonte de criação de empregos e riqueza. Embora em escala menor, um acordo semelhante com o Japão, já em estudo, daria os mesmos resultados. Neste capítulo, abordo apenas alguns dos problemas citados acima. Os outros serão examinados mais adiante. Começo pelo debate da austeridade e analiso as estratégias de crescimento da UE1, que levam em conta, pela maior parte, uma Europa fictícia. No mundo real, observamos uma rede intricada de influências a serem encaradas, inclusive os efeitos prováveis do ritmo extraordinário da mudança tecnológica atual. Considerarei, pois, as tentativas feitas nos Estados Unidos para reequilibrar a economia e indagarei se elas podem ser aplicadas à Europa. Chamo a isso "trazer de volta os empregos". Mas precisamos "trazer de volta o dinheiro" também – ou seja, recuperar os recursos urgentemente necessários para as despesas e investimentos internos, além de começar a lidar com o problema da desigualdade extrema.

O impacto da austeridade

O debate sobre austeridade vem ocorrendo não só na Europa, mas em todo o mundo industrializado. À luz dos fatores anteriormente referidos, porém, temos de ir muito além dela para lograr um retorno à prosperidade. Concluir que as medidas de austeridade na Europa falharam tornou-se a nova sabedoria convencional. Alguns falam mesmo na "desilusão da austeridade".[1] O quadro é um pouco mais complexo. A austeridade não é apenas econômica, mas também política. Ela não deve ser adotada

---

1 Blyth, *Austerity: The History of a Dangerous Idea.*

como condição permanente; como estratégia de curto prazo, no entanto, era provavelmente inevitável. Um país não pode pedir emprestado a quem não quer mais emprestar. A questão da austeridade, no contexto dos países da UE hoje, não consiste unicamente em equilibrar as contas, mas também em promover mudanças e reformas, em parte por meio de seu próprio valor de impacto. A austeridade é como um remédio amargo, desagradável ao paladar e com efeitos colaterais indesejáveis.[2] Tomar o remédio é necessário para combater a doença, mas não torna o paciente saudável a menos que se tomem outras medidas terapêuticas, inclusive muita autodisciplina e mudança de hábitos, daí por diante. É importantíssimo prescrever a dose certa, pois uma dose excessiva matará o paciente em vez de curá-lo. Vencida a primeira etapa, a natureza do tratamento precisa mudar e concentrar-se na reabilitação ativa.

Essa metáfora serve para a Europa de nossos dias? O *Euro Plus Monitor*, publicado anualmente com base em pesquisas do grupo de estudo The Lisbon Council e do Banco Berenberg, pode nos ajudar a fazer um julgamento. Oferece uma análise detalhada de como as economias europeias estão se comportando. O último conjunto completo de dados disponíveis é para o ano de 2012. A pesquisa cobre os dezessete membros da eurozona, mais o Reino Unido, a Suécia e a Polônia. São usadas duas escalas. A primeira mostra até onde as reformas estruturais estão avançando sob pressão dos programas de austeridade. O segundo conjunto de medições revela a saúde econômica geral dos países envolvidos.

Os dados são importantes e reveladores. As mudanças em curso parecem "irregulares e sujeitas a sérios riscos". Ainda assim, um certo progresso vem ocorrendo mais ou menos por todo o espectro. Os países que mais precisavam de reformas estão fazendo-as,

---

2 Schmieding; Schulz, *The 2012 Euro Plus Monitor: The Rocky Road to Balanced Growth*, 2012. Disponível *online*. Todas as citações abaixo são dessa fonte.

em alguns casos a uma velocidade surpreendente. Os Estados da eurozona que receberam ajuda financeira externa em larga escala – Grécia, Irlanda, Portugal e Espanha – exibem, todos eles, mudanças aceleradas ao longo do ano. A Grécia é a primeira em termos de progresso no ajuste estrutural, a Irlanda vem em seguida. A Espanha está em quarto lugar, e Portugal, em quinto. (O terceiro lugar pertence à Estônia.) Conforme o relatório, "os países que precisam mudar rapidamente estão mudando". Mas há uma exceção entre os membros da eurozona, e das mais significativas: a França, que está ficando para trás e cuja posição competitiva piora dia a dia.[3] Portanto, o que a Agenda de Lisboa não conseguiu obter – a convergência econômica – está acontecendo. A recessão, reduzindo seriamente a demanda, camuflou o progresso realizado. Os custos salariais reais são os que convergem mais depressa. Eles caíram substancialmente na Grécia, Irlanda, Portugal e Espanha. Eles subiram nos países onde antes estavam controlados – sobretudo na Alemanha. Esses resultados mostram que "ajustes estruturais sérios podem acontecer – e estão acontecendo – nos confins da união monetária".

A classificação dos Estados membros em termos de saúde econômica geral parece bem diferente da que mede a dinâmica da mudança. Dois países minúsculos, Estônia e Luxemburgo, estão no alto da lista, seguidos por Alemanha, Suécia e Países Baixos.

A Grécia vem no fim da lista, com Portugal logo acima, e Espanha e Irlanda um pouco mais no alto. A Itália e também a França ocupam posições bem baixas. O Reino Unido é um ator que não se distingue em nenhuma das duas medidas usadas. Problemas muito sérios persistem. A Grécia, em especial, corre o risco de entrar numa "espiral da morte" porque os duros programas de austeridade encontraram o país inteiramente despreparado

---

3 Ver Id., *Euro Plus Monitor, Spring 2013 Update.*

para tolerá-los. O progresso substancial realizado em circunstâncias altamente adversas não foi capaz de deter, na Grécia, o crescimento da relação dívida/PIB. Em termos de PIB, a economia grega minguou em um quarto nos últimos cinco anos. A Grécia tem de ser tratada pela UE como um caso especial. (O *Country Report* [Relatório do país] sobre a Grécia, publicado em janeiro de 2013 pelo FMI, diz praticamente a mesma coisa.)[4] O estudo conclui: é tempo de retomar o investimento, para o qual a austeridade preparou dolorosamente o caminho.

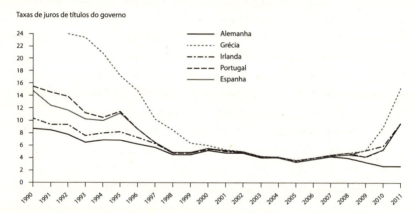

Figura 6. O efeito do euro sobre os empréstimos.

Fonte: OECD. Schäeffer; Streeck (orgs.), *Politics in the Age of Austerity*, 2013.

O dedo na fenda da barragem

A conclusão é sem dúvida correta, embora o relatório não forneça detalhes nem sugira uma estratégia para a Grécia – que é responsável por menos de 2% do PIB da União Europeia. Concentro-me aqui nesse país, e não em economias maiores

---

4 IMF, *Greece: Country Report n. 13/20*. Disponível *online*.

CONTINENTE TURBULENTO E PODEROSO 73

que enfrentam problemas, como a Espanha ou a Itália, por uma boa razão. O retorno ao crescimento na Grécia não tem apenas importância emblemática. É o dedo na fenda da barragem, em se tratando da eurozona e, portanto, do resto da Europa. Se a Grécia abandonar o euro, provavelmente as consequências não seriam desastrosas,[5] mas ninguém pode estar certo disso. Se ela readquirir mesmo uns rudimentos de prosperidade em pouco tempo, conseguindo manter uma razoável estabilidade política, isso representará uma virada de enorme importância para a Europa como um todo. Antes de 2008, a Grécia era um país em forte crescimento, ou pelo menos parecia ser. Nos primeiros seis anos depois que o país aderiu ao euro, em 2002, suas taxas de crescimento estiveram bem acima da média europeia, superando até a dos Estados Unidos. No entanto, praticamente toda essa expansão econômica era resultado de gastos crescentes por parte do governo e dos consumidores, incentivados pelas baixas taxas de juros. O consumo privado, na Grécia, superava em 20% a média da UE, enquanto a demanda permanecia em grande parte interna. Mesmo setores que poderiam se voltar para a exportação, sobretudo o turismo, foram orientados primordialmente para o consumo interno.[6] Os gastos do governo se baseavam em níveis cada vez mais elevados de dívida pública.

Quando George Papandreou se tornou primeiro-ministro em 2009, perguntou a um de seus assessores: "Quantos funcionários públicos nós temos?". Ninguém sabia a resposta. Ele encomendou uma pesquisa para descobrir o número, que, conforme se descobriu, era pouco inferior a 1 milhão – em uma população de menos de 12 milhões.[7] (Hoje, o número foi reduzido em cerca de 200 mil,

---

5 Ver Conclusão.
6 McKinsey & Company, *Greece 10 Years Ahead: Defining Greece's New Growth Model and Strategy*. Athens, March 2012. Disponível *online*.
7 Entrevista com George Papandreou. A growth strategy for Greece, Council on Foreign Relations, 20 mar. 2013. Disponível em: <www.cfr.org>.

e mais cortes virão.) A produtividade grega era muito baixa: 29% menor que a média da UE-15 em 2009 e 40% menor que a dos Estados Unidos. O país tinha também uma das taxas de emprego mais baixas da Europa. O desemprego entre os jovens também já era alto na ocasião. Até há bem pouco tempo, os funcionários públicos gregos tinham, por determinação constitucional, empregos vitalícios, fruto de uma lei arcaica cuja finalidade era impedir sua demissão por motivos políticos. A Grécia ostentava uma das economias mais regulamentadas da UE, sendo as rígidas restrições trabalhistas uma das principais razões para o desemprego entre os jovens. O país era avassalado pelo clientelismo e a evasão fiscal, em todos os níveis da sociedade.

Diante desse quadro pouco promissor, o progresso realizado nos últimos cinco anos foi verdadeiramente notável. O FMI corrobora os dados do Lisbon Council a esse respeito. Segundo o FMI, o ajuste fiscal avançou rapidamente em comparação com exemplos históricos paralelos em outras regiões. Em 2013, a Grécia estava a caminho de alcançar o equilíbrio primário.[8] Ou seja, pondo-se de parte os pagamentos de juros, os gastos serão equivalentes às receitas. As importações foram reduzidas em muito. A competitividade ainda está bem atrás da dos Estados mais eficientes da UE, mas, se considerarmos o baixo patamar de onde partiu, aumentou grandemente.

A receita pública proveniente de impostos continua problemática. Melhorias foram feitas na arrecadação dos impostos dos trabalhadores cujos salários são comunicados pelas empresas. Mas o nível de impostos recolhidos pelos autônomos é ainda baixo em comparação com a média da UE-15 – e esse setor é grande. A evasão fiscal continua crescendo. Cerca de 30% da atividade econômica total da Grécia estão na economia informal.

---

8 IMF, Greece makes progress, but more effort needed to restore growth, *IMF Survey*, 5 jun. 2013. Disponível *online*.

CONTINENTE TURBULENTO E PODEROSO

Essa atividade permite alguma flexibilidade no mercado de trabalho, sujeito a forte regulamentação, mas abre um grande buraco na receita fiscal. Estima-se que de 15 a 20 bilhões de euros em impostos se perdem todos os anos, correspondentes a cerca de 9% do PIB. Essa soma compreende 80% do déficit fiscal, se não mais. As grandes mudanças feitas até agora devem proporcionar um trampolim para o retorno ao investimento privado. Por si sós, entretanto, são claramente insuficientes, e inúmeras pessoas estão sem emprego e até sem a perspectiva de encontrar um. É necessário um plano de investimento conduzido pela UE2 para a Grécia, sujeito a condições estritas, como ocorre com os socorros financeiros. Como estes, um plano assim é do interesse da Europa inteira e fará muito para amenizar o antagonismo que se desenvolveu entre os cidadãos da Grécia e a Alemanha. A questão das indenizações que a Alemanha deveria pagar pelo que fez na Grécia durante a Segunda Guerra Mundial foi seriamente levantada. Segundo os jornais, o governo grego elaborou um documento secreto sobre o assunto.[9] Ele exige 108 bilhões de euros por danos causados nos anos de ocupação e mais 54 bilhões de euros por um "empréstimo" que a Grécia foi obrigada a conceder à Alemanha durante a guerra. O caso suscitou fortes reações em ambos os lados, embora haja sido discutido abertamente tanto na Alemanha quanto na Grécia.[10]

É muito improvável, no entanto, que semelhante ideia receba o apoio oficial dos alemães. Em vez disso, a continuidade da assistência da Alemanha à Grécia deveria se basear no reconhecimento público, pelos líderes alemães, de problemas comuns. É do interesse da Alemanha, e também da UE como um todo, que um certo grau de esperança tangível retorne à Grécia. A Grécia

---

9 Paipais, V. The politics of the German war reparations to Greece, *LSE Eurocrisis blogs*, 8 maio 2013.

10 Chatzimarkakis, J. A new chapter in Greece's quest for reparations of the Second World War, 11 jun. 2013. Disponível em: <ekathimerini.com>.

precisa de mais ajuda externa não apenas em termos de investimento, mas também de orientação e apoio para levar adiante as reformas. Estas não devem, e depois de certo ponto não podem, fundamentar-se unicamente em cortes de despesas, embora tais cortes precisem continuar ocorrendo. São imperativas, por exemplo, maiores reduções de despesa no setor público; mas têm de vir acompanhadas por uma reforma no sistema, que o torne mais profissional e atualizado. Faz sentido financiar tais intervenções, tanto quanto outras que complementem as reformas estruturais. Se a "espiral da morte" de que fala o Lisbon Council se tornar uma realidade, as consequências se farão sentir em todo o continente.

A Grécia, a esta altura, tem de se abrir mais para o mundo. Precisa atrair capital estrangeiro, assim como aumentar radicalmente seu grau de produtividade. Já há alguns vislumbres encorajadores em cada uma dessas áreas. Assim, após anos de adiamentos, a Grécia colocou em ação seu programa de privatização. Esse programa deparou-se com problemas variados, mas está atraindo investidores estrangeiros. "Precisamos passar a mensagem de que esta é uma Grécia diferente", disse o ministro do Desenvolvimento Kostis Hatzidakis, com muita propriedade. O objetivo, continuou ele, é iniciar a internacionalização do país, fazendo-o voltar-se para fora, e não mais para dentro de si mesmo.[11] Como sabemos pela experiência de muitas outras nações, a privatização está longe de ser um remédio universal. Cada privatização deve ser avaliada em termos de implicações estratégicas a longo prazo, tanto quanto de retornos econômicos imediatos. Essa é outra preocupação a ser debelada por um plano estratégico conjunto da Grécia e da UE.

A Grécia terá de superar o crescimento da UE por uma margem significativa na próxima década a fim de recuperar a prosperidade,

---

11 Smith, H. Greece becomes trade battleground as foreign investors swoop, *The Guardian*, 27 maio 2013.

já que está começando muito de baixo. Por enquanto, o "choque fiscal" precisa ser complementado pelo ativismo, estimulado e apoiado de fora. De par com o desespero e o ressentimento, há sinais de que esse ativismo está surgindo na Grécia, e é esse o tipo de transformação que deve ser alimentado pela ajuda externa. Mudanças de mentalidade parecem estar ocorrendo também. São visíveis, por exemplo, na área-chave que é o turismo. O número de turistas que visitarão a Grécia em 2013 deverá ser o maior já registrado: cerca de 17 milhões, uma vez e meia a população do país. Muitos trabalhadores do ramo afirmam que os acontecimentos dos últimos anos tornaram-nos conscientes da necessidade de melhorar seu desempenho. A suspensão de restrições de vistos para turistas da China, Rússia e Turquia ajudou bastante. Reservas da Alemanha para o verão na Grécia aumentaram significativamente, depois de baixar em anos anteriores.[12]

Como deverá ser então um plano de investimento para a Grécia endossado pela UE? Teria de priorizar um melhor desempenho nos setores público e privado por meio de uma assessoria e ajuda profissionais, centradas nesse objetivo – em escala maior do que já vem acontecendo. Uma área absolutamente básica é a da evasão fiscal. Uma ação contra os paraísos fiscais, discutida mais à frente neste capítulo, contribuiria bastante para a solução do problema, já que grande número de cidadãos gregos mantém contas no exterior. A UE poderia contribuir no sentido de facilitar o rastreamento dessas contas. A ajuda financeira, aliada à reforma, concedida a firmas de pequeno e médio porte constituiria um ótimo estímulo para a recuperação. Investimentos em infraestrutura, especialmente em energia e transporte, poderiam se transformar em esquemas mais amplos, voltados para a promoção do crescimento em toda a Europa de modo mais geral.[13]

---

12 Ibid., Greece: the sequel, *The Guardian*, 25 jun. 2013.
13 Ver a discussão em McKinsey & Company, op. cit., Section 3.

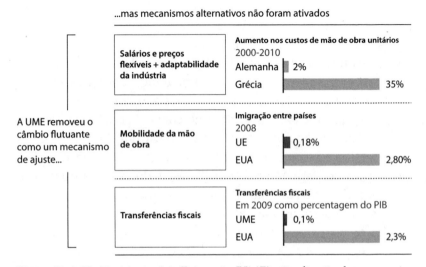

Figura 7. A União Monetária Europeia (UME) não dispõe dos mecanismos de ajuste necessários para compensar a perda de flexibilidade na taxa de câmbio.
Fontes: European Commission; Eurostat; OECD; US Census Bureau; Tax Foundation; Bureau of Economic Analysis.

Estratégias de crescimento

A iniciativa *Europa 2020* da Comissão estabelece objetivos a serem alcançados no continente em 2020 e inclui toda uma variedade de reformas para aumentar a competitividade dos países da UE. Substitui a Estratégia de Lisboa, mais conhecida como Agenda de Lisboa, elaborada nessa cidade em 2000. A Agenda deveria tornar a UE "a economia baseada no conhecimento mais competitiva e dinâmica do mundo em 2010" – aspiração que, para não dizer mais, ficou um pouco aquém da realidade. A *Europa 2020* definiu cinco "objetivos principais" que a UE como um todo deverá atingir em 2020, mais sete "iniciativas-chave". Os objetivos são:

emprego – 75% das pessoas de 20 a 64 anos trabalhando;
pesquisa e desenvolvimento – um mínimo de 3% do PIB da UE investido;
mudança climática/energia – emissões de gases do efeito estufa reduzidas em 20% sobre os níveis de 1990, chegando a 30% se as condições forem propícias;
educação – taxas de evasão escolar reduzidas a menos de 10%; pelo menos 30% das pessoas de 30 a 34 anos com educação superior completa;
pobreza e exclusão social – com relação a 2010, no mínimo 20% a menos de pessoas pobres ou ameaçadas de empobrecimento.

As sete iniciativas-chave se referem todas a crescimento, e estão organizadas de modo que este seja "inteligente", "sustentável" e "inclusivo". A *Europa 2020* pretende remediar falhas estruturais de longo prazo, mas procura ao mesmo tempo administrar o impacto da crise. Para complementar essas iniciativas e promover a disciplina fiscal, elas estão ligadas a objetivos nacionais coordenados pelo Semestre Europeu.

O termo "crescimento inteligente" é curioso. Inteligente, aqui, não é o crescimento em si: a Comissão quer dizer que ele precisa de pessoas e estratégias habilidosas, conforme indicado nos objetivos principais. "Crescimento inteligente" significa melhoria da educação e inovação, pesquisa e desenvolvimento, tecnologias da informação e da comunicação. Não há muitas objeções a se fazer aqui. "Sustentabilidade" é palavra sabidamente esquiva, e sobre ela terei mais a dizer no capítulo "Mudança climática e energia". Só enfatizarei aqui que "inteligência" e "sustentabilidade" não devem ser encaradas separadamente. O grau de nossa inteligência – de nossa capacidade de inovar – afetará em muito o real significado da sustentabilidade, tanto econômica quanto ambiental. "Crescimento inclusivo" é definido pela Comissão em termos latos. Significa gerar altos níveis de emprego; introduzir mais mulheres na força de trabalho; fazer o mesmo pelos idosos, mas também pelos jovens, cujos níveis de desemprego subiram acentuadamente desde 2008; reduzir os níveis de pobreza; e disseminar o crescimento de maneira mais homogênea pelas nações e regiões da União. Por ampla que seja a definição, ainda não o é suficientemente. Teríamos de incluir também o problema da redução das desigualdades no topo. Apenas a inclusão na base não basta (adiante, falaremos mais a respeito).

O mercado único, diz a Comissão, deve ser essencialmente relançado. Poderá dar uma contribuição vital tanto para a criação de empregos quanto para o crescimento. "As tendências atuais mostram sinais de fadiga da integração e desencanto", devidos em parte à crise.[14] Subsistem também bloqueios residuais à atividade entre países. Em certos casos, as empresas precisam se haver com 28 sistemas jurídicos diferentes para cada conjunto de transações. O mercado único foi concebido antes do advento da internet. Novos serviços digitais oferecem inúmeras oportunidades, mas a situação atual é de fragmentação. A Diretiva de Serviços está longe da implementação total.

Em termos formais, a *Europa 2020* é admiravelmente pormenorizada e abrangente. No entanto, como a Agenda de Lisboa, não é uma "estratégia", embora seja chamada assim. Quase todo o longo documento trata principalmente do "quê" e não do "como". Refletindo as limitações da UE1, lembra muito o processo caduco de Lisboa: muita ambição e poucos meios de concretizá-la. Eis aí uma situação perturbadora, pois seu fracasso não prejudicou apenas a Europa de papel: foi uma das causas seminais da crise atual. Numa análise detalhada da Agenda de Lisboa, a Comissão teve de admitir que não alcançou nenhum de seus objetivos. Das mudanças positivas constatadas pelo menos até

---

14 European Commission, *Europe 2020*, p.23. Disponível *online*.

2008, é quase impossível dizer se não aconteceriam de qualquer maneira, pois aconteceram sobretudo nos Estados da linha de frente, e não entre os de desempenho mais fraco. A Comissão afirma que, segundo as evidências, a Agenda desempenhou um papel de relevo na promoção de reformas – mas que evidências sejam essas, a Comissão não diz.[15]

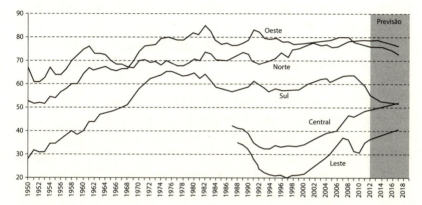

Figura 8. O PIB *per capita* nas principais regiões da UE (EUA = 100), 1950-2007.

Fonte: Darvas, *The Euro Crisis: Ten Roots, but Fewer Solutions*, out. 2012.

Uma melhor coordenação entre os Estados membros da UE, no semestre europeu, favorecerá uma maior integração fiscal, mas o grande problema até agora, com respeito ao crescimento, é o mesmo que encontramos na Estratégia de Lisboa. Não se preveem sanções eficazes que ponham os Estados retardatários na direção correta. A única é uma cláusula de multa para os países que não atenderem aos critérios estabelecidos. Mas é uma multa gradativa que chega ao máximo de 0,5% do PIB. Não parece que vá ter algum efeito desencorajador, pois há dúvidas de que chegue a ser mesmo aplicada, dadas as sensibilidades políticas entre

---

15 Id., *Lisbon Strategy Evaluation Document*. Disponível *online*.

os membros. Ela aumentaria ainda mais as dívidas dos Estados que receberam socorros financeiros. Não bastasse isso, ninguém pode afirmar que um país sujeito à multa irá mesmo pagá-la. A UE2 é que determinará o progresso, pelo menos no que diz respeito aos Estados em má situação.

A Comissão insiste em que existe ainda muito potencial para o crescimento no setor de serviços. As economias ocidentais continuarão, com toda a certeza, dominadas por esse setor. Eu acredito que se deve dar mais importância ao ressurgimento do setor manufatureiro. Mas essa sugestão ignora algumas das mais significativas mudanças que vêm ocorrendo. Sob a influência da internet e, de um modo geral, da digitalização, as fronteiras entre os setores manufatureiro e de serviços começam a se diluir. As tecnologias digitais e outras inovações estão transformando o significado de "manufatura" e "serviços". O termo mais comumente usado com referência ao mundo digital – tecnologia da informação e da comunicação – já não funciona. Prefiro "tecnologias digitais" (TD), porquanto a digitalização fundamenta não apenas os sistemas de informação e comunicação, mas também nossa capacidade de intervir no mundo natural. É o que torna possível, por exemplo, a atual convergência de nanotecnologia, biotecnologia e ciência da informação, e o que muito provavelmente terá consequências de longo alcance em nossa vida.[16]

A transformação iminente da manufatura e dos serviços

Ann Mettler e Anthony Williams escreveram um dos melhores relatos sobre as oportunidades que estas extraordinárias invenções trarão – e já estão trazendo – para as pequenas e médias

---

16 Kurzweil, *The Singularity is Near: When Humans Transcend Biology*.

empresas (PMEs).[17] De fato, 99% dos negócios da UE são classificados como PMEs, sendo que 90% são microempresas com dez ou menos funcionários. O advento das TDs pode revolucionar esses negócios na Europa e, de fato, em todo o mundo. Empresas menores podem utilizar plataformas de negócios *online* para recrutar equipes de talentos globais, pesquisar novos serviços e ao mesmo tempo criá-los – tudo num nível de sofisticação outrora disponível apenas a empresas muito maiores. As PMEs são de muitas formas a chave para a recuperação da Europa. Até agora, porém, em termos globais, têm tido um desempenho relativamente modesto. Os já conhecidos problemas do mercado de trabalho europeu aparecem novamente aqui. Assim, um estudo sobre Portugal concluiu que as restrições no mercado de trabalho são em grande parte responsáveis pelo baixo desempenho das PMEs do país. As PMEs atuam necessariamente num ambiente econômico mais volátil do que as grandes companhias. As restrições no mercado de trabalho em Portugal desestimulam os pequenos empreendimentos e impedem que as PMEs reajam com rapidez suficiente às mudanças nas condições econômicas. Por essa razão, mesmo as bem-sucedidas decidem permanecer pequenas, embora pudessem se expandir mais e se internacionalizar.[18]

As tecnologias digitais não substituem as reformas necessárias, mas podem promover um nível completamente diferente de dinamismo. Estudos mostram que o custo inicial de uma companhia média de internet caiu dez vezes entre 1997 e 2008. Isso se deve principalmente à disponibilidade da computação em nuvem e materiais de código aberto. Alguns desses tornam possíveis

---

17 Mettler; Williams, *Wired for Growth and Innovation: How Digital Technologies are Reshaping Small- and Medium-Sized Business.* Disponível *online.*
18 European Monitoring Centre on Change, *Portugal: ERM Comparative Analytical Report on 'Public policy and support for restructuring in SMEs'*, 14 maio 2013. Disponível *online.*

funções que antes eram realizadas por um departamento inteiro nas grandes companhias tradicionais. E, claro, na internet a companhia está ligada desde o início a uma rede global de empresas e potenciais clientes. Competências oriundas de pesquisa e desenvolvimento podem ser licenciadas por uma pequena fração do que uma empresa gastaria para criá-las. Já foi mostrado que as TDs aumentam a produtividade mais do que qualquer outro tipo de investimento por parte das empresas.

Mettler e Williams sugerem que a criação do mercado único digital poderia ser a contribuição decisiva para sustentar a recuperação da economia. A adoção das TDs não é uma questão de nicho, pois afeta toda a economia. Mesmo onde as TDs não são o ponto central do modelo de negócios, as pequenas e grandes empresas dependem da alta qualidade dos serviços digitais para serem competitivas. Um único mercado digital em ação poderia ajudar o mercado mais amplo a crescer. Por exemplo, cerca de 50% dos varejistas na UE oferecem serviços *online* para a compra de seus produtos e, no entanto, somente 20% deles os vendem em outros países da UE. Vital para a economia da UE nessa área é a criação de uma banda larga de alta velocidade, com redes de fibras super-rápidas em lugar das de cobre hoje utilizadas. Foram fixadas metas no programa *Europa 2020*. Uma delas é conseguir que, em 2020, ao menos metade das conexões seja super-rápida. Novamente, as ambições estão aí, mas há um longo caminho a percorrer. Atualmente, somente 2% das conexões são por meio de fibra, uma proporção muito menor do que nos EUA e em alguns países da Ásia.

O montante de dinheiro público disponível para esses projetos é bastante limitado, especialmente na Europa como um todo. Além disso, os empréstimos bancários atingiram também uma espécie de mínima histórica. Os investimentos privados, de forma geral, têm sido prejudicados pela série de reveses sofridos pelas economias europeias. Sua queda, desde 2007, foi

CONTINENTE TURBULENTO E PODEROSO   85

vinte vezes maior do que a do consumo privado.[19] Nos países da UE-27, de 2007 a 2011, os investimentos privados tiveram uma queda de 354 bilhões de euros, bem mais que no setor estatal, onde a queda acumulada foi de 12 bilhões de euros. O fenômeno não se limita à Europa, mas é visível em todo o mundo industrializado desde 2007. A queda na Europa quase se igualou à dos EUA e Japão. De 2007 a 2011, os investimentos na UE-27 caíram 15%. Essas mudanças ocorreram nos países da UE de forma desigual – boa parte na Espanha, Portugal, Grécia e Irlanda, já que esses países viveram um *boom* imobiliário que acabou em colapso. Na Espanha, os investimentos caíram 27% no período em questão. Em Portugal, 34%; na Grécia, 47%; e na Irlanda, 64%. Mas o Reino Unido e a França também sofreram grandes cortes nos investimentos privados.

Um estudo de uma série de episódios anteriores em que o PIB caiu em termos reais e o investimento privado diminuiu em 10% ou mais confirma que a situação atual é quase sem precedentes.[20] Os investimentos privados desempenharam um papel importante na recuperação da economia no passado, mas agora não é o que está acontecendo. Em alguns países, como a Espanha, famílias acumularam substanciais níveis de dívida mesmo antes de 2007 e ainda estão gastando com muita cautela. Os governos não podem fazer nada a respeito porque, em muitos casos, são obrigados a reduzir seus déficits. Também é improvável que as exportações gerem o impacto necessário, pelo menos a curto prazo. A análise de casos anteriores de declínio econômico indica que, no passado, o investimento privado fomentou cerca de um terço do crescimento no início da recuperação. Depois desse período, retornou ao nível "normal" de cerca de um

---

19 McKinsey Global Institute, *Investing in Growth: Europe's Next Challenge*, 2012. Disponível *online*.
20 Ibid.

quarto. O tempo médio de recuperação era então de cinco anos. A situação parece diferente desta vez, sugerindo novamente que estamos às voltas com uma transição estrutural, e não apenas com uma repetição do passado. Concordando com a análise proposta por Mettler e Williams, os autores de *Europa 2020* concluem que, além de mais investimentos, é necessário o ativismo orientado no nível microeconômico. No passado, tentativas de intervenção foram ineficazes porque não se baseavam em aspectos locais e pesquisas sistemáticas. Alguns entraves ao investimento privado são regulatórios. Outros, contudo, são próprios do setor ou contexto em questão. As medidas políticas devem partir de alicerces sólidos e claros. Impõe-se uma compreensão mais profunda das áreas onde o investimento possa ser produtivo. Departamentos ou agências do governo deveriam colaborar ativamente com o setor privado na escolha das melhores opções, ficando claras as regras para a prestação de contas relativa aos resultados alcançados. Exemplos de boas práticas no mundo inteiro poderiam ser implantados. De onde viria o dinheiro para o investimento? Bem, em 2011, as empresas europeias de capital aberto apresentavam um saldo em caixa da ordem de 750 bilhões de euros. Muitas esperam para investir quando avaliarem que as condições são favoráveis. A reforma macroeconômica certamente deve continuar, já que a contínua instabilidade gera um clima adverso ao investimento. Entretanto, criar oportunidades em nível local para a entrada de capitais é extremamente importante.

Produção digital

A fronteira entre o universo digital – o universo do computador – e o mundo real está se dissolvendo, um momento histórico na evolução da tecnologia. Antes, usavam-se os computadores

CONTINENTE TURBULENTO E PODEROSO 87

para desenhar produtos e elaborar processos de produção. Agora, os computadores podem ser utilizados para fabricar tais produtos diretamente. Impressoras 3D já imprimem uma grande variedade de objetos, incluindo objetos orgânicos. A produção digital sem dúvida irá bem mais longe do que a capacidade das impressoras atuais, por extraordinárias que estas sejam, e já se combina com os avanços da nanotecnologia e da biotecnologia. Há, aqui, uma conexão direta com as PMEs. Alguns observadores e técnicos falam da volta da produção artesanal – pequenas oficinas renascendo, talvez em número imenso ao redor do mundo, para rivalizar com as grandes fábricas ou mesmo tomar o lugar da maioria delas. Essa possibilidade tem sido comparada à passagem dos computadores de grande porte para os pessoais. As impressoras 3D ainda nem chegam perto das economias de escala oferecidas pelas técnicas de produção em massa. Entretanto, o futuro talvez esteja também numa fusão de antigos e novos métodos de produção. Já se disse que as pessoas excessivamente entusiasmadas com as impressoras 3D lembram aquelas que, na década de 1950, viam no forno de micro-ondas o futuro da culinária. A verdadeira revolução é a capacidade de "transformar dados em coisas e coisas em dados".[21] Chris Anderson cita o caso da fábrica de automóveis Tesla em Fremont, na Califórnia.[22] Quase tudo na linha de produção é robotizado. Fabricam-se carros elétricos de alta tecnologia, mas a fábrica pode ser reconfigurada para produzir praticamente qualquer coisa. É o que mais se aproxima da possibilidade de "customização em massa" – cada detalhe do carro pode ser modificado à vontade até se chegar ao produto final. Já que o veículo é todo feito dentro da fábrica, as longas cadeias de estoques necessárias aos fabricantes ortodoxos

---

21 Gershenfeld, N. How to make almost anything, *Foreign Affairs*, 91, 2012, p.46.
22 Anderson, *Makers: The New Industrial Revolution*.

não existe. Como Anderson observou, a fábrica "produz o necessário, quando necessário".[23]

Há um ganho líquido substancial em termos de redução de carbono em razão da acentuada economia nos custos do transporte. A fábrica da Tesla tomou o lugar de uma unidade da GM/Toyota que teve de ser fechada por falta de pedidos. Ela é robotizada, mas criou mil novos empregos para serviços de suporte. Os robôs, aliás, são feitos na Alemanha. Elon Musk, o presidente, estabeleceu como meta produzir carros elétricos em larga escala. A empresa, hoje com 3 mil empregados e uma filial no Reino Unido, já começou a vender para o mercado internacional. E também deu início a uma colaboração com a Mercedes para desenvolver versões elétricas de carros de pequeno porte, incluindo o Smart, de dois assentos. Empresas de produção digital já existem em bom número na Europa, mas sem dúvida terão um impacto muito maior no futuro, e mesmo no futuro próximo. A sofisticação da tecnologia ora disponível já facilita os primeiros passos das pequenas empresas. Elas são montadas por meio da internet e usam seus recursos para acelerar seu desenvolvimento e baratear os custos com marketing. Já estão, até certo ponto, competindo no cenário global, de modo que correm um risco menor de enfraquecimento por causa das importações do que as empresas tradicionais. A produção digital também caminha de mãos dadas com processos mais amplos que têm promovido o *reshoring* (ver a seguir): não precisa se haver com complicadas cadeias de suprimento e com as interrupções às quais estas estão sujeitas, está mais próxima do cliente, controla melhor a qualidade do produto, e assim por diante.

Tal como se dá com muitas transformações discutidas aqui, esses desenvolvimentos estão cercados de incertezas – questões-chave que não serão totalmente resolvidas até as mudanças

---

23 Ibid.

CONTINENTE TURBULENTO E PODEROSO 89

ainda incipientes se generalizarem e se enraizarem. Se o exemplo dos telefones celulares for válido, esse processo pode avançar muito rapidamente, devendo, pois, os Estados da UE aproveitar a onda de mudanças em vez de deixá-la passar. Qual será o impacto dos avanços da robótica no desemprego? Evidências colhidas na história da economia mostram que a inovação tecnológica tende a criar mais empregos do que eliminar. O impacto da robótica será diferente? Alguns acreditam que sim.[24] As máquinas realizam hoje tarefas que antes eram apanágio dos seres humanos – por exemplo, a compreensão da linguagem cotidiana. Poderão assumir não apenas tarefas corriqueiras, ou tratamentos especializados, como na medicina, mas também realizar parte de trabalhos da alçada exclusiva de profissionais. Até agora, porém, as evidências indicam que, por causa de mudanças e adaptações no estilo de vida das pessoas, a robótica tem criado empregos inteiramente novos.[25]

Os empregos voltarão?

Reshoring é o oposto de *offshoring*. Esse processo é particularmente relevante para o presente capítulo em dois sentidos. Os empregos que migraram para além-mar voltarão? E, igualmente importante: o grande volume de capital flutuante que agora escapa da taxação pode ser colocado sob controle democrático? Chamo esses dois processos de trazer de volta os empregos e recuperar o dinheiro; mas são frases que não devem ser tomadas em sentido literal.

O debate sobre o *reshoring* da produção manufatureira se originou principalmente nos EUA, num trabalho do Boston

---

24 Brynjolfsson; McAfee, *Race Against the Machine*.
25 Martech, *Positive Impact of Industrial Robots on Employment*. Disponível *online*.

Consulting Group (BCG). Em 2011, o BCG publicou o primeiro de uma série de relatórios, intitulado *Made in America, Again* [Feito nos Estados Unidos, novamente].[26] Trazia o subtítulo "Por que a produção retornará aos EUA". Seus autores, liderados por Harold Sirkin, alegam que toda uma variedade de forças econômicas está reduzindo, ou eliminando, as vantagens da China sobre os EUA como local de produção. Os salários dos trabalhadores chineses aumentaram vertiginosamente, enquanto os dos americanos permaneceram estagnados. Os custos do transporte de produtos pelo mundo são altos, e talvez aumentem ainda mais se os preços do petróleo não baixarem. Longas e complexas cadeias de entrega são vulneráveis a perturbações. Empresas que operam em economias emergentes encontram dificuldades para proteger suas patentes. Precisam contratar equipes no país de origem para supervisionar a produção e manter os padrões de qualidade.

A crescente automatização na China não preservará suas vantagens no custo, havendo mesmo o risco de comprometê-las, porque essas técnicas podem ser reproduzidas ou aprimoradas nos EUA. A demanda chinesa deve subir, criando um grande mercado interno e reduzindo a necessidade de exportação. De fato, é realmente importante para a prosperidade futura da China que isso ocorra. A produção manufatureira dificilmente migrará da China para outros lugares como Vietnã, Indonésia ou México, pois faltam a esses países infraestrutura e mão de obra especializada. Além disso, eles constituem um perigo ainda maior para os direitos de propriedade intelectual do que a China. A produção chinesa continuará a crescer, dizem, precisamente porque atenderá à rápida expansão do mercado interno. Num estudo subsequente, o BCG identifica sete setores nos quais a produção

---

26 Boston Consulting Group, *Made in America, Again*.

CONTINENTE TURBULENTO E PODEROSO

deve retornar aos EUA num futuro próximo.[27] Curiosamente, os autores citam áreas tanto de alta quanto de baixa tecnologia. Incluem transporte de produtos; computadores e eletrônicos; derivados de metal; maquinaria; plásticos e borracha; aparelhos e equipamentos elétricos; e móveis. O executivo-chefe da General Electric, Jeff Immelt, chamou o *offshoring* e o *outsourcing* de "modelo de ontem". A GE está trazendo boa parte de sua produção de TI, assim como de aparelhos de cozinha e aquecedores, de volta para os EUA.[28] O mesmo acontece com alguns serviços – por exemplo, os *call centers*. Há outros fatores envolvidos além dos estritamente econômicos. A pressão política desempenhou seu papel, assim como um senso renovado de responsabilidade para com o consumidor. Muitos reclamam de que os profissionais que atendem as ligações carecem do conhecimento local necessário para a prestação de um serviço bom e personalizado. O BCG calcula que de 2 a 3 milhões de novos empregos poderão ser adicionados à economia dos EUA até o final de 2015, representando 100 bilhões de dólares de produção anual. Os empregos não virão totalmente do processo atual de produção, mas de serviços de suporte. A tendência de relocação não se constata apenas entre os americanos: companhias estrangeiras também se mudarão para os Estados Unidos. Alta produtividade é fator importante. Reajustando-se os salários de acordo com a produtividade, um trabalhador nos EUA é em média 35% mais barato do que na UE – um grande problema para a Europa. De acordo com o BCG, a persistirem as tendências atuais, os custos de produção nos EUA em cinco anos serão 15% menores do que na Alemanha, 21% menores do que no Japão e pelo menos 23% menores do que na Itália.

---

27 Id., *U.S. Manufacturing Nears the Tipping Point*. Disponível *online*.
28 Welcome home, *The Economist*, 19 jan. 2013, p.11.

Outro fator-chave adicional na Europa é o preço da energia, agora bem maior que nos EUA, sobretudo por causa da revolução do gás de xisto (ver Capítulo 5). O gás e o óleo de xisto não somente reduziram drasticamente a dependência dos EUA das fontes de energia externas como criaram empregos. Os equipamentos de aço usados na perfuração, recuperação e transporte dos recursos são quase todos fabricados nos EUA. A indústria americana do aço ainda tem problemas, mas já se fala em revitalização. Novos investimentos estão sendo feitos por companhias estrangeiras. Espera-se que os setores de óleo e gás nativos sejam responsáveis por um terço dos 20% de crescimento projetado para o mercado de aço americano nos próximos cinco anos.[29]

O trabalho do BCG não escapou à sanha dos críticos. As perdas de emprego na indústria americana, dizem eles, são só parcialmente explicadas pela mudança das empresas para áreas de custo menor. Muitos empregos industriais desapareceram em virtude do progresso da automação. Alguns negam que o *reshoring* vá realmente acontecer. Ao contrário do que o BCG diz, prosseguem os críticos, se a produção sair da China poderá certamente ir para outros locais de baixo custo em vez de voltar para os países industrializados. Tim Leunig acrescenta que a produtividade da China é baixa em comparação com a dos Estados Unidos.[30] Três milhões de pessoas trabalham na indústria de eletrônicos chinesa. Se um décimo de sua produção voltasse para os Estados Unidos, a China perderia 300 mil empregos, mas o ganho líquido dos EUA ficaria abaixo de 40 mil. Em razão do aumento da automação, a proporção da força de trabalho no setor manufatureiro continuará a cair em todos os países industrializados.

---

29 Crooks, E. Steelmakers reap benefits from US shale gas revolution, *FT.com*, 18 jun. de 2013.
30 Leunig, Stop thinking of 'reshoring' jobs from China, *Financial Times*, 31 out. 2011.

CONTINENTE TURBULENTO E PODEROSO

Que dizer desses argumentos? A situação é complexa. A produção automatizada elimina empregos nas fábricas, mas talvez os compense em outras áreas da economia. Um estudo realizado nos EUA mostrou que cada emprego criado na indústria resulta, em média, na criação de outros 2,91. Em contrapartida, empregos na área de serviços geraram apenas 1,54. No varejo, não se foi além de 0,88.[31] Os *smartphones*, por exemplo, estão no centro de uma extraordinária gama de novos produtos e serviços não previstos anteriormente. Pelo menos parte da indústria já retornou aos EUA. Além disso, há boas razões para questionar a ideia de que a manufatura jamais se reinstalará, qualquer que seja o volume, nos países industrializados. O padrão industrial da Europa não é igual ao dos EUA e seu nível de interdependência com a China é menos pronunciado. Ainda assim, o *reshoring* deveria ser visto como uma possível contribuição para um amplo processo de reindustrialização na Europa. Um grupo de organizações civis publicou recentemente um manifesto intitulado *Let's Reindustrialise Europe* [Vamos reindustrializar a Europa].[32] Antonio Tajani, comissário da indústria e do empresariado, disse: "Não podemos permitir que nossas fábricas continuem deixando a Europa"; e ele está certo.[33] Nos EUA, a linguagem do *reshoring* já penetrou nas políticas regional e nacional. Uma série de anúncios, por exemplo, tem aparecido em diferentes mídias exaltando as virtudes das áreas e cidades locais para as companhias interessadas no *reshoring*. Eles são provenientes, na maior parte dos casos, dos estados mais pobres dos EUA – análogos, se se pode

---

31 Swezey; McConaghy, *Manufacturing Growth: Advanced Manufacturing and the Future of the American Economy*. Disponível *online*.
32 Confrontations Europe, *Manifesto for Growth and Employment: Let's Reindustrialise Europe*. Disponível *online*.
33 Citado em Europa, Industrial revolution brings industry back to Europe, 10 nov. 2012, p.1. Disponível *online*.

dizer assim, a alguns países do Sul da Europa. Na UE, nenhum ativismo desse tipo parece existir no momento. Uma análise recente confirma que os EUA estão firmes na liderança.[34] Os pesquisadores levaram em conta uma série de critérios relevantes para a reindustrialização não só nos EUA, mas também em vários países da UE. Esses critérios incluem a capacidade de produção industrial, as tendências do emprego na manufatura, o investimento produtivo, as fatias de mercado no comércio global e o preço do gás. Somente nos EUA a pesquisa mostrou evidências claras de reindustrialização. Algumas possibilidades pareciam emergir no Reino Unido, notavelmente no emprego e investimento. Na Espanha e em Portugal, houve um pequeno aumento da fatia de mercado nas exportações globais, mas só. Na França, na Itália e na Grécia, o estudo não constatou nenhum sinal de reindustrialização.

A reindustrialização na Europa poderia comprometer as metas de redução de gás carbônico que a própria UE fixou para si? Talvez elas tivessem de ser reajustadas. No momento, essas metas não incluem emissões de gases do efeito estufa "exportados" por causa da transferência de produção da Europa para outras áreas do planeta. Qualquer processo de produção que voltasse para a Europa não alteraria, portanto, o volume de emissões mundiais – talvez houvesse até uma redução por causa da exclusão do fator transporte. Entretanto, é bem possível que a manufatura e o investimento, sobretudo os de vanguarda, fossem em sua maioria pouco poluentes. Faz sentido, como propôs a Comissão, tornar o investimento em energia a peça central na estratégia de investimento direto da UE. A atual política de energia e clima da UE, entretanto, precisa ser repensada a fundo, como tentarei explicar mais adiante.

---

34 Natixis Economic Research, Where Can We See Signs of Reindustrialisation?, 14 fev. 2013. Disponível *online*.

CONTINENTE TURBULENTO E PODEROSO

Um dos movimentos mais promissores para a criação de empregos é a decisão da UE e dos EUA de estabelecer um acordo transatlântico de livre-comércio. Essa não deixa de ser uma forma de *reshoring*, já que muitos empregos que de outra forma seriam deslocados para outros lugares podem ser preservados. As propostas para negociar o acordo foram formalmente endossadas pela UE e os EUA em junho de 2013. Uma sugestão ainda mais ambiciosa foi discutida nos dois lados do Atlântico – a saber, caso uma área de livre-comércio seja delineada, levará a um mercado transatlântico único, baseado nos princípios já aplicados na Europa de movimento livre de produtos, serviços, capital e pessoas. O estudo mais sistemático sobre o impacto de uma zona de livre-comércio se deve à Fundação Bertelsmann.[35] Os resultados mostram que um acordo mais abrangente de comércio teria maior impacto no PIB e na criação de empregos tanto na UE quanto nos EUA. Contribuiria significativamente para elevar os níveis de emprego nas problemáticas economias meridionais, assim como em outras partes da Europa.[36]

Como trazer o dinheiro de volta

Combater os paraísos fiscais e, de modo mais amplo, a evasão fiscal é hoje mais viável do que há alguns anos. Um dos motivos é que, nas atuais circunstâncias econômicas, há mais vontade política para fazer isso. Segundo motivo: a opinião pública dá apoio incondicional a semelhante medida. Ao terceiro motivo, talvez o mais importante, chamo de regra da transparência. Na era da internet, nada mais difícil do que preservar um segredo da

---

35 Global Economic Dynamics, *Transatlantic Trade and Investment Partnership*. Disponível *online*.
36 Para uma discussão mais aprofundada, ver o capítulo "A busca de relevância".

vigilância sistemática das autoridades políticas. "Paraíso fiscal" não é tão fácil de definir como possa parecer à primeira vista. Paraísos fiscais não são sempre pequenas ilhas ou principados – embora alguns o sejam e proliferem pela Europa assim como por muitas outras regiões. A melhor definição de paraíso fiscal é uma jurisdição secreta – um arranjo que, encobrindo transações da regulamentação financeira, permite a aproveitadores evadir impostos ou reduzi-los ao mínimo. Paraísos fiscais existem ou possuem redes no coração das nações da UE – por exemplo, na City de Londres, que foi denominada "o centro da parte mais importante do sistema global de *offshore*".[37]

Pesquisas sobre cerca de setenta jurisdições secretas ao redor do mundo revelaram que elas mantinham 21 trilhões de dólares em ativos em 2010. A Rede de Justiça Fiscal fornece a posição dos países com as maiores jurisdições desse tipo. Em 2011, a Suíça (agora sob crescente pressão internacional) era o número 1, os EUA, o número 5 e a Alemanha, o número 9. Entre os menores paraísos fiscais na Europa estão a Ilha de Man, Guernsey, Jersey, Luxemburgo, Lichtenstein, Mônaco, Andorra, Gibraltar, Malta e Chipre. Os problemas detectados em Chipre em 2013 quase abalaram toda a zona do euro; o país tinha passivos bancários muitas vezes maiores que a renda nacional. Embora os indivíduos mais ricos estejam à frente, alguns dos mais complexos sistemas de evasão fiscal são operados por grandes corporações, que controlam redes mundiais. Sessenta por cento das transações nas jurisdições secretas consistem em contas internas de companhias multinacionais. As consequências para os países em desenvolvimento são mais perversas do que para os desenvolvidos. Num paraíso fiscal, transações "legais" se misturam com dinheiro oriundo do tráfico de drogas, operações executadas com informações privilegiadas, lavagem de dinheiro e muitas

---

37 Nicholas Shaxson, *Treasure Islands: Tax Havens and the Men who Stole the World*, p.15.

CONTINENTE TURBULENTO E PODEROSO 97

outras atividades francamente criminosas. Agora que a austeridade vem afetando alguns dos grupos mais pobres da sociedade, o contraste se torna não só ofensivo, mas totalmente contraditório, pois alguns dos países mais carentes de dinheiro são eles próprios o lar de jurisdições secretas. Isso é corrupção em escala global e tem de acabar.

Em abril de 2013, seis dos maiores Estados da UE se reuniram para desenvolver novas iniciativas que forçassem as portas das jurisdições secretas. Concordaram em trocar regularmente dados que permitiriam maior eficiência na coleta de impostos. O acordo se aplica tanto a companhias quanto a indivíduos. Os EUA aprovaram uma lei em 2010 que ajudou a estabelecer acordos bilaterais com outros países para a mesma finalidade. Por que agir contra os paraísos fiscais é tão importante no contexto da retomada do crescimento? Em primeiro lugar, boa parte desse dinheiro deveria estar nas mãos dos governos ou dos contribuintes, para ser usado em empreendimentos produtivos. Em segundo, cumpre reduzir as desigualdades gritantes que ameaçam o tecido social. Em terceiro, é preciso trazer à tona formas locais de corrupção, algumas das quais afetam os mais altos níveis da política e dos negócios. Finalmente, a saída ilegal de dinheiro é uma das principais fontes das dificuldades de alguns países. Uma pesquisa realizada pelo Consórcio Internacional de Jornalistas Investigativos pôs a nu ativos *offshore* de milhares de pessoas e corporações. Somente quatro das 107 companhias investigadas com negócios na Grécia estavam registradas pelas autoridades fiscais. Entre os donos das empresas incluíam-se muitas pessoas de classe média e famílias, não só ricos.[38]

---

38 Karanikas, H.; Guevara, M. W. Taxmen have little clue of offshore companies owned by Greeks, *International Consortium of Journalists*, 3 abr. 2013. Disponível *online*.

Voltemos agora aos grandes temas que mencionei no início do capítulo. A UE deveria colaborar de perto com os EUA e os outros países do G8 e G20, assim como com as agências internacionais, para promover uma mudança na economia global. Obviamente, há muitos interesses divergentes, como os que separam os países emergentes dos desenvolvidos. Ainda assim, com respeito à reforma, há muito a ser compartilhado. Em uma reunião do G8, realizada em junho de 2013, um plano de dez pontos foi combinado para conter a elisão e a evasão fiscal. O plano prevê que as autoridades nacionais encarregadas da tributação disponibilizem informações globalmente e tomem medidas para mudar as regras que permitem às companhias remeter lucros ao exterior para escapar ao pagamento de impostos. O acordo foi criticado por não conter propostas de medidas concretas, mas sem dúvida contribuiu para o que pode e deve se tornar um momento irreprimível de mudança. Companhias globais como a Microsoft, Apple, Google e Starbucks têm estado sob os holofotes como nunca antes. Elas pagam impostos mínimos nos países em que operam, canalizando seus lucros por meio de jurisdições onde a taxação é baixa ou inexistente. Não infringem a lei, mas dessa forma deixam pagar uma enorme quantia em impostos. O acordo do G8 procura implantar um novo mecanismo pelo qual as companhias multinacionais deverão divulgar os impostos que pagam – e onde –, bem como as contas mantidas em paraísos fiscais.

O G20, posteriormente, apoiou essas reformas e até as ampliou. Um programa do tipo "uma vez na vida", que introduzia um novo regime internacional para conter a elisão e a evasão fiscal, foi endossado em julho de 2013, com base no acordo do G8. A Organização para a Cooperação e Desenvolvimento Econômico (OCDE) contribuiu com pesquisa e orientação política. Algumas partes do acordo deverão ser iniciadas em um ano. As propostas incluem uma medida pela qual as empresas transnacionais com

CONTINENTE TURBULENTO E PODEROSO 99

armazéns para a distribuição de seus produtos serão taxadas nos países onde seus centros de distribuição estão localizados. Assim, atualmente a Amazon tem um volume de negócios de 4,2 bilhões de libras no Reino Unido, mas paga impostos muito baixos, já que suas empresas estão registradas em Luxemburgo. Empresas serão chamadas a abrir seus livros contábeis às autoridades em todos os países, divulgando quais foram seus lucros, quanto pagaram de impostos e para quem. Uma série de novas políticas será apresentada para combater os complicados instrumentos financeiros desenvolvidos pelas companhias para camuflar seus ganhos reais. Essas políticas serão combinadas com medidas de força para apressar a abertura das jurisdições secretas. Por exemplo, serão introduzidas novas regras para evitar transferências de direitos de propriedade intelectual valiosa aos paraísos fiscais. Sem dúvida, algumas ou todas as propostas podem dar em nada por causa das notórias divergências de interesse entre as nações participantes. Entretanto, elas contam com o apoio dos líderes da China, Índia e Brasil, afora os das economias desenvolvidas. O objetivo não é somente trazer de volta o dinheiro que pode ser investido nos países que precisam desesperadamente dele, mas também estimular o comércio.

A Alemanha, a França e outros nove países da UE desenvolveram planos para a instituição de uma taxa sobre transações financeiras, apesar da oposição feroz dos bancos e da City londrina, em particular. Existem alguns problemas a enfrentar, como o efeito que tal taxa possa ter sobre os mercados de títulos soberanos, os fundos de pensões e as poupanças pessoais. Ainda assim, os benefícios potenciais são muito maiores do que as dificuldades. A taxa proposta pela Comissão é de 0,1% nas ações e títulos, e de 0,01% nos derivativos. Se aceita, ajudará a concretizar o que sugeria há anos o autor da ideia, o economista americano James Tobin: desencorajar o risco excessivo assumido pelos agentes financeiros. Ela também geraria uma receita significativa – possivelmente na casa dos 35 bilhões de euros por ano, de acordo com a Comissão. A taxa deveria começar a ser aplicada em janeiro de 2014, mas foi adiada por alguns meses, em parte por causa dos problemas mencionados acima. "Crescimento inclusivo", para usar o termo favorito da Comissão, terá de significar o que diz. Quem está por baixo não pode ficar à deriva.[39] Igualmente importante é o que acontece nos altos escalões. Que utilidade social tem o crescimento se seus frutos vão quase totalmente para 1% dos privilegiados que estão no topo? Ainda assim, é o que tem acontecido em quase todos os países industrializados nos últimos anos. E continua acontecendo durante a crise. Nos Estados Unidos, de 2009 a 2010, os rendimentos cresceram em média 2,3%. A camada formada pelo 1% mais rico viu os seus crescerem 11% no mesmo período. Para os restantes 99%, os rendimentos cresceram somente 0,2%, uma cifra minúscula.

O 1% do topo ultrapassou todo o resto na Alemanha, Reino Unido, Itália, Espanha e em quase todas as nações membros menores. Assim como seus iguais nos EUA, eles foram capazes de aumentar sua quota total de renda mesmo durante a recessão. Como conseguiram? Conseguiram porque são um grupo à parte, capaz de lucrar com suas conexões econômicas mundiais. Eles foram chamados de "a nova nação virtual de Mamon", separada econômica e fisicamente da "multidão".[40] Muitos trabalham no setor financeiro ou ganham com investimentos, mas outros são líderes das grandes corporações transnacionais. São capazes de explorar as oportunidades oferecidas por um mercado mundial desregulamentado. O volume de renda que eles e as organizações que comandam mantêm no exterior é colossal. Grande parte desse dinheiro pertence às nações, aplicado a

---

39 Ver o capítulo "Não há mais modelo social?".
40 Freeland, *Plutocrats: The Rise of the New Global Super-Rich and the Fall of Everyone Else*, p.5.

serviço do bem-estar social ou investido na promoção do crescimento. O bem-estar, segundo o modelo social europeu, será estudado no próximo capítulo, cujo conteúdo entrelaça-se ao deste. A questão-chave não é bem saber se o modelo social é viável num momento de estagnação. É descobrir como o modelo social pode ser adaptado e reformado para ajudar na retomada do crescimento.

3
Não há mais modelo social?

Abril de 2013: uma mulher entra na agência de seu banco em Almassora, no leste da Espanha, despeja gasolina no próprio corpo e ateia fogo em si mesma.[1] Ela devia ao banco e recebera uma ordem de despejo. Antes de realizar o ato, gritou: "Vocês tiraram tudo de mim!". Mais tarde, morreu por conta das queimaduras. O acontecimento ganhou a primeira página dos jornais de muitos países em toda a Europa e outros lugares. Muitas pessoas desempregadas atearam fogo em si mesmas na Grécia, tornando-se também manchetes. Desempregados e sem-teto, sobretudo jovens, eram de novo o flagelo da Europa. Isso está bem longe da estabilidade e proteção contra as flutuações econômicas que os sistemas de segurança europeus deveriam proporcionar. O reverenciado modelo social europeu corre sérios riscos.

Sua importância para os pró-europeus vem de longa data. Assim, em 2003, dois destacados intelectuais escreveram uma carta aberta sobre o futuro da Europa após a guerra do Iraque. Um deles, Jürgen Habermas, era da Alemanha; o outro, Jacques Derrida, da França. Apontando contrastes com os Estados

---

1 Murciatoday.com, 13 maio 2013.

Unidos, os dois proclamaram que os conceitos "garantias de segurança social", "confiança no poder civilizatório do Estado" e "capacidade do Estado de corrigir as falhas do mercado" eram elementos básicos do caráter distintivo da Europa.[2] O que vem a ser o modelo social europeu (MSE), no entanto, é algo bem mais difuso do que se pode concluir dessas descrições. Já se disse, e muito bem, que ele não é totalmente europeu, não é totalmente social, nem chega a ser um modelo. Se o MSE se refere a instituições estatais que fornecem educação em massa e assistência médica, além de programas para proteger os desempregados e quem se encontra em situação vulnerável, então essas instituições são encontradas em todos os países industrializados, incluindo os Estados Unidos. O MSE não é totalmente "social" porque isso depende fundamentalmente da prosperidade econômica e da redistribuição da renda dos ricos para os pobres. E não é um modelo único, pois existem grandes divergências entre os diferentes países da União Europeia quanto à natureza dos seus sistemas de bem-estar, seus níveis de desigualdade e muitos outros traços.

A divisão Norte-Sul reaparece aqui, já que os Estados de bem-estar social se desenvolveram mais plenamente nos países escandinavos, na Alemanha e na França do que, por exemplo, na Espanha, na Itália e em Portugal. O MSE é, na verdade, uma mistura de valores, realizações e aspirações ligados de várias maneiras, e com variados níveis de sucesso, em países diferentes. Os valores incluem partilha de riscos por meio do seguro social, limitação da desigualdade econômica e social, promoção dos direitos dos trabalhadores e cultivo de um senso de responsabilidade mútua ou solidariedade em toda a sociedade.

---

2 Citado em Giddens, A social model for Europe?. In Giddens; Diamond; Liddle (orgs.), *Global Europe, Social Europe*, p.14. Baseio-me nesse artigo no que se segue.

Uma Idade do Ouro... ou não?

Na maioria dos Estados membros da União Europeia, o MSE está hoje sob ataque cerrado, à medida que as políticas de austeridade são implantadas. No entanto, seus problemas básicos já são antigos. Costuma-se dizer que a década de 1960 e o começo da de 1970 foram a "Idade do Ouro" do Estado de bem-estar social na Europa. Havia um bom crescimento econômico, baixo desemprego, uma relativa diminuição da desigualdade e boa assistência médica. Desde aquela época, argumenta-se, o Estado de bem-estar foi reduzido ou corroído pelo avanço do liberalismo econômico. A realidade é mais complicada. Para alguns atuais Estados membros da União Europeia, nunca houve uma Idade do Ouro, já que as medidas de bem-estar eram fracas e inadequadas. No entanto, mesmo nos países com sistemas de bem-estar mais avançados, a realidade estava longe de ser dourada mesmo na Idade do Ouro. Os direitos sociais e econômicos das mulheres eram restritos. Somente uma pequena parcela de pessoas – novamente, a maioria homens – havia ingressado no ensino superior na maioria dos países. A gama de tratamentos oferecidos na área da saúde era bem mais limitada do que atualmente. Uma vez atingida a idade limite para a aposentadoria, as pessoas mais velhas de uma maneira geral não podiam mais ficar no trabalho, mesmo que essa fosse sua vontade.

Aqueles que trabalhavam sob as condições primitivas da indústria pesada frequentemente sofriam problemas graves de saúde que os forçavam a abandonar o emprego ainda mais cedo. O Estado geralmente tratava as pessoas que dependiam do sistema de bem-estar como sujeitos passivos, e não como cidadãos ativos. Uma antiga piada, como de costume, captou essa situação muito bem. Um médico, fazendo sua ronda, diz à enfermeira ao lado de um leito no hospital: "Enfermeira, esse paciente está morto". "Não, não estou", replica o paciente. A enfermeira responde: "Fique quieto, o doutor sabe o que diz".

"Europa social" é termo que vem de longe, mas "modelo social europeu" entrou em ampla circulação apenas no começo da década de 1980. Foi introduzido precisamente como uma tentativa de defender a "abordagem europeia" no instante em que o pensamento do mercado livre ia se impondo e se tornando a nova ortodoxia. No entanto, ao mesmo tempo, o MSE em suas várias encarnações foi obrigado a se adaptar a outras mudanças. Algumas delas pareciam encorajadoras – por exemplo, a progressiva emancipação das mulheres ou os crescentes níveis de expectativa de vida. Outras eram menos bem-vindas. A taxa de natalidade caiu na maioria dos países europeus, às vezes bem abaixo dos níveis de manutenção da população. Houve um aumento no número de famílias uniparentais e de pessoas morando sozinhas, na proporção de mulheres e crianças mergulhadas na pobreza, e de desemprego em alguns setores-chave. Elevados níveis de imigração trouxeram vantagens de um modo geral, mas causaram problemas aos países que não estavam acostumados a essa onda de recém-chegados, frequentemente de origens étnicas diferentes das que predominavam na Europa.

Os gastos públicos aumentaram, enquanto o crescimento do PIB diminuía ano a ano na maioria dos países da União Europeia. Um arguto observador desse cenário escreveu em 2003 que "a sustentabilidade do 'modelo europeu' vem ficando mais e mais questionável".[3] Naquele momento, alguns analistas do bem-estar social já falavam da necessidade de um período que chamaram de "austeridade permanente".[4] Com algumas exceções, dados os baixos níveis de crescimento, o MSE se tornou insustentável sem reformas profundas. Os melhores desempenhos eram os dos países nórdicos, incluindo os que estavam fora da União Europeia, Noruega e Islândia (embora este último fosse amargar

---

3 Sapir et al., *An Agenda for a Growing Europe*, p.97.
4 Pierson (org.), *The New Politics of the Welfare State*.

CONTINENTE TURBULENTO E PODEROSO

a falência total, menos de dez anos depois, em razão do excesso de empréstimos por parte dos seus bancos). O que diferenciou os países nórdicos foi que, após períodos de recessão econômica e reajuste, eles conseguiram manter seus sistemas de bem-estar em condições robustas enquanto geravam progresso econômico, pelo menos em relação à maioria das grandes economias da União Europeia. Eles também superaram sem dificuldades quase todos os outros países da União Europeia (e os Estados Unidos) em termos de índices de qualidade de vida. Todos têm população pequena, o que provavelmente torna a adaptação mais fácil do que em nações maiores. Ainda assim, ser pequeno não garante inovação, como se vê no caso de Portugal ou Grécia.

Os países nórdicos foram capazes de conciliar o êxito econômico com um sistema de bem-estar eficiente. O grau de participação feminina na força de trabalho era (e é) muito alto. A reforma das pensões avançou mais que em quase todos os outros países da União Europeia. A Suécia, por exemplo, introduziu um sistema de contribuição voltado para o aumento da expectativa de vida.[5] Os nórdicos investiram pesado no capital humano, mas ao mesmo tempo levaram a sério a reforma do Estado. A Finlândia frequentemente lidera o *ranking* mundial na área da educação. A Suécia e a Dinamarca introduziram mudanças radicais – e controversas – nos seus sistemas de educação e saúde, permitindo que fornecedores públicos e privados competissem de forma direta. Também têm procurado reformar a administração dos serviços públicos de modo a torná-los mais amistosos.

Muitas das propostas consagradas na Agenda de Lisboa já estavam a caminho de se concretizar nos países nórdicos quando foram sugeridas: reforma dos sistemas de benefícios, pensões, assistência médica, educação e mercado de trabalho. Embora ainda tivessem muitos problemas, eram esses países os que estavam mais

---

5 Northern lights, *The Economist*, 2 fev. 2013.

perto de alcançar "a combinação esquiva de igualdade social e eficiência econômica" que a Agenda foi criada para promover.[6] Alguns dos outros grandes países da União Europeia, como França, Itália e Espanha, não conseguiram ou não quiseram promover inovações comparáveis. Insistiam, por exemplo, em seu rígido mercado de trabalho, dividido entre os nacionais, com empregos protegidos, e os intrusos, condenados a empregos inseguros ou de meio período, ou sem emprego nenhum.

Numa era de rápidas e imprevisíveis mudanças tecnológicas, a "empregabilidade" – possuir talento e disposição para mudar de ocupação – assume importância primordial. "Progredir" no mesmo emprego também ocorre com frequência, à medida que a tecnologia se aperfeiçoa e o conhecimento se amplia. Não se deve confundir a flexibilidade com a mentalidade do contratar--e-demitir, que se pode dizer, mesmo em seus próprios termos, que é contraproducente, pois os membros da força de trabalho podem se sentir desmoralizados ainda que conservem seus empregos em dado momento.

A codeterminação, por exemplo, tal como existe na Alemanha, pode prover meios de aumentar a flexibilidade, em vez de prejudicá-la. O mesmo vale para a representação e a consulta. Nas empresas bem administradas, a consulta – e a inovação – deve ocorrer de cima para baixo e vice-versa. Não negarei que, nas mãos de empregadores sem escrúpulos, "flexibilidade" pode ser codinome para a negação dos direitos dos trabalhadores em maior ou menor grau. Ainda assim, quando aplicada adequadamente, a "flexigurança" pode se mesclar de forma produtiva com tendências mais amplas na vida cotidiana da sociedade contemporânea.

---

6 Stephens, The Scandinavian welfare states. In: Esping-Andersen (org.), *Welfare States in Transition: National Adaptations in Global Economies*, p.85-6.

Muitos empregados – tanto homens quanto mulheres – desejam empregos flexíveis ou de meio período, para atender às exigências familiares. A maioria das pessoas, hoje, está acostumada a uma gama maior de escolhas de estilo de vida do que as gerações anteriores, em todos os níveis da sociedade e em todas as faixas etárias.

Do Estado de bem-estar ao Estado de investimento social

Como tantas outras áreas da União Europeia, o MSE – em toda a sua diversidade – tem de ser reestruturado e renovado. Há cerca de quinze anos – juntamente a muitos outros –, comecei a refletir sobre o que poderia acontecer com o Estado de bem-estar nas condições sociais contemporâneas, muito diferentes das que prevaleciam no início do período do pós-guerra, quando ele foi concebido. Acredito que, com alguns acréscimos importantes, a estrutura que elaborei naquele momento continua válida nos dias de hoje. Os fundadores do Estado de bem-estar do pós-guerra, como William Beveridge, não deram muita atenção às conexões entre o sistema de bem-estar e a criação de riqueza. Hoje essas conexões precisam ser consideradas cruciais. O Estado de bem-estar tem de se transformar num Estado de investimento social.[7] Um Estado de investimento social se preocupa com criar riqueza, não apenas com recolher os pedaços depois que as coisas deram errado.[8] No Estado de investimento social, há uma transição do bem-estar *negativo* para o *positivo*. Beveridge recomendou a cura das doenças sociais e econômicas preexistentes. Enfatizou, acima de tudo, a necessidade de combater os "cinco males": ignorância,

---

7 Giddens: *The Third Way*, Capítulo 4.
8 Id., *Europe in the Global Age*.

miséria, necessidade, ociosidade e doença. O objetivo deveria ser o de transformá-los em fatores positivos – aspirações a perseguir. Em outras palavras, o importante é promover educação e talentos, prosperidade, opção pela vida ativa, participação social e econômica, e busca de um estilo de vida saudável e gratificante. Beveridge também enfatizou muito os direitos, assim como seu célebre sucessor T. H. Marshall.[9] Hoje temos de reconhecer que bem-estar pressupõe não apenas direitos, mas também obrigações por parte dos cidadãos; obrigações que devem ser, até certo grau, impostas por sanções, sejam incentivos ou medidas punitivas. O seguro desemprego, por exemplo, já foi amplamente definido como um direito, mas os resultados se mostraram às vezes contraproducentes. A "dependência do bem-estar" é um fenômeno bastante real. A introdução das políticas ativas no mercado de trabalho, pelas quais os beneficiários do bem-estar, após um certo período, são obrigados a procurar emprego ou a participar de treinamentos, obteve sucesso na redução do desemprego. O Estado de bem-estar clássico era um sistema de gestão de riscos. Oferecia seguros contra riscos nas áreas da saúde, de emprego ou contra circunstâncias pessoais, por exemplo, com que os indivíduos não podiam lidar sozinhos. O que se queria era minimizar riscos – e minimizar riscos equivalia a "segurança". Entretanto, risco é uma noção bem mais sutil e matizada do que isso quando consideramos oportunidades de vida positivas. Parece claro que a aceitação de riscos freqüentemente apresenta aspectos positivos, especialmente num mundo em constante mudança. Voltamos assim à relação complexa entre oportunidade e risco. A segurança pode muitas vezes ser obtida mais pela aceitação do risco do que pela tentativa de reduzi-lo ou evitá-lo. Essa afirmação é tão verdadeira para a maior parte da força de

---

9 Marshall, *Citizenship and the Social Class*.

CONTINENTE TURBULENTO E PODEROSO 111

trabalho quanto para os empresários. O próprio conceito de "fle-xigurança" é uma tentativa de explicar essa interação.

Muitos autores, especialmente os da esquerda política, definem o Estado de bem-estar em termos de "desmercantilização". O dinheiro, o preço e o lucro têm inevitavelmente um papel dominante na maioria das esferas da vida numa economia baseada essencialmente no mercado. Em outras palavras, tanto os bens quanto a força de trabalho são mercadorias a serem compradas e vendidas. O Estado de bem-estar, já se disse, cria uma esfera separada onde outros valores podem florescer. Logo, qualquer envolvimento com as forças de mercado macula seu caráter essencial. No entanto, dita dessa forma, a distinção não faz sentido. O local de trabalho, por exemplo, pode ser dominado por considerações econômicas, mas muitos outros valores podem e devem também fazer parte dele. Mesmo em empregos braçais, muitas pessoas valorizam a satisfação que colhem de seu trabalho, e não apenas o dinheiro que ganham. Inversamente, muitos serviços prestados pelo Estado de bem-estar podem ser "gratuitos", mas essa palavra sempre significa "gratuitos no ponto de entrega" – ou seja, fornecidos sem custo para o indivíduo que os utiliza. O Estado de bem-estar, obviamente, precisa ser financiado. O que é "gratuito" no momento do uso normalmente não é gratuito para a pessoa que recorre ao sistema, pois ela já arcou com parte dos custos por meio de seus impostos.

Nas circunstâncias atuais, além da tributação, deve haver contribuições diretas por parte dos usuários dos sistemas de bem-estar. Serviços projetados para ser "gratuitos" obedecem a um ideal nobre, mas estão sujeitos a dificuldades bem conhecidas. Tendem a ser excessivamente usados e pouco valorizados, criando em certos casos um círculo vicioso de decadência. Mesmo quando relativamente pequenas, as contribuições diretas podem minorar esses problemas promovendo uma atitude responsável no uso dos serviços sem criar um efeito dissuasivo para os pobres. Um sistema supostamente projetado para diminuir a desigualdade pode acabar, por outro lado, aumentando-a. A tendência é que se criem duas camadas, com os mais ricos simplesmente escolhendo ficar de fora. Na assistência médica, educação e outras áreas, as prestações pública e privada se separam: aqueles que têm condições de pagar gozam de mais atenção e recursos do que o resto da comunidade. O princípio da contribuição – as contribuições diretas dos usuários – deve, portanto, tornar-se mais comum, especialmente nas condições atuais. Um dos principais objetivos da reforma deve ser o de minimizar a desigualdade assim produzida. Manter os cidadãos que podem ficar de fora sob o amplo guarda-chuva dos serviços públicos é tão vital quanto criar condições para os grupos mais pobres não se marginalizarem.

A justiça social continua sendo imprescindível para o Estado de investimento social. Entretanto, as aplicações com vistas ao futuro são consideradas tão importantes para a redução das desigualdades quanto para a redistribuição. Por exemplo, todos sabemos que as chances de sucesso educacional dependem do que acontece muito cedo na vida da uma criança.

O investimento preventivo na ajuda às crianças mais desfavorecidas pode ter importância fundamental aqui. A mesma coisa é verdade para o topo. Como discutido no capítulo anterior, a desigualdade aumentou nitidamente na maioria dos países industriais, incluindo os da União Europeia, nos últimos vinte anos ou mais – resultado, em grande parte, da renda acumulada por uma pequena elite. Tais desigualdades não podem ser remediadas simplesmente por meio do sistema de impostos. Só serão reduzidas se houver uma intervenção ativa na ordem econômica que as gerou.

A reforma do Estado de bem-estar – ou sua transformação em Estado de investimento social – deve privilegiar o termo "Estado" da equação. No clássico Estado de bem-estar, o indivíduo tende a ser tratado como sujeito passivo – como na anedota citada antes.

CONTINENTE TURBULENTO E PODEROSO 113

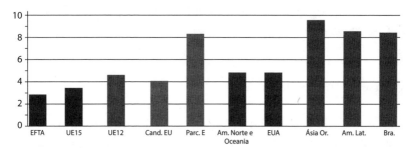

Figura 9. Os salários na Europa são menos diferenciados do que em outras regiões (razão de ganhos entre o decil maior e o decil menor, 2007-9).

Nota: O diferencial é medido pela razão decil (D9/D1 = nível salarial dos 10% mais bem pagos dividido pelo nível dos 10% da base da escala). "Cand. UE" refere-se aos países candidatos à União Europeia e "Parc. E" refere-se aos países parceiros da UE da Europa Oriental. Os candidatos à UE são representados somente pela Albânia. Os dados para 2001-2006 referem-se a França, Luxemburgo, Holanda e Suécia (UE15), Hungria (UE12), e as Filipinas (Ásia Oriental). Para a Albânia, o período coberto é de 1995-2000.

Fonte: World Bank, *Golden Growth: Restoring the Lustre of the European Economic Model*, International Labor Organization, 2012.

Uma pessoa que se registra como desempregada pode ser tratada com condescendência ou indiferença pelos funcionários que a atendem. Os sistemas estatais tenderam em geral a se tornar gigantescas burocracias, com os interesses e as preocupações do funcionalismo se distanciando das preocupações e dos interesses dos cidadãos a quem deveria servir. O "empoderamento" dos usuários e a descentralização dos processos de tomada de decisões devem constar da agenda – processos a ser claramente distinguidos da privatização como tal. A promoção do capital humano e social é, ou deveria ser, uma parte fundamental dos sistemas de bem-estar. A reforma educacional, dos cursos elementares até o ensino superior e à aprendizagem ao longo da vida, torna-se absolutamente necessária. O capital humano e social é importantíssimo não somente para a cidadania ativa, mas também para o sucesso no mercado de trabalho. O Estado de investimento social

Consequências da crise

Na maioria de suas encarnações, o MSE enfrentou problemas mesmo antes de a crise financeira vir à tona. Que esperanças há para ele, agora que as políticas de austeridade começam a "morder"? Na maior parte da UE, os cortes estão sendo feitos nos programas de bem-estar, atingindo quase sempre os membros mais vulneráveis da população. Numa entrevista publicada em fevereiro de 2012, Mario Draghi ressaltou a necessidade de uma reforma do mercado de trabalho em diferentes partes da Europa, criticando particularmente a persistência de mercados de trabalho separados. Perguntaram-lhe, num inglês não muito puro: "O senhor acha que a Europa se tornará menos conforme ao modelo social que a definia?". Resposta de Draghi: "O modelo social europeu já não existe diante das taxas de desemprego dos jovens em alguns países".[10] Em minha opinião, ele não quis dizer que o MSE está morto, apenas insinuou que poderá morrer se reformas mais amplas não acontecerem, pelo menos em muitos Estados membros. A mesma questão é levantada num estudo recente sobre o impacto dos programas de austeridade sobre o MSE, cuja primeira frase começa assim: "Não é mais segredo que o Estado de bem-estar se tornou um caso perdido [...]".[11]

A pesquisa em questão analisa a forma como os compromissos do bem-estar dos Estados da UE foram afetados pela necessidade de limitar ou reduzir o endividamento. Devemos lembrar que o

---

10 Thomson, R.; Karnitschnig, M.; Blackstone, B. Interview with Mario Draghi, *Wall Street Journal*, 24 fev. 2012. Disponível *online*.

11 Heise; Lierse, *Budget Consolidation and the European Social Model*, p.3. Disponível *online*.

CONTINENTE TURBULENTO E PODEROSO

objetivo das políticas de austeridade não é somente pedir menos empréstimos, mas também forçar uma mudança estrutural. A pesquisa cobre sete países europeus, incluindo a Alemanha. Esta apresenta estatísticas econômicas relativamente robustas, mas o governo foi obrigado a lançar um programa de contenção em 2011, "um dos maiores planos de austeridade na história da República Federal". O objetivo é poupar o equivalente anual a 0,8% do PIB nas despesas com o bem-estar. Reduções nos gastos sociais representam quase um terço do pacote. Cortes foram instituídos ou estão previstos no subsídio ao desemprego, às famílias e à assistência infantil. Reformas significativas no sistema de pensões não estão no pacote, mas as pensões estatais foram reestruturadas antes da crise financeira. A assistência médica na Alemanha, baseada no sistema de seguros, custará mais aos pacientes. O objetivo dessas reformas – moderadas para os padrões do restante da Europa – é contribuir para o crescimento, promovendo um maior senso de responsabilidade social e iniciativa por parte das pessoas mais dependentes dos benefícios estatais. Quer isso aconteça ou não, como em outros lugares o efeito a curto prazo será certamente reduzir os padrões de vida daqueles que já se encontram em situação precária.

Em outros países, o cenário é naturalmente muito mais sombrio. Grandes cortes têm sido feito nos programas de bem-estar, novamente atingindo os membros mais vulneráveis da população. A Espanha sempre teve um sistema de bem-estar menos avançado que a Alemanha. O gasto social chegou a 21% do PIB em 2007, só ligeiramente acima da média dos Estados membros da Europa Oriental. Quase um terço das pessoas registradas como desempregadas na Espanha – e agora há muitas delas – não conta com nenhuma proteção efetiva, já que o nível de benefícios é muito baixo. Desde 2010, o governo tem feito reformas nas pensões e assistência médica, com efeitos regressivos. Como resultado das mudanças no sistema de pensões, por exemplo, pessoas com empregos precários e baixos salários receberão menos benefícios do Estado quando se aposentarem do que os trabalhadores em empregos mais seguros.[12] A assistência médica universal tem sido motivo de preocupação na Espanha desde sua transição para a democracia. Em 2000, o sistema de saúde espanhol era o sétimo do mundo, segundo a Organização Mundial da Saúde (OMS). Havia bom número de clínicas, mesmo nas pequenas vilas. A partir daí, grandes cortes foram feitos como parte das políticas de austeridade, que provocaram confrontos frequentes entre o governo central e as províncias.

O índice de desemprego da Espanha é o segundo maior da UE, após o da Grécia. A taxa de desemprego geral tem crescido a cada ano desde 2008, embora alguns acreditem que já tenha atingido seu pico. Combinado com os cortes nos benefícios, levou a um grande número de despejos e execuções de hipotecas. Ao contrário do que acontece em muitos outros países europeus, os mutuários na Espanha têm poucos direitos. Os bancos podem reclamar os bens financiados se o mutuário ficar mais de um mês inadimplente. Quando o banco retoma a propriedade e depois a revende, pode embolsar a soma total mesmo se o preço da venda for maior que o montante devido pelo ex-mutuário. Em resposta aos despejos, os cidadãos têm se organizado para combater as políticas das autoridades. Surgiram, por exemplo, as *corralas*, em que grupos ocupam blocos de apartamentos vazios.[13] Eles não são aproveitadores, já que oferecem ao dono um pequeno aluguel antes de tomar posse do prédio. Aqui a lei espanhola atua a seu favor. Se provarem que não têm para onde ir, pelo menos em algumas circunstâncias os tribunais podem indeferir quaisquer objeções que o proprietário possa fazer.

---

12 Ibid., p.15.
13 Solidarity Federation, Corrala utopia: a direct action response to the housing crisis, 5 mar. 2013. Disponível *online*.

CONTINENTE TURBULENTO E PODEROSO **117**

Como na Grécia, na Espanha houve grandes protestos públicos contra os cortes no bem-estar e a falta de oportunidades de trabalho. Os *indignados* tomaram as ruas pela primeira vez em maio de 2011. Além de protestar contra os cortes no bem-estar, eles clamaram contra muitas outras coisas, incluindo o sistema político ortodoxo, a corrupção e os excessos dos banqueiros e instituições financeiras. Em algumas cidades, registraram-se sérios confrontos entre os manifestantes e a polícia. Mas por fim os protestos de rua cessaram, apesar de a situação econômica e social do país ter piorado. Porém, alguns setores do movimento continuam atuantes e apoiando as iniciativas dos cidadãos, como as *corralas* mencionadas acima. Procuram criar moedas locais, além de um sistema de trocas e redes de cooperativas.

Em vez da Grécia, dou como próximo exemplo a Irlanda – antes de 2008, amplamente vista como um dos maiores sucessos da UE. Os problemas da Irlanda não vieram pelo excesso de endividamento do governo. Eles resultam, como na Espanha, de uma bolha imobiliária alimentada pelos empréstimos imprudentes dos bancos.[14] A receita pública passou a depender substancialmente dos impostos sobre transações imobiliárias e caiu drasticamente quando a bolha estourou. A Irlanda teve superávit nas contas públicas entre 2000 e 2007, mas em 2009 a dívida do governo equivalia a 14% do PIB. O nível de intervenção governamental necessário para sustentar o sistema bancário foi tão grande que, dois anos depois, os passivos ligados aos bancos chegaram a 110% do PIB. Em novembro de 2010, o governo foi forçado a pedir um empréstimo de 67,5 bilhões de euros à UE e ao FMI. O empréstimo era parte de um pacote de 85 bilhões de euros, para o qual o governo irlandês contribuiu com 17,5 bilhões.

---

14 Kearney, Economic challenges. In: Reynolds; Healy (orgs.), *Does the European Model Have a Future?*, p.1-17.

O impacto no sistema de bem-estar foi imediato e radical. Nos anos em que a economia parecia sólida e saudável, o governo criou um fundo nacional de reserva de pensão para gerar receita. Contudo, em 2009, uma proporção substancial desse fundo foi redirecionada para ajudar os bancos em dificuldades. O desemprego subiu de menos de 5% para cerca de 15% em 2012, e essa taxa de longo prazo (definida pelo número de pessoas sem trabalho há mais de um ano) tem aumentado bastante. Naquele ano, representou mais de 60% das pessoas fora do mercado de trabalho. Assim como na Espanha e outros países da UE, o ônus do desemprego recai particularmente sobre os jovens. Fala-se muito na Irlanda e na Espanha – e de fato em muitas partes da Europa – de uma "geração perdida", cujos membros poderão ficar nas franjas do mercado de trabalho pelo resto de suas vidas.

Riqueza, pobreza e desigualdade

Tal como acontece com os outros índices do bem-estar, as desigualdades de riqueza e renda diferem substancialmente entre os países da UE. Na maioria deles, entretanto, essas disparidades aumentaram por cerca de duas décadas antes de 2008. Em 2007, havia cerca de 79 milhões de pessoas vivendo na pobreza na UE, muitas delas crianças. A divisão Norte-Sul era flagrante. As taxas de pobreza infantil estavam abaixo de 4% do total da população na Suécia, Dinamarca e Finlândia. Na Grécia, chegavam a 20% e na Itália, a 18%. Na maioria dos países, tanto a pobreza em geral quanto a infantil eram maiores nas famílias monoparentais. Em alguns países do Sul, ao contrário, uma proporção bem maior de pobres vivia em famílias "padrão".

A pobreza é muitas vezes considerada uma condição única e imutável – as pessoas ficam presas nas comunidades pobres e não há como sair. Existem algumas situações como esta, mas

CONTINENTE TURBULENTO E PODEROSO

na realidade elas são relativamente incomuns. "Os pobres" são muito diversificados, tanto dentro de um mesmo país como em países diferentes. Existem vários tipos de regiões, áreas ou vizinhanças pobres mesmo numa única sociedade, para não falar na Europa como um todo. São controladas por dinâmicas diferentes e muitas vezes contraditórias. Assim, a tendência que gera prosperidade numa área pode gerar pobreza em outra, como sucede à pobreza rural intensificada pelo impacto dos supermercados nas pequenas cidades. Pesquisas recentes têm mostrado que há mais movimentos de entrada e saída da pobreza do que se pensava. Nos países da UE-15, em 2007, aproximadamente 40% dos períodos de pobreza cessaram no espaço de um ano. À luz de tal pesquisa, já não podemos olhar para as "comunidades pobres" como no passado. Numa área "estagnada", pode haver grande movimentação de pessoas para dentro e para fora. Essa constatação se aplica tanto aos grupos de imigrantes quanto à população nativa, e em alguns casos até mais a esta última. Esse fato não tinha vindo à tona anteriormente porque a maioria das pesquisas era realizada em um curto período de tempo. Assim, estudos que levaram o tempo em consideração, feitos por Bolton e Bradford no Reino Unido, onde há uma considerável presença de imigrantes do Leste Asiático, mostraram que a maioria deles se mudaram do centro da cidade principalmente para os subúrbios ou para a zona rural, uma meta alcançada por muitos deles.

Estudos realizados na Alemanha têm mostrado que existe grande mobilidade para dentro e para fora da pobreza naquele país. Para algumas pessoas, existe um "efeito carrossel": elas saem da pobreza para pouco depois retornar, repetindo esse ciclo ao longo da vida. Ainda assim, a maioria que escapa da pobreza o faz de forma permanente. As pesquisas da Alemanha distinguem três conjuntos de circunstâncias que afetam as experiências pessoais na pobreza: 1) quanto tempo dura, o que acontece entre os períodos de pobreza e em que fase da vida a pessoa está;

2) se a pessoa tem suporte social ao qual recorrer em vez de se tornar marginalizada; e 3) se a experiência da pobreza é ou não "biográfica" – ou seja, resultado de eventos específicos da vida, como divórcio ou doenças. Os efeitos de tais acontecimentos podem ser mais difíceis de afastar do que uma simples queda de rendimento.

O Estado de bem-estar clássico procurava sobretudo melhorar a sorte das pessoas que caíam na pobreza. Essa ênfase é inadequada atualmente. O Estado do bem-estar preventivo tenta manter as pessoas afastadas da pobreza, em primeiro lugar, e, em segundo, evitar recaídas. "Flexigurança" é importante aqui porque, em contraste com os benefícios tradicionais, promove ativamente o retorno ao trabalho enfatizando a reciclagem. Políticas preventivas criadas nos EUA são relevantes na Europa também. Uma delas, implantada com sucesso, é um esquema para permitir que empregados em indústrias ameaçadas possam se candidatar à reciclagem antes que seus empregos específicos desapareçam. Universidades locais oferecem treinamento pela internet, complementado por aulas presenciais de fim de semana. Outra medida são as contas educativas flexíveis. Em algumas cidades dos EUA, créditos vitalícios de aprendizado foram introduzidos: cada trabalhador pode ter até 20% dos custos pagos pelo Estado para aprender e se reciclar enquanto está no emprego. Tais esquemas se revelaram especialmente importantes para o problema crucial de como manter pessoas mais velhas em seus empregos.

Investir nas crianças é crucial não só por causa da pobreza infantil em si, mas porque, segundo inúmeras pesquisas, os primeiros anos podem ser decisivos para definir competências futuras. Como em muitas outras áreas da vida social, a natureza da infância está mudando. Nos países desenvolvidos, vivemos a era do "filho único". Os filhos continuam chegando, mas, para a maioria dos pais, de todos os níveis de renda, a decisão é ter um

CONTINENTE TURBULENTO E PODEROSO

só. Essa é uma das razões pelas quais a gravidez na adolescência, outrora comum, passou a ser vista como uma ameaça. A idade média dos casamentos é atualmente muito maior do que nas gerações passadas, os contraceptivos são facilmente encontrados e assume-se que ter filhos deve ser uma decisão consciente. Assim, a adolescente que fica grávida está violando inúmeros tabus. Vem geralmente de uma família pobre e, sem o apoio dos pais ou do parceiro, irá por força enfrentar enormes dificuldades.

As dinâmicas da pobreza foram profundamente afetadas pela entrada das mulheres no mercado de trabalho, em grande número nos últimos vinte ou trinta anos. Há muito pouca pobreza nas famílias em que os dois cônjuges trabalham, tenham ou não filhos. Em média, as mulheres entram e saem de empregos mais do que os homens, um fator que influencia o padrão de pobreza no curso da vida. Políticas destinadas a reduzir a pobreza infantil devem ser focadas nas famílias e na natureza dos primeiros cuidados. Famílias em que ninguém trabalha favorecem mais a pobreza infantil, seguidas daquelas em que só um membro ganha, sejam monoparentais ou não. Poucos Estados da UE atingiram as metas estabelecidas em Barcelona para 2010, referentes aos espaços para cuidados infantis.[15] As metas eram que pelo menos 90% das crianças com idade entre 3 anos e a idade escolar obrigatória e pelo menos 33% das crianças com menos de 3 anos tivessem acesso a serviços de cuidados infantis naquela data.

No entanto, salvo se dispensados pelo poder público, os cuidados infantis acentuam a pobreza em vez de limitá-la. Em quase todos os países da UE, as famílias que ganham mais também fazem maior uso dos serviços de assistência infantil.

A recessão e o retorno ao alto grau de desemprego na Europa certamente aumentarão tanto a pobreza quanto a desigualdade, a menos que medidas corretivas sejam de alguma forma postas

---

15 Europa, *Report on Childcare Provision in the Member States.*

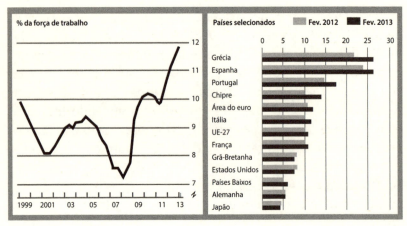

Figura 10. O desemprego na área do euro e em outras regiões e países.
Fonte: *The Economist*, 2013.

em prática. De acordo com o último indicador Eurostat, em 2011, 24% da população europeia corria "risco de pobreza ou exclusão social", a chamada medida AROPE (*At Risk of Poverty or Social Exclusion*). Essa frase define as pessoas em risco de ficar abaixo do patamar da pobreza num determinado ano, aqueles que se acham em situação de "severa privação material" e aqueles que pertencem a famílias nas quais nenhum membro tem emprego estável. Os números da AROPE variam muito entre os Estados membros. O maior índice na UE é o da Bulgária, com 49%, seguido pelo da Romênia e Letônia (40%). Na Grécia, alcança 30%. Mesmo entre os Estados de melhor desempenho, os níveis são bastante altos – cerca de 16% na Alemanha, Áustria e Países Baixos, por exemplo. O perigo evidente é que a pobreza aumente com rapidez nos países do Leste e do Sul. Muitos tiveram sistemas de bem-estar mais frágeis que os dos Estados mais ricos, mas mesmo estes agora correm o risco de desmoronar. Com os cortes nos benefícios, indivíduos e famílias ficam cada vez mais expostos. László Andor, o comissário europeu para Assuntos Sociais, disse acertadamente que aqueles que estão fora do mercado de trabalho enfrentarão "uma enorme armadilha de pobreza" se as tendências atuais persistirem.[16]

Cortar custos é compatível com uma reforma benéfica?

O posicionamento dos diferentes Estados da UE atualmente difere de acordo com vários fatores – até que ponto o país foi atingido pela recessão e de que maneira; se tinha um sistema de bem-estar desenvolvido antes de 2008 ou procurava montar um; que reformas executou antes dessa data; e o nível de medidas de austeridade a ele impostas. A pergunta fundamental é: numa situação de grave crise, podem ser instituídas mudanças que não prejudiquem inevitavelmente o MSE? O modelo social pode ser salvo?

Para tanto, as reformas precisam ser bem pensadas e aplicadas com vigor. Aqui, tenho de repisar assuntos mencionados anteriormente. O modelo social em muitos Estados da UE era tanto uma aspiração quanto uma realidade. Essa aspiração deveria continuar sendo um princípio orientador da vida europeia atualmente. Ela foi sempre um conjunto de ideias, estratégias e práticas em progresso permanente. Mesmo quando bem desenvolvido, o clássico Estado de bem-estar era a própria fonte de muitos problemas, e não somente um meio de resolvê-los.[17] Uma vez estabelecidos, os sistemas de bem-estar revelam uma grande tendência à inércia. Os beneficiados se organizam para resistir às mudanças, mesmo quando elas favorecem uma justiça social mais ampla. A dependência do bem-estar é real, não apenas fruto

---

16 Andor, L. Employment and social developments, 8 jan. 2013.
17 Diamond; Lodge, *European Welfare States after the Crisis: Changing Public Attitudes.* Disponível *online.*

da imaginação dos comentaristas políticos de direita. Até mesmo a assistência médica gratuita pode ter consequências involuntárias negativas. Esses problemas podem ser enfrentados com mais vigor e determinação justamente em tempos de crise. Na maioria dos países, a pressão por inovação é muito maior hoje do que em anos anteriores. Como na economia, o *status quo* não é mais uma opção. As reformas, desta vez, não podem ser adiadas, têm de ser levadas adiante. A questão da austeridade *versus* investimento aflora novamente com força total. O corte de custos é certamente necessário, sobretudo nos países cujas economias estão com problemas, mas até certo ponto em todos. Todavia, essa medida deve ser a base para o investimento tanto a longo quanto a curto prazo, visando sempre que possível à conjunção de reforma do bem-estar com retorno do crescimento.[18] Providências especiais devem ser tomadas em prol dos mais afetados. É preciso combater o incêndio, mas, obviamente, a reestruturação terá de ser mais profunda.

Sem dúvida, em muitos casos, as escolhas serão difíceis. Novamente, há muito que aprender dos Estados nórdicos, mesmo em países da UE dotados de sistemas de bem-estar bem diferentes. Mesmo com a recessão, os países nórdicos souberam preservar a solidariedade social, restringir o aumento da desigualdade econômica e, ao mesmo tempo, responder às demandas dos cidadãos por mais influência sobre as decisões tomadas. A Suécia é o grande exemplo. Quase 30% do sistema de assistência médica dos suecos estão agora em mãos de provedores privados, embora sujeitos a um rígido controle estatal. Os resultados até agora têm sido encorajadores, apesar de existirem também, é claro, desvantagens e dificuldades. Por exemplo, o tempo médio de espera nos hospitais caiu cerca de 25% nos últimos quinze

---

18 Ver Heise; Lierse, op. cit.

CONTINENTE TURBULENTO E PODEROSO

anos.[19] Os suecos podem assumir o controle dos seus próprios investimentos de aposentadoria e escolher entre centenas de provedores. Pequenos encargos foram introduzidos para visitas médicas e hospitalizações, o que levou as pessoas a avaliar melhor a necessidade da consulta, mas também criou a expectativa de um serviço personalizado. O setor sem fins lucrativos é forte e também se expandiu significativamente. A equação custo-eficiência agora tem grande importância. A dificuldade em muitos países é a tendência a fazer os cortes mais fáceis, por exemplo, onde a resistência pública costuma ser mais fraca. Mas um corte não é realmente um corte quando suas consequências solapam os ganhos conquistados. Assim, o corte de custos deve ser integrado a uma visão mais ampla da área visada. Sempre que for possível economizar e ao mesmo tempo aumentar a qualidade do serviço, este é o caminho a ser escolhido.

O setor da saúde novamente fornece exemplos interessantes. Uma elevada proporção dos gastos com saúde é absorvida hoje por serviços prestados aos idosos, especialmente os "idosos frágeis", que podem precisar de assistência a longo prazo. As políticas preventivas, entretanto, destinadas a promover a saúde e um estilo de vida ativo, podem efetivamente poupar bastante em termos de custos econômicos. Pesquisas mostram que o resultado não é apenas o adiamento da data a partir da qual a pessoa pode precisar de cuidados, mas também eliminar a lacuna, em anos, entre saúde e doença crônica. A expectativa média de vida nos países da UE, em 2012, era de 77 anos para homens e 83 para as mulheres. O objetivo deve ser usar as políticas de saúde pública para eliminar a lacuna entre esses números e a "expectativa de vida saudável" – o ponto em que a pessoa passa a sofrer de uma doença crônica ou de invalidez. Esses números são em média de quinze anos para os homens e de dezenove

---

19 Northern lights, op. cit.

para as mulheres. O objetivo é estreitar consideravelmente o diferencial, o que tanto aumentará a qualidade de vida quanto reduzirá os custos. Em princípio, as novas tecnologias oferecem a possibilidade de grandes áreas em que os pacientes, saudáveis ou não, possam monitorar seu estado de saúde e agir de maneira preventiva para evitar possíveis enfermidades. Como em outros contextos, a crise expôs ineficiências nas formas existentes dos cuidados de saúde, que podem ser remediadas. Por exemplo, em alguns países, constata-se um excesso de prescrições; os cuidados não estão bem integrados dentro e fora dos hospitais, de modo que há uma grande quantidade de esforços duplicados; os processos administrativos não estão informatizados e são, portanto, lentos e inadequados. Muitas vezes, não houve nenhuma tentativa de avaliar a relação custo-eficiência.

Annika Ahtonen fornece uma lista convincente de reformas que podem não só ajudar no corte de custos como revitalizar alguns aspectos-chave dos sistemas de assistência médica da Europa.[20] Uma delas é a coordenação dos serviços médicos e sociais com mais eficiência do que em geral ocorre atualmente. Há muitos campos a melhorar na maioria dos países, entre eles diagnóstico, tratamento, pós-tratamento, reabilitação e promoção da saúde. Podem-se melhorar também a eficácia e a qualidade dos atendimentos. Essa categoria inclui o combate ao excesso de prescrições, mas também a avaliação da eficácia de diferentes tecnologias da saúde, a redução das filas de espera e outros transtornos no ponto de contato entre paciente, médico e local do tratamento.

O terceiro passo é fortalecer a saúde pública. Como convém ao Estado de investimento social, deve haver uma grande ênfase em promover a saúde em vez de simplesmente tratar as doenças. Embora Ahtonen não mencione isso, um elemento crucial

---

20 Ahtonen, *Economic Governance: Helping European Healthcare Systems to Deliver Better Health and Wealth*, 2 maio 2013. Disponível *online*.

CONTINENTE TURBULENTO E PODEROSO

aqui é confrontar as empresas de *fast food*, bebidas alcoólicas e tabaco. Até agora elas só pagam uma porção ínfima do dano que seus produtos causam, cujo custo deve ser suportado quase totalmente pelo contribuinte. Alguns países instituíram programas rigorosos voltados para a redução do consumo de gordura e açúcar, e o combate ao uso de cigarros e álcool, especialmente entre as pessoas mais jovens. Em outros países, ainda há um longo caminho a percorrer. A seguir, pacientes e profissionais devem dispor de meios para comparar diferentes fornecedores. Tais comparações tendem a elevar os padrões, mas também a promover a eficiência. Finalmente, temos o "empoderamento" do paciente – como já salientei, uma parte fundamental da reforma dos serviços públicos no geral. As inovações tanto da alta quanto da baixa tecnologia são importantes aqui. Por exemplo, consultas por telefone ou internet podem ser amplamente usadas, desde que haja um rígido controle de qualidade. Computadores com códigos de acesso simplificados permitiriam a pacientes que sofrem até mesmo de formas avançadas de demência escaparem do isolamento.

No momento, são poucas as chances de lançar mais que os alicerces de um sistema pan-europeu de bem-estar, mas essa deve ser uma meta a longo prazo. Por enquanto, as boas práticas podem ser amplamente compartilhadas; e onde houver muita necessidade, intervenções diretas poderão ser experimentadas. Um exemplo atual é a Força-Tarefa para a Grécia, que oferece ao país assistência técnica para a reestruturação de seu sistema de saúde. Ela revelou, o que é inquietante, cortes feitos em sua maioria sem referência a uma visão mais ampla do futuro. Alguns dos aspectos mais perversos do sistema preexistente chegaram a piorar. Por exemplo, são oferecidas propinas à equipe médica para que as pessoas furem filas quando elas ficam muito longas. Ainda assim, o sistema poderá ser melhorado radicalmente caso se adote uma estratégia bem pensada; e, com efeito, muitas mudanças positivas estão acontecendo. Por exemplo, um novo serviço de prescrições *online* foi sugerido para debelar o caos e a corrupção existentes há anos, que permitiam a médicos e farmacêuticos escrever receitas falsas e embolsar o pagamento. Adotar padrões comuns de bem-estar em toda a UE pode ter efeitos positivos sobre um dos projetos para o futuro – a criação de um vasto mercado de trabalho europeu. Hoje em dia, quando trabalhadores trocam a Espanha ou a Grécia por outras regiões da Europa, diz-se sempre que estão "fugindo do país". E é mesmo de preocupar que grupos de profissionais qualificados comecem a debandar em grande número. Todavia, para serem bem-sucedidos, o mercado único e a eurozona integrada precisarão de um alto nível de mobilidade da força de trabalho. As notícias, veiculadas em fevereiro de 2013, de que a Finlândia vem tentando recrutar profissionais de saúde na Espanha provocaram reações desencontradas nos dois países. O país nórdico, com uma taxa de desemprego de 7%, não tem médicos e enfermeiras suficientes para enfrentar a demanda de uma crescente população idosa. Por conta disso, lançou uma campanha de peso para atrair profissionais de outras partes da Europa; 4 mil enfermeiras espanholas se candidataram aos postos. Um treinamento de vários meses, que inclui o aprendizado da nova língua, é fornecido a elas na Espanha, com outras opções de treinamento quando chegarem.[21]

Choque do futuro

Graças à tecnologia digital, nós talvez estejamos à beira de uma transformação do sistema de bem-estar tão profunda quanto as que afetam outras instituições de nossa sociedade.

---

21 Finland hires Spanish nurses, *WordPress*.com, 22 mar. 2012.

Algumas das mudanças que acontecem nesse contexto poderiam, sem dúvida, contribuir para baixar os custos dos serviços de bem-estar e, ao mesmo tempo, melhorar sua eficiência e cobertura. Considere-se, por exemplo, o que está acontecendo nas áreas do ensino superior e da medicina. Nos primeiros anos da internet, muitos acreditavam que as universidades ortodoxas seriam debilitadas pela disseminação do ensino *online*. Foram feitas várias tentativas para criar instituições baseadas em cursos pela internet. O câmpus universitário, tal qual foi pensado amplamente, podia estar chegando ao fim. Algumas universidades *online*, como a Universidade de Phoenix, no Arizona, tiveram um período de enorme sucesso antes de mais recentemente entrar no atual declínio.

Enquanto a tecnologia dava largos passos, o número de usuários crescia em todo o mundo. Novas formas de ensinar e aprender surgem, aparentando ser mais revolucionárias do que os protótipos anteriores. Como um destacado estudioso observou, "Os sólidos e clássicos prédios das grandes universidades podem parecer permanentes, mas as tempestades da mudança ameaçam deitá-los abaixo".[22] O ensino superior, e talvez a educação como um todo, pode ser abalado até as raízes pelas tendências globais enfatizadas neste livro. Em razão de mudanças na natureza do trabalho em quase todos os cenários de empregos, as qualificações vocacionais e educacionais provavelmente serão mais importantes do que nunca para reduzir o desemprego. A aprendizagem ao longo da vida, mais que um *slogan* vazio, pode se tornar um pré-requisito para a garantia de emprego. Ainda assim, mesmo com a adoção generalizada das taxas escolares, os custos estão cada vez mais além da capacidade tanto dos indivíduos quanto do Estado. Nos Estados Unidos, as dívidas de

---

22 Summers, Foreword. In: Barber; Donnelly; Rizvi, *An Avalanche is Coming: Higher Education and the Revolution Ahead.* p.1. Disponível *online*.

estudantes atualmente estão em quase 1 trilhão de dólares. Perto de 30% dessa dívida nunca será paga. No entanto, o diploma universitário não é mais o passaporte para o emprego imediato, como já foi. Em muitos estados dos EUA, a taxa de desemprego entre os recém-formados é alarmantemente alta.

É bem provável que o valor da graduação numa universidade tradicional caia em comparação com o de outras formas de qualificação e modos de aprendizagem. A diferença entre ensino em período integral e em meio período começará a desaparecer com o advento das novas formas de aprendizagem digital. Algumas universidades norte-americanas decidiram reorganizar totalmente seus modelos didáticos. Eliminaram as férias e trabalham o ano inteiro. O aprendizado *online* substitui boa parte do sistema tradicional de aulas. Os estudantes são mais responsáveis do que no passado pela organização de grupos de estudo, *online* e *offline*. Os custos são muito mais baixos do que nas instituições à moda antiga, enquanto os professores continuam dispondo de excelentes oportunidades de pesquisa.[23]

Tanto o conteúdo quanto a forma da educação superior estão se tornando globalizados. Os cursos *online*, com seus componentes interativos e muitas vezes fornecidos gratuitamente, podem não só atingir um público amplo como oferecer cursos intensivos. Debates e discussões podem ocorrer com outras pessoas de qualquer parte do mundo, à semelhança da colaboração de código aberto tão comum no universo da produção digital. Os cursos pagos possibilitam que os estudantes interajam diretamente com os melhores estudiosos e pesquisadores. A noção de uma "classe global" saiu do reino da fantasia. Numerosas inovações estão a caminho, como a World Education University nos EUA. A universidade oferece uma grande variedade de cursos que conduzem à graduação e aos diplomas. Afirma ser a primeira

---

23 Barber; Donnelly; Rizvi, op. cit., p.18-20.

CONTINENTE TURBULENTO E PODEROSO

instituição *online* de ensino superior no mundo e não conta com apoio financeiro estatal. A renda vem da publicidade e de doações. Alunos de qualquer idade podem inscrever-se, começar a qualquer momento e estudar em seu próprio ritmo, ainda que sejam recomendadas horas de trabalho por semana. Segundo os estatutos da universidade, "são bem-vindos todos os que queiram aprender, independentemente de nível educacional, idade, nacionalidade, local ou quaisquer outros fatores".[24]

Uma história paralela e ainda mais intrigante está se desenrolando na medicina. Muitas pessoas agora usam uma pulseira que monitora continuamente sua condição física, incluindo batimentos cardíacos, energia gasta, padrões de sono e outros dados clínicos. Essa é mais uma etapa na integração progressiva entre homem e máquina, e presumivelmente benéfica. Diagnósticos e tratamentos médicos, tanto quanto a educação, estão começando a ficar mais e mais independentes das exigências de tempo e lugar. A medicina digital a distância pode revolucionar o tratamento médico e ser parte da solução para a sobrecarga dos serviços nessa área. Toda uma variedade de desenvolvimentos convergentes vem ocorrendo. Novas tecnologias de difusão tornam possível o monitoramento por 24 horas de pessoas vulneráveis, incluindo os idosos que vivem em casa. A vigilância remota das condições clínicas é viável por meio da interação entre paciente e equipe médica. Os novos marcapassos, por exemplo, não só agem no coração como mandam informações aos médicos e hospitais. Os avanços no setor de imagem e processamento têm sido enormes nos últimos anos, facilitando o intercâmbio de informações de tratamento de qualquer ponto a outro do mundo.

Robôs podem ser usados para realizar operações a grande distância, usando novas formas de coleta de dados e imagens. O

---

24 World Education University, disponível em: <www.theWEU.com>.

cirurgião pode estar em um lugar, e o robô e o paciente, em outro. Já existe um *software* para converter imagens de tomografia em modelos tridimensionais, que podem ser coloridos e girados para visualização de qualquer ângulo. Grandes reduções nos custos e maiores benefícios ao paciente serão, em princípio, obtidos.[25] Hoje, não é incomum que um paciente precise consultar um médico num lugar para o diagnóstico; viajar a outro, talvez a quilômetros de distância, para um exame; ir mais longe para fazer uma biópsia; recorrer a um especialista para nova interpretação dos resultados; e submeter-se à cirurgia em outro momento e lugar. Tudo isso já pode ser feito de forma integrada num só lugar. A maioria dos procedimentos ocorreria de uma só vez, sem grandes intervalos de tempo.

Em seguida, há o caso das penitenciárias, que vale a pena comentar de passagem aqui, embora elas não sejam comumente encaradas como parte do Estado de bem-estar. O encarceramento de criminosos é ao mesmo tempo extremamente caro e de utilidade duvidosa na produção de cidadãos cumpridores da lei. As "prisões sem paredes" poderiam ajudar em ambos os aspectos. A vigilância eletrônica talvez seja uma opção melhor para os prisioneiros que não ofereçam perigo ao público. Os novos equipamentos são muito mais compactos do que seus antecessores, invioláveis e feitos para funcionar constantemente, mesmo durante o banho. Se combinados com uma reabilitação ativa – quase inviável nos presídios –, o resultado pode ajudar a cortar os laços entre prisão e criminalidade persistente.

Levantando esses pontos, não quero parecer um tecnófilo ingênuo. As abordagens de *low-tech* ou minimalistas podem muitas vezes ser tão ou mais importantes que as mais maravilhosas tecnologias. Assim, estudos de procedimentos antes das operações mostraram que vidas poderiam ser salvas se cada cirurgião

---

25 Schimpff, *The Future of Medicine*.

CONTINENTE TURBULENTO E PODEROSO

enumerasse os pontos numa lista simples antes de começar um procedimento. Todas as tecnologias podem ter usos nocivos, inclusive para a perpetração da violência e da guerra. Os mesmos avanços que tornam possíveis os diagnósticos e tratamentos a distância produziram também os drones militares. Ainda assim, é difícil resistir à conclusão de que estamos num ponto de mutação em muitas áreas da vida social e econômica, com consequências profundas e duradouras. Michel Foucault afirmou que hospitais, escolas, universidades, prisões e fábricas são todos produtos da modernidade.[26] Como tal, possuem características semelhantes, entre as quais a vigilância e a necessidade de disciplina. O protótipo de todos eles, a seu ver, foi o Panóptico de Jeremy Bentham, uma prisão-modelo em que os guardas ocupam uma torre central e as celas se dispõem à sua volta em círculo. Os prisioneiros são, dessa maneira, vigiados 24 horas por dia. O mesmo arranjo pode ser implantado por meio da vigilância eletrônica de infratores a distância, com a vantagem de que essa vigilância pode ser ainda mais contínua e completa.[27] Avanços ainda mais radicais estão sem dúvida por vir. No futuro, as organizações discutidas por Foucault poderão ser desconstruídas, no todo ou em parte? Em outras palavras, a ação a distância talvez substitua a necessidade de agrupar pessoas em instituições específicas. Hospitais, prisões, escolas etc. podem ser desmontados e dispersos no tempo e no espaço. Isso não seria uma volta ao passado, mas um salto além das organizações que se tornaram tão familiares ao longo dos últimos dois séculos.

---

26 Foucault, *Discipline and Punish*.
27 Wood, G. Prison without walls, *The Atlantic*, 11 ago. 2010.

Envelhecer... e "rejuvenescer"

Na frente de combate demográfica, a UE foi apanhada num movimento de pinça. De um lado, a população está envelhecendo. A menos que reformas de longo alcance sejam feitas, muita gente empobrecerá, o sistema de pensões não resistirá à sobrecarga e a qualidade da assistência médica diminuirá. As mudanças prescritas são de longo prazo e anteriores à crise financeira, mas, como em outros lugares, acentuaram ainda mais a situação já difícil. Por outro lado, a geração mais jovem, em muitos países da UE, está encolhendo e atualmente uma grande parcela está desempregada. Em 1995, os jovens – indivíduos com menos de 24 anos – formavam 31% da população da UE. Atualmente, a proporção caiu para 27%. Essas tendências estão intimamente relacionadas, já que os mais novos têm de contribuir no sustento dos mais velhos. Em países com sistemas de pensão flexíveis, eles arcarão com a maior parte do ônus, a menos que reformas sejam feitas.

Há grandes diferenças na Europa em termos do alcance dessas mudanças e das respostas que lhes são dadas. Em grande medida por causa dos efeitos da imigração, por exemplo, o Reino Unido tem uma taxa de natalidade maior que muitos países da UE.

Em outros Estados membros, a taxa de natalidade nunca foi tão baixa em toda a história. Afora essas e outras diferenças, existem grandes variações no impacto do envelhecimento da população, já visível antes da crise. Alguns dos Estados que mais sofrem com a recessão estão no grupo onde, sem a reforma, a população é que arcará com o fardo maior. Esse grupo inclui Itália, Grécia, Espanha e Irlanda, mas também Países Baixos, Romênia e Eslovênia. Num segundo grupo, formado por Reino Unido, Alemanha, Bélgica, Hungria e República Checa, o custo do envelhecimento da população ainda será alto. Esses países, entretanto, iniciaram reformas nas pensões que ajudaram a

CONTINENTE TURBULENTO E PODEROSO

aliviar suas obrigações. O terceiro grupo, que inclui os países nórdicos, levou a reforma ainda mais longe; mas esses Estados ainda terão um déficit significativo para cobrir.

Tabela 1. Percentagem da população com 65 anos ou mais em alguns países europeus selecionados (1985, 2010 e 2035).

País	1985	2010	2035
Suécia	17	18	23
Reino Unido	15	17	23
Alemanha	14	21	31
Bélgica	14	17	24
França	13	17	25
Itália	13	20	28
Países Baixos	12	15	26
Finlândia	12	17	26
Espanha	12	17	25
Irlanda	11	11	19

Fonte: Office for National Statistics, 2012.

Na UE, enquanto a longevidade aumenta, a idade média com a qual os indivíduos se aposentam da força de trabalho tem diminuído. Nos últimos quarenta anos mais ou menos, a expectativa média de vida aumentou em dez anos, verificando-se uma queda semelhante na média de idade da aposentadoria. Em alguns países, até recentemente, essa tendência era promovida com entusiasmo pelas autoridades. Como Bernd Marin salientou em seu estudo abrangente sobre o envelhecimento e o Estado de bem-estar, o número de não empregados na Europa é muito maior que o dos registrados como desempregados.[28] Existem quatro vezes mais pessoas acima de 18 anos na primeira categoria do que na segunda. Os homens desempregados representam menos de um quinto dos homens não empregados como um

28 Marin, *Welfare in an Idle Society?*, Parte 2.

todo. O número de mulheres fora da força de trabalho é seis vezes maior que o das desempregadas.

Os sistemas de pensão foram elaborados originalmente com base nas expectativas de que a maioria dos trabalhadores continuaria no mesmo emprego por muito tempo ou por toda a sua vida profissional, num momento em que as carreiras masculinas eram o padrão de aferição das necessidades e num mundo de vida familiar estável. A crescente proporção de mulheres trabalhadoras e o advento de mercados de trabalho mais fragmentados, além do aumento das taxas de separação, divórcio e de pessoas vivendo sozinhas, alteraram drasticamente a situação. Os países do Sul ficaram atrás dos do Norte no aperfeiçoamento de seus sistemas de pensão, acreditando mais no apoio da família às pessoas mais velhas. Ainda assim, ou talvez por isso mesmo, a média de idade de aposentadoria em algumas dessas nações tem estado entre as mais baixas da Europa.

Notaram-se diferenças significativas de gênero como resultado dessa conjunção de tendências. Em quase todos os países da UE, as mulheres mais velhas estão mais sujeitas a viver na pobreza e no isolamento da comunidade em geral. Elas também não deixam o trabalho remunerado pelos mesmos motivos que os homens. Um estudo foi feito em 2011 pela Organização para a Cooperação e Desenvolvimento Econômico (OCDE) com pessoas de 50 a 64 anos que haviam deixado o emprego recentemente.[29] Os resultados foram que a aposentadoria (isto é, o recebimento de pensão) era responsável por uma fatia elevada de homens que saíam do mercado de trabalho em países com idade de aposentadoria baixa ou opções de aposentadoria precoce (Itália, Hungria, Grécia, França, República Checa e Bélgica). Em outros países da UE incluídos na pesquisa (Espanha, Suécia,

---

29 OCDE, *Pensions at a Glance 2011: Retirement-Income Systems in OECD and G20 Countries*. Disponível *online*.

CONTINENTE TURBULENTO E PODEROSO

Reino Unido, Finlândia e Eslováquia), ao contrário, a maioria deixa o mercado de trabalho por estar desempregada há muito tempo ou por invalidez. As mulheres, em número bem maior que os homens, o fazem para cuidar de outros membros da família. Aumentar a idade de aposentadoria para ambos os sexos é uma estratégia essencial nos países, que ainda são maioria, onde essa idade é baixa demais para que se possa equilibrar as contas. Isso é parte essencial dos programas de ajuste impostos aos Estados membros que precisaram de ajuda financeira. Em todo lugar, porém, essa medida encontra a resistência feroz dos afetados. A reforma dos esquemas de pensão em si é outra necessidade óbvia e já foi iniciada na maioria dos países da UE, embora com resultados díspares. Assim, na Grã-Bretanha, uma fatia considerável do sistema de pensão foi entregue ao setor privado. Essa abordagem encontrou inúmeros problemas – níveis baixos ou variados de cobertura, estruturas insuficientes, pessoas pulando de emprego em emprego e falta de cobertura para os pobres. As estratégias mais importantes, entretanto, dependem do que chamei de bem--estar positivo – elas pressupõem uma nova visão da natureza do próprio envelhecimento. Em alguns aspectos, se o leitor desculpar a precariedade do termo, nós vivemos numa sociedade que "rejuvenesce" em vez de envelhecer. Em outras palavras, algumas das discrepâncias entre jovens e velhos desapareceram. Fauja Singh, um imigrante indiano na Grã-Bretanha, correu sua primeira maratona depois dos 80 anos. Participou de muitas outras desde então. Com 101 anos, trocou as maratonas por "corridinhas" de apenas dez quilômetros. Muitos idosos se mantêm em forma regularmente, viajam pelo mundo, começam novos cursos – e trabalham, ou por dinheiro ou no terceiro setor. Seus padrões de sexualidade, casamento e divórcio são similares aos dos grupos mais jovens.

O encorajamento positivo a uma mudança de estilo de vida será uma grande parte da solução do "problema do envelhecimento" porque afetará diretamente as atitudes frente à aposentadoria por parte dos envolvidos, assim como as atitudes dos mais jovens perante os mais velhos. É importante combater o preconceito contra os idosos, dentro e fora do local de trabalho. Tanto quanto possível, a visão da aposentadoria como um privilégio que "compensa" o envelhecimento deve ser virada de cabeça para baixo. Os idosos devem ter o direito de trabalhar, e os governos precisam encorajá-los a continuar nos seus empregos, criando para isso programas apropriados. O aprendizado ao longo da vida para os dois sexos tem de se tornar realidade, com a aceitação da importância do trabalho de meio período. O Estado deve renunciar ao monopólio desses programas, uma vez que tanto as empresas quanto as organizações sem fins lucrativos podem desempenhar papéis importantes nessa área. Por exemplo, as empresas ofereceriam cursos de reciclagem para pessoas de todas as idades no local de trabalho, facilitando sua adaptação às mudanças tecnológicas ou de mercado.

Aqui, os países nórdicos lideram novamente, embora os detalhes de suas várias políticas variem. Eles foram os primeiros Estados europeus a alterar seu sistema de pensões com vistas à introdução de uma maior flexibilidade nas opções de trabalho. Várias medidas foram tomadas para convencer pessoas mais velhas a prosseguir em suas carreiras ou passar para empregos de meio período. Adotaram uma atitude rígida para com o grande número de pessoas mais velhas que costumavam reivindicar benefícios de invalidez e afastar-se do mercado de trabalho – os chamados pensionistas incapazes. Atenção especial foi dada à busca de empregos para as pessoas com capacidade de trabalho reduzida. O mesmo se aplica àqueles que reivindicam benefícios de longo prazo por doença. Conseguiu-se aumentar, em muito, as taxas de emprego de pessoas mais velhas que hauriam esses benefícios, principalmente pelo uso de esquemas de incentivo em vez de políticas meramente punitivas. Em grande parte do resto da Europa, ainda há um longo caminho a percorrer.

CONTINENTE TURBULENTO E PODEROSO 139

Se a proporção de pessoas mais velhas ocupadas subir, a geração mais jovem terá ainda mais dificuldade para encontrar emprego? A resposta é, inequivocamente, não. Os países com maiores índices de pessoas mais velhas no mercado de trabalho também apresentam as mais baixas taxas de desemprego de jovens. O desemprego dos jovens na Europa tem inspirado manchetes sensacionalistas desde o advento da crise financeira. Os níveis de desemprego dos jovens na UE são de fato muitíssimo preocupantes, especialmente nos países em grandes dificuldades financeiras. Ainda assim, alguns dos números fornecidos são certamente exagerados. Determinar a taxa de desemprego dos jovens apresenta certas dificuldades por causa da grande quantidade dos que, com menos de 25 anos, estão estudando ou sendo treinados – portanto, "não trabalhando".

Para calcular o nível real de desemprego entre os jovens, é melhor utilizar o que os economistas chamam de "proporção" de desemprego, assim como a taxa de desemprego.[30] Essa é, de fato, a estatística mais acurada. Ela mede a porção de desempregados em relação a toda a população jovem de um determinado país ou região. Os resultados são muito diferentes das taxas de emprego geralmente citadas. A taxa de desemprego das pessoas com menos de 25 anos na UE, em 2012, era de 22,8%. A proporção de desemprego, entretanto, não ia além de 9,7%.[31] Na Grécia, no mesmo ano, a taxa de desemprego dos jovens chegava a 55,3%, uma estatística aparentemente muito chocante. Entretanto, a proporção de desemprego era de 16,1%, uma situação bem diferente. As estatísticas na Espanha davam 53,2% para a taxa de desemprego, mas 20,6% para a proporção de desemprego. É claro que há complicações, pois, nos países mais afetados, é possível

---

30 Hill, S. Youth unemployment is bad but not as bad as we're told, *Financial Times*, 24 jun. 2012.
31 Todos os números de Eurostat, EU Statistics, 2012. Disponível *online*.

que alguns jovens que continuam estudando ou participando de programas de treinamento estariam procurando emprego se a situação fosse outra.

Essas considerações, na verdade, afetam as comparações frequentemente feitas hoje em dia entre a UE e os EUA. A taxa de desemprego dos jovens americanos em 2012 era de16% – alta, mas aparentemente muito mais baixa do que na Europa. Entretanto, o contraste é ilusório por causa do número maior de jovens que, nos Estados Unidos, estão estudando ou em algum programa de treinamento. A proporção de desemprego era, na verdade, maior nos EUA do que na Europa.[32] Talvez o dado mais revelador para fazer comparações seja a proporção de jovens que não estão trabalhando, estudando ou em treinamentos (os Neets – Not in Employment, Education and Training); a percentagem nos EUA em 2012, de 14,8%, também ultrapassa a da UE, de13,2%. Nos dois casos, entretanto, os números estavam e estão crescendo. Como na maioria das outras estatísticas, há grandes diferenças entre os países europeus. Na Alemanha, e (novamente) nos países nórdicos, temos menos de 10%. Na Espanha e na Grécia, em 2012, 18,8% e 20,3% respectivamente, com o maior índice na Itália, 21,1%.

Faz sentido, na atual situação da Europa, direcionar as políticas especialmente para os Neets, com foco especial nas economias mais problemáticas do Sul. Não é que políticas mais relevantes sejam difíceis de achar, como se vê pelos países onde as taxas são baixas. Todos eles têm vários programas de treinamento para jovens que não estão nem no mercado de trabalho nem no ensino superior. Os mais conhecidos são os programas de aprendizado da Alemanha. Os jovens inscrevem-se neles com a idade de 15 ou 16 anos, e combinam o trabalho na fábrica com aulas em classe, por um período de um e meio a três anos.

---

32 Kirkegaard, J. F. Youth unemployment in Europe, *Voxeu.org*, 13 out. 2012.

CONTINENTE TURBULENTO E PODEROSO

É claro, no entanto, que serão necessárias ações em muitas frentes, e a curto prazo também, para conseguir uma importante redução dos números nos países que estão sofrendo mais. O objetivo primordial, claro, é elevar os níveis de riqueza e a criação de empregos nessas economias. Políticas como a reforma de mercados de trabalho divididos são vitais tanto para atingir essa meta quanto para superar as dificuldades específicas dos jovens.

Com base nos esquemas adotados nos países com baixo índice de desemprego entre os jovens, a UE iniciou um "grande plano" para introduzir os jovens no mercado de trabalho. A ideia é que todos os Estados da UE ofereçam o que poucos – os mesmos de sempre – já fazem. O programa daria uma "garantia da juventude" para os jovens de até 25 anos. A todos se ofereceriam um emprego e um programa de aprendizado ou treinamento em até quatro meses depois de terem deixado a escola ou ficarem sem trabalho, caso não tenham outras oportunidades. Nesse sentido, um plano-piloto já recebeu financiamento da ordem de 4 milhões de euros, o que não é muito. Uma recente proposta franco-alemã parece interessante, em razão tanto da sua proveniência quanto do seu conteúdo, que ecoa ideias amplamente conhecidas.[33] Baseia-se na "garantia da juventude" e tem três elementos. O primeiro é o financiamento proporcional à escala do problema. Sessenta bilhões de euros em empréstimos seriam disponibilizados às empresas de pequeno e médio porte, a juros aceitáveis, para gerar empregos. Os recursos virão do Banco Europeu de Investimento, de fundos estruturais europeus e de investimentos especiais da UE. Um esquema de treinamento pan-europeu será elaborado, abrangendo escolas e cursos no próprio ambiente de trabalho. O programa Erasmus para a educação superior será

---

33 Leyen, U. von der; Schäuble, W.; Moscovici, P.; Sapin, M. How Europe's youth can recapture hope, German Federal Ministry of Finance, 28 maio 2013. Disponível *online*.

ampliado a fim de permitir a participação de pessoas que estão em treinamento vocacional – um "Erasmus para todos". François Hollande garantiu que Angela Merkel apoiará o plano, a ser apresentado às várias instituições da UE. A UE2 ataca novamente, ou pelo menos é o que esperamos. Caso contrário, tudo não passará da Europa de papel.

A maioria dos problemas discutidos neste capítulo se sobrepõe pesadamente ao da imigração e às questões mais amplas do multiculturalismo. É disso que tratarei a seguir.

4
O imperativo cosmopolita

A UE desempenha um papel significativo, para não dizer insubstituível, na coordenação da gestão de fronteiras e em sua conexão com as iniciativas de boa vizinhança e política externa. A Comissão reconhece a necessidade de uma "política coerente e equilibrada de imigração europeia", e aceita sua presente inexistência.[1] Ela nega que uma "fortaleza Europa" esteja sendo construída. Um diálogo com o que é curiosamente chamado de "mundo exterior" se faz necessário, não apenas para policiar as fronteiras contra os imigrantes indesejados, mas também para atrair os que a Europa realmente procura. Há um novo quadro estratégico em campo, a Abordagem Global das Migrações e Mobilidade. O portal de imigração da UE foi lançado e propostas têm sido feitas para estabelecer um sistema de vigilância das fronteiras europeias. O programa "fronteiras inteligentes" ajudará a simplificar a travessia daqueles que entram e saem da UE com frequência. Outra inovação é a "diretiva de autorização única", destinada a garantir que os migrantes legais desfrutem dos mesmos direitos dos cidadãos locais. Toda uma

---

1 European Commission, *3rd Annual Report on Immigration and Asylum*. Brussels, 30 maio 2012, p.2. Disponível *online*.

variedade de iniciativas já existe para promover a coesão social da cada vez mais diversa população europeia. Entretanto, assim como no caso do modelo social, quase todos os poderes importantes continuam nas mãos dos Estados membros. Não farei uma análise desse conjunto de políticas no que se segue. Por mais necessárias que sejam, eles tratam a migração no nível tecnocrático, como uma série de problemas a resolver. Darei atenção ao debate do multiculturalismo, no qual se travam as mais ferozes controvérsias. Sustento que o que chamo de *imperativo cosmopolita* é não apenas um passo essencial para enfrentar o problema da imigração em larga escala como um elemento integrante do futuro da Europa como um todo. Por imperativo cosmopolita entendo a exigência de aprender a viver num mundo globalizado, onde a interseção de diferentes crenças e estilos de vida é um fato corriqueiro. A migração, devo dizer, mudou de natureza como resultado da onipresença da comunicação eletrônica diária. Passamos a uma era de "superdiversidade". Para mim, essa transformação está profundamente ligada aos problemas da identidade europeia como um todo, sem deixar de influenciar diretamente o futuro da economia da Europa. A maioria dos debates sobre os possíveis benefícios da imigração para os países anfitriões concentra-se nos impactos diretos sobre o emprego, os programas de bem-estar, e assim por diante. Neste capítulo, pretendo desenvolver um argumento muito mais ambicioso – que os maiores benefícios econômicos para os Estados da UE virão de sua capacidade de responder de forma positiva e construtiva ao novo mundo da superdiversidade.

Globalização e migração

Quando os europeus migraram em massa para as Américas e outros lugares um século atrás, eles acabaram se isolando de

CONTINENTE TURBULENTO E PODEROSO 145

seus países de origem porque a comunicação era muito lenta. Hoje, não importa quantos milhares de quilômetros percorra, uma pessoa pode manter contato diário com aqueles que deixou para trás. Há pouca diferença se a pessoa é pobre e sem recursos, já que os contatos eletrônicos podem ser feitos virtualmente de graça. Além disso, existem inúmeros *sites* que fornecem informações necessárias ou trocas de opiniões, totalmente independentes dos meios social e físico onde a pessoa vive. É perfeitamente possível para uma segunda geração de imigrantes, que nunca saiu de seu país de origem, inserir-se politicamente no contexto de um Estado ou região do outro lado do mundo. Chamava-se *barganha brutal* o fato de imigrantes chegados a regiões ou países estrangeiros terem de abandonar muitos traços e costumes a que estavam afeitos. Essa situação ainda vigora até certo ponto, é claro, mas é compensada pela circunstância de, hoje, vivermos todos num "mundo único", quaisquer que sejam nossas diferenças. Isso pode amenizar o choque, mas em alguns casos funciona ao contrário, agravando-o – tanto da parte dos recém-chegados quanto dos nativos.

Ao lado de seus problemas econômicos, a imigração tem sido chamada de "a outra crise" da Europa ou mesmo de seu "mais grave problema crônico".[2] Conforme a globalização vai ganhando espaço, as pessoas transitam pelo mundo inteiro. As mudanças que afetaram a Europa, entretanto, são sem precedentes porque assinalam a inversão de um padrão histórico. Movimentos populacionais sempre ocorreram; migrações forçadas têm sido corriqueiras na violenta história do continente. Durante as duas grandes guerras, milhares de pessoas foram desalojadas de suas casas e conduzidas à força para outros lugares; refugiados buscaram abrigo onde puderam. No entanto, em

---

2 Caldwell, C. Europe's other crisis, *New Republic*, 4 maio 2013; e *Reflections on the Revolution in Europe: Immigration, Islam and the West.*

termos de deslocamentos voluntários, por quase dois séculos, os países europeus foram nações de emigrantes. Milhões de pessoas deixaram a Europa pelas Américas, particularmente. Cerca de 5 milhões de alemães migraram para os EUA entre 1850 e 1930; 3,5 milhões de britânicos e 4,5 milhões de irlandeses entraram no país entre 1820 e 1930. Ao todo, 25 milhões de europeus empreenderam sua jornada nesse período de um século ou mais.

Agora é a vez da Europa, embora, sem dúvida, a migração para as Américas de todas as partes do mundo prossiga em ritmo acelerado. Durante a década de 1960 e o começo dos anos 1970, alguns países europeus fizeram tentativas para atrair trabalhadores estrangeiros, já que faltava mão de obra. Um exemplo são os imigrantes turcos que chegaram à Alemanha naquela época.

Tabela 2. As dez primeiras cidadanias de imigrantes para os 27 Estados membros da UE, 2008.

Cidadãos da UE (incluindo nativos)		Cidadãos da UE (excluindo nativos)		Cidadãos estrangeiros	
País de origem	(1.000)	País de origem	(1.000)	País de origem	(1.000)
Romênia	:[a]	Romênia	384	Marrocos	157
Polônia	302	Polônia	266	China	97
Alemanha	196	Bulgária	91	Índia	93
Reino Unido	146	Alemanha	88	Albânia	81
França	126	Itália	67	Ucrânia	80
Itália	105	França	62	Brasil	62
Bulgária	92	Reino Unido	61	Estados Unidos	61
Países Baixos	81	Hungria	44	Turquia	51
Espanha	61	Países Baixos	40	Federação Russa	50
Bélgica	48	Portugal	38	Colômbia	49

(a) Pelo menos 384.000.
Fonte: Eurostat, disponível em: <http://epp.eurostat.ec.europa.eu>.

CONTINENTE TURBULENTO E PODEROSO 147

Eles vieram como "trabalhadores convidados", na presunção de que em algum momento retornariam a seus países de origem. A grande maioria, contudo, permaneceu, e outros se juntaram a eles mais tarde. Atualmente, há mais de 3 milhões de pessoas de origem turca vivendo na Alemanha. Aprovou-se uma lei, em 2000, tornando possível para os filhos de pais estrangeiros que vivem no país tornarem-se cidadãos alemães após oito anos de residência. Entretanto, não é oferecida a dupla cidadania, e os indivíduos de origem turca com idade entre 18 e 23 anos devem escolher de que país serão cidadãos. Práticas similares existiam em outros países onde a migração também era vista como temporária, muito depois de ficar claro que esse não era o caso. Embora vários Estados europeus proeminentes procurassem imigrantes na época, à diferença dos Estados Unidos, não havia nenhuma intenção de se formar um caldeirão cultural ou sequer aceitar a diversidade. Quando, mais recentemente, os imigrantes começaram a chegar em maior número, com exceção da Grã--Bretanha e um ou dois países, os Estados europeus estavam mal preparados.

Antes da crise financeira, a imigração para a UE estava entre 3 e 4 milhões de pessoas por ano. É impossível obter números precisos porque a verdadeira escala da imigração ilegal é desconhecida. Há também muita movimentação para fora da UE, de sorte que o nível líquido de migração até aquele momento era provavelmente da ordem de 2 milhões por ano. Muitos vinham de ex-colônias da África do Norte, Oriente Médio, Índia, Paquistão e outros lugares. Existem "corredores de migração" ligando países específicos. Por exemplo, dois terços dos marroquinos que se mudaram para a Europa em 2008 foram para a Espanha. Em 2011, último ano para o qual há estatísticas mais detalhadas, 1,7 milhão de imigrantes entraram na UE legalmente, enquanto um número desconhecido o fez de forma ilegal. Reino Unido, Alemanha, Espanha e Itália receberam os maiores contingentes.

Todavia, a proporção em relação ao tamanho da população é maior em alguns Estados menores.

A União se encontra numa situação estranha e em certa medida paradoxal porque, enquanto a imigração é fortemente regulada e limitada, a migração interna é encorajada pelas autoridades da UE, já que as pessoas deveriam deslocar-se para onde há empregos e é necessária a interação entre os países da Europa para ajudar a criar uma identidade europeia mais forte. O Acordo Schengen foi concebido precisamente para facilitar a movimentação. Bem mais de 1 milhão de pessoas que viviam em países da UE migraram para outros em 2011. Como seria de esperar nas condições econômicas atuais um número considerável de migrantes internos está saindo do Sul para o Norte. Houve um aumento de 40% com relação ao ano anterior daqueles que foram para a Alemanha vindo da Espanha, Portugal, Grécia e Itália. Entretanto, a movimentação para fora da UE de pessoas originárias dos países do Sul parece estar aumentando. Assim, um número significativo saiu nos últimos três anos da Espanha e Portugal para países da América Latina. Alguns países europeus menores, até recentemente, eram razoavelmente fechados e homogêneos. A Noruega é um exemplo. Em 2012, contudo, 12% da população foi classificada como imigrante. Eles vêm de nada menos que 220 países diferentes. A maioria vive em áreas urbanas, como é geralmente o caso pela Europa toda. Oslo tem 26% de habitantes nascidos no estrangeiro. Em muitas cidades europeias, existem bairros onde mais de 50% são da primeira ou segunda geração de imigrantes de fora da UE.

A imigração atualmente ocupa um lugar de destaque entre as preocupações dos cidadãos na maioria dos países europeus. É um dos assuntos principais da extrema direita e dos partidos populistas, mas também de grande parte dos eleitores instados a enumerar suas apreensões. Em um dos livros recentes mais polêmicos sobre o tema, o escritor holandês Paul Scheffer argumenta

CONTINENTE TURBULENTO E PODEROSO   **149**

que as ondas de choque produzidas pela migração em massa para
a UE são reais e inquietantes:

> Estamos em meio a profundas mudanças, e é imprudente fingir que elas
> não têm importância ou simplesmente ignorá-las. Quantas vezes ouvimos a
> irrespondível alegação de que "a imigração sempre esteve conosco", a ideia
> de que as pessoas sempre se movimentaram e nossa época não é uma exce-
> ção? [...] Os trabalhadores convidados do Marrocos e da Turquia que estão
> mudando a aparência de bairros holandeses não são iguais aos trabalhadores
> sazonais alemães que passavam algum tempo nos Países Baixos em tempo-
> radas passadas. O fato de os judeus de Portugal terem fugido para a Holanda
> a fim de escapar da Inquisição da Igreja Católica não acarreta que refugiados
> do despotismo islâmico do Irã e do Afeganistão devam morar aqui.[3]

Como muitos outros, incluindo proeminentes líderes políticos, Scheffer encara o multiculturalismo como um processo
fracassado. A ideia principal do multiculturalismo, a seu ver,
é que a interação de diferentes culturas é uma experiência de
aprendizado mutuamente enriquecedora. Mas como pode ser
esse o caso se uma enorme massa simplesmente vive em bairros
fechados, seguindo valores e normas não apenas diferentes dos da
sociedade anfitriã, como até mesmo hostis a eles? A imigração é
frequentemente vista como apta a produzir uma maior abertura
e tolerância, mas como isso pode ser verdade se os migrantes
se aferram a atitudes profundamente intolerantes – por exemplo, com respeito à liberdade de expressão e à igualdade entre
homens e mulheres? Quando Scheffer diz: "É necessária uma
abordagem mais franca dos atritos e confrontos que sempre
resultam da chegada de grandes grupos de migrantes", ele está
certo – embora a gravidade e o direcionamento desses confrontos
variem muito conforme as circunstâncias econômicas, o nível de

---

3 Scheffer, *Immigrant Nations*, p.8.

diferença cultural entre os recém-chegados e os anfitriões, e até que ponto existem atitudes racistas.

Tabela 3. Número de pessoas viajando por ano: um mundo hipermóvel – mas de modo desigual.

	1990 milhões	2007 milhões	Fatia de mercado	2007 %
Mundo	436	903		100
Europa	252,7	502		55,6
Ásia e Pacífico	58,9	181,9		20,1
Américas	99,8	149,7		16,6
Oriente Médio	8,2	27,8		3,1
África	9,9	26,7		3,0

Fonte: Dados da UNWTO, 2008.

A migração, hoje, já não é um problema puramente local ou regional, mas um resultado e um instrumento da globalização. Os modelos de recepção e assimilação que se aplicavam às massas de migrantes no passado, como as da Europa para os EUA no começo do século XX, não são mais necessariamente válidos. Nos lugares onde a comunicação eletrônica está disponível para todos, e instantaneamente, para qualquer lugar, os mais variados tipos de novas trocas são possíveis. Por exemplo, o processo de assimilação de "duas etapas", tão comum nos tempos antigos – em que a segunda geração de imigrantes se tornava mais parecida com a população nativa –, talvez já não funcione. Um livro publicado há pouco na Europa, por exemplo, trata daquilo que, com respeito aos muçulmanos estabelecidos em países europeus, o autor chama precisamente de "a revolta da segunda geração".[4]

Existem outras consequências também. A globalização provoca o desenraizamento de quase todas as pessoas, um fenômeno

---

4 Leiken, *Europe's Angry Muslims*.

CONTINENTE TURBULENTO E PODEROSO

que tem facetas tanto positivas quanto negativas. Diz-se muitas vezes que, como resultado da imigração, muitos europeus se sentem estrangeiros em sua própria terra. Entretanto, o ritmo da mudança é acelerado para quase todo mundo. Um bairro ou uma cidade podem alterar quase completamente suas características em alguns anos, dependendo dos caprichos da economia mundial. Não é surpresa existirem sentimentos do tipo "de volta para o futuro" por toda parte, alimentados pela nostalgia – frequentemente de um passado idealizado. Com efeito, o fundamentalismo religioso é, no fundo, um fenômeno do tipo de volta para o futuro, relacionado a um passado idealizado, assim como algumas versões do nacionalismo ressurgente. Ocorrem aqui inúmeras ambiguidades e contradições. As mesmas pessoas que reclamam do excesso de imigrantes saem alegremente para comer uma refeição chinesa. Torcem fanaticamente por times de futebol em que muitos, e às vezes todos os jogadores, assim como os empresários e a equipe técnica, são estrangeiros. Quem deseja liberdade para viajar ao redor do mundo, agora que as passagens aéreas estão mais baratas, exige controles estritos sobre aqueles que entram em seu próprio país, mas sente-se incomodado quando espera duas horas para que carimbem seu passaporte nos países de destino. Os imigrantes da primeira ou segunda geração, a menos que sejam muito pobres, podem atualmente viajar como qualquer outra pessoa se possuírem documentos oficiais. Esta é uma era de fluidez em massa.

Scheffer descreve a visita que fez a Tânger, onde encontrou um conhecido, de origem marroquina, mas que vivia em Amsterdam e falava holandês com sotaque dessa cidade. O homem disse a Scheffer: "Este é meu país. O que você acha?". Falava como um compatriota, mas estava agora em "sua" terra. Naquelas boas-vindas, Scheffer percebeu não só um ritual de saudação, mas uma "vingança agridoce". Os papéis que desempenhavam em "casa", na Holanda, se inverteram, como também os sentimentos possíveis de superioridade/inferioridade. As boas-vindas do marroquino "eram quase um desafio, chamando a atenção dos visitantes holandeses para as suas próprias deficiências no trato com pessoas de fora".[5] Ou pelo menos, conclui Scheffer, foi o que ele sentiu.

Tradição não tradicional

Yogi Berra, numa frase famosa, disse que o futuro não é mais como costumava ser (além de uma boa piada, uma verdade sociológica complexa no mundo atual). Da mesma forma, a tradição também já não é o que era antes. A tradição, claro, sempre foi inventada e reinventada: vários costumes e práticas considerados antiquíssimos são, em termos históricos, muito recentes.[6] O cristianismo pode ter uma história de 2 mil anos, mas quantas mudanças, inovações, inversões e cismas ocorreram ao longo dessa evolução! No entanto, a tradição hoje em dia parece mais maleável e mutável do que nunca, e a muito curto prazo, por causa da interação constante de valores e influências diferentes. Assim, o uso do véu completo nas comunidades islâmicas pode parecer um retorno às tradições. Mas, muitas vezes, é apenas uma reconstrução. Muitas mulheres que hoje adotam essa prática são, na verdade, a primeira geração de suas famílias a fazê-lo. O "conservadorismo" no Islã de hoje é com frequência bem recente, e está preparado para abraçar a modernidade ou até mesmo acentuá-la. Os supostos "conservadores" usam telefones celulares, mídias sociais e internet diariamente e não veem problema nisso. O véu completo é geralmente associado à repressão dos direitos das mulheres, mas pelo menos algumas afirmam

---

5 Scheffer, op. cit., p.1-2.
6 Hobsbawm; Ranger, *The Invention of Tradition*.

que o vestem no interesse da liberdade feminina – para evitar os olhares concupiscentes dos homens e não ser vistas como objeto estilizado do desejo masculino. Os debates e confrontos mais ferozes na Europa giram em torno do Islã, que muitos consideram incompatível com os valores "ocidentais". Ora, o Islã é tão "ocidental" quanto o cristianismo. Ambos surgiram na mesma parte do mundo e suas histórias se entrelaçam.

A migração sempre provocou, até certo ponto, diásporas globais, mas atualmente ela cria comunidades reais e virtuais não raro muito mais autoconscientes do que no passado. Suas subdivisões e matizes são por vezes nacionais ou regionais, mas com frequência se espalham sutilmente pelo mundo todo. O caso dos jihadistas que são da segunda ou terceira geração de imigrantes num país ocidental, ou que foram atraídos pela causa após se converter ao islamismo vindo de um ambiente secular, é apenas a aresta mais visível daquilo que se tornou um processo ubíquo. Mohamed Merah, nascido na França, mas de família argelina, teve um acesso de fúria em março de 2012. Alvejou e matou três soldados franceses desarmados, além de um rabino e três crianças numa escola judaica.

Ao atacar os soldados, Merah gritou "Deus é grande!" em árabe. Havia dependurado uma pequena câmera ao pescoço para gravar os assassinatos, e depois enviou as imagens para o canal de televisão Al-Jazira, que contudo não as divulgou. Inicialmente, pensou-se que ele agira por conta própria, embora se soubesse que fizera muitas viagens pelo Oriente Médio e Afeganistão, supostamente como turista. Mais tarde, verificou-se que estava em contato com muitos grupos e pessoas de mesma mentalidade em diferentes partes do mundo. Suas gravações telefônicas mostraram que ele havia feito 1.800 ligações para 180 contatos diferentes em vinte países. Muita gente de origem norte-africana repudiou os atos de Merah, que aterrorizou a região de Toulouse e terminou num tiroteio no qual ele foi morto por policiais.

Entretanto, recebeu também forte apoio da comunidade local e de sua família. A mãe de Merah não tentou convencê-lo a se entregar à polícia. Seu irmão se disse orgulhoso dele, e seu pai processou o governo da França por homicídio ilegal.[7] Está se tornando lugar-comum alegar que a "segunda crise" da Europa vem enfraquecendo a União de um modo muito mais intenso do que a recessão econômica. Como afirma Richard Youngs:

> O destaque dado ao [...] radicalismo islâmico, à migração e à surrada "identidade europeia" provavelmente foi o que mais contribuiu para implantar o medo como a emoção predominante quando a Europa contempla a Nova Ordem Mundial. É a raiz das hipérboles sobre "o fim da Europa" e a "morte cultural" do continente.[8]

Momentos de ansiedade

Em 2010, Thilo Sarrazin, membro de centro-esquerda do Partido Social Democrata e proeminente banqueiro, publicou um livro intitulado *Deutschland schafft sich ab* [A Alemanha anula a si mesma][9] que causou furor e vendeu mais de 1,5 milhão de exemplares em um ano. A Alemanha, proclamou ele, corre o risco de ser minada pela imigração e, mais especificamente, pela presença de tantas comunidades muçulmanas em seu meio. Por causa de sua alta taxa de natalidade, tais comunidades realizarão uma "conquista pela fertilidade". A revista *Der Spiegel* chamou Sarrazin de "o homem que dividiu a Alemanha", já que parecia que suas polarizaram o país. Ele sustentou enfaticamente que o multiculturalismo é um desastre. As comunidades muçulmanas

---

7 Father of Toulouse killer Mohamed Merah sues for murder, *BBC New Europe*, 11 jun. 2012. Disponível *online*.

8 Youngs, *Europe's Decline and Fall: The Struggle against Global Irrelevance*, p.92.

9 Sarrazin, *Deutschland schafft sich ab*.

CONTINENTE TURBULENTO E PODEROSO

ficam completamente separadas do resto da sociedade alemã e não se integram a ela em nenhum sentido. Muitos imigrantes têm níveis baixos de educação; suas taxas de natalidade são mais elevadas que as da população nativa. Sarrazin insinua que fatores genéticos talvez sejam responsáveis pelo atraso dos grupos muçulmanos. Em entrevista a um jornal, ele observou que "todos os judeus compartilham um gene, assim como todos os bascos têm um gene que os distingue de outros povos".[10] (Mais tarde ele se disse arrependido dessa afirmação.)

Muitos imigrantes preferem depender do Estado, escreveu Sarrazin, e não têm interesse em manter contato com o restante da sociedade. A população turca e árabe de Berlim vive em sua maioria da assistência social, e ao mesmo tempo nega a legitimidade do próprio Estado que a provê. Eis o que ele disse do Islã:

> Nenhuma outra religião na Europa exige tanto quanto a muçulmana. Nenhum outro grupo de imigrantes demanda tanto do Estado de bem-estar e está tão estreitamente ligado ao crime. Nenhum outro enfatiza tanto suas diferenças em público, especialmente por meio das vestimentas femininas. Em nenhuma outra religião é tão fácil a transição para a violência, a ditadura e o terrorismo.

Muitos líderes políticos condenaram Sarrazin, e ele perdeu seu cargo no *Bundesbank*. Foi amplamente acusado de ser racista. Ainda assim, seu livro caiu nas graças da opinião pública. Alguns de seus críticos concordaram com o sentimento popular de que ele trouxe à luz problemas que antes estavam sendo varridos para debaixo do tapete.[11]

---

10 Lowman, German politician stirs controversy with his inflammatory views on Muslims and Jews, *Washington Post*, 30 ago. 2010.
11 *Bild*, 26 ago. 2010.

Em 2012, Sarrazin publicou uma sequência, *Europa braucht den Euro nicht* [A Europa não precisa do euro].[12] A Alemanha vem sendo obrigada a sustentar os países deficientes da zona do euro e se submete a isso por causa da culpa que sente pelo Holocausto. A fim de reparar o passado, ela se vê coagida a pôr seu dinheiro nas mãos da Europa. Em especial, o suporte que tem dado à Grécia demonstra o "complexo de culpa psicopatológica da Alemanha, que a induz a realizar todos os desejos egoístas de países estrangeiros mesmo 67 anos após o fim da guerra".[13] O euro, diz Sarrazin, não ajudou a promover as exportações da Alemanha. Desde o lançamento da moeda única, o comércio alemão com países fora da zona do euro tem aumentado muito mais do que com outros Estados da União. A Alemanha está sendo penalizada por seu sucesso; é vista como responsável por todos os outros países que adotaram a moeda única sempre que eles precisam de ajuda. Sarrazin se opõe a uma união política mais estreita e advoga o retorno às moedas nacionais.

Não muito depois de Sarrazin publicar seu primeiro livro, a chanceler Angela Merkel interveio publicamente no debate. Nos anos 1960, admitiu ela, a Alemanha recrutou ativamente trabalhadores estrangeiros para o país, presumindo que eles voltariam para a Turquia e seus outros países de origem. Nas palavras de Merkel, "nós nos iludimos por algum tempo. Pensamos: 'Eles não ficarão, cedo ou tarde irão embora'. Mas isso não aconteceu". Negando embora os pontos de vista alardeados por Sarrazin, ela acrescentou que a tentativa da Alemanha de construir uma sociedade multicultural "onde todos pudessem conviver felizes, desfrutando da companhia uns dos outros [...], falhou, falhou redondamente".[14]

---

12 Sarrazin, *Europa braucht den Euro nicht*. Ver também: Sarrazin strikes again: German author says Berlin is hostage to Holocaust in euro crisis, *Spiegel Online*, 22 maio 2012.
13 Citado em Sarrazin strikes again, op. cit., p.2.
14 Todas as citações da *BBC News Online*: Merkel says German multicultural society has failed, 17 out. 2010.

CONTINENTE TURBULENTO E PODEROSO

Em março de 2012, foi publicado um extenso relatório produzido pelo Ministério do Interior sobre a situação dos muçulmanos na Alemanha. Baseou-se num amplo universo de entrevistas, além de analisar a cobertura de mídia do Islã. De acordo com as estatísticas oficiais, cerca de 4 milhões de muçulmanos vivem no país, metade dos quais são cidadãos alemães. Os resultados mostraram que quase 80% daqueles com cidadania defendiam a integração, enquanto apenas cerca de 50% dos sem cidadania tinham a mesma opinião. Ao mesmo tempo, uma minoria significativa dos muçulmanos – quase 20% – foi classificada como "cética". Alguns membros da "segunda geração" com idade entre 14 e 22 anos foi descrita como "estritamente religiosa". Eles revelaram "forte antipatia ao Ocidente, tendência a aceitar a violência e pouca vontade de se integrar". Esse grupo constituiu 15% dos cidadãos muçulmanos e 24% dos não cidadãos – números consideráveis. O relatório admitiu a possibilidade de o livro de Sarrazin sobre os imigrantes ter contribuído para reforçar as atitudes dos adversários da integração. Algumas das entrevistas em que se baseou o estudo do ministério foram realizadas antes da publicação do livro, e outras, depois. Os resultados, de fato, mostraram diferenças notórias. O clamor público que o livro provocou talvez tenha tido o "efeito indesejável" de fazer os muçulmanos não alemães sentirem-se hostilizados pelo resto da sociedade.[15]

A alegação de Angela Merkel de que o multiculturalismo "falhou redondamente" foi retomada por muitos outros líderes políticos em toda a Europa, especialmente, claro, os extremistas. Ela está certa? Não creio. Eu colocaria as coisas de uma forma quase completamente diferente. O multiculturalismo não falhou na Alemanha nem, de um modo geral, na Europa: seria mais correto dizer que ele *nem sequer foi tentado*. Ou melhor, foi tentado apenas em contextos limitados e em poucos países. Tal como

---

15 Apud Hawley, C. Muslims in Germany, *Spiegel Online*, 1º mar. 2012.

concebido por seus precursores acadêmicos, o multiculturalismo é quase o oposto do que presume a maioria dos discursos públicos. Não implica relativismo de valor – ou seja, a inexistência de padrões pelos quais diferentes reivindicações e atividades culturais podem ser julgados. E não significa aceitar, muito menos acentuar, as barreiras físicas e psicológicas que separam as comunidades. Pelo contrário, significa juntar essas comunidades num contato ativo diário.

As políticas de imigração francesa e holandesa podem parecer diametralmente opostas – dois experimentos contrastantes, por assim dizer. Os holandeses praticaram a "política de minoria", um sistema baseado em "linhas paralelas e separadas" que quase incentivava os imigrantes a retirar-se para seus territórios e lá permanecer com suas próprias emissoras de rádio, televisão e jornais. Esse "encorajamento positivo a não se integrar"[16] era quase o oposto do multiculturalismo, e deu resultados problemáticos. A nova "política de integração", introduzida no final da década de 1990, embora amplamente vista como uma reação ao multiculturalismo, estava, na verdade, bem mais alinhada com a política multicultural tal como esta deve ser entendida. Aulas de cidadania, combinadas com o aprendizado compulsório da língua holandesa, foram instituídas. Pouco foi feito, entretanto, para criar programas eficientes que tentassem remediar a pobreza, o isolamento de comunidades ou o racismo. A França não reconheceu a existência de minorias étnicas, mas perseguiu uma política de "cidadania para todos". Estatísticas sobre origens étnicas simplesmente não eram coletadas, enquanto políticas multiculturais ativas eram simplesmente inexistentes. Como resultado, o grau de separação entre as minorias – especialmente as de origem norte-africana – e o resto da população se tornou maior do que em quase qualquer outro país da UE. Os dois conjuntos

---

16 Rattansi, *Multiculturalism*, p.87.

CONTINENTE TURBULENTO E PODEROSO 159

de políticas parecem estar em extremidades opostas do espectro, mas, na verdade, em termos funcionais, são muito parecidos.

O que é multiculturalismo

O multiculturalismo tem suas origens políticas e intelectuais no Canadá – nos escritos de autores como Charles Taylor, cuja exposição por certo continua relevante atualmente.[17] Taylor sustenta que dois conceitos estão envolvidos sempre que divergências culturais dentro de uma sociedade (ou de uma constelação mais ampla) são debatidas. O primeiro é que todas as pessoas deveriam ser iguais em dignidade, independentemente dos traços culturais que seguem ou do estilo de vida que adotam. O multiculturalismo, portanto, implica um princípio de cidadania universal dentro de uma sociedade. Em segundo lugar, o multiculturalismo pressupõe uma "política de reconhecimento"; não se trata da separação de identidades, mas da aceitação mútua e consequentemente da interação. É exatamente quando os grupos são tratados, ou se tratam, como "distantes ou estranhos" que o problema aparece. O multiculturalismo implica, não que os grupos devam seguir seus próprios caminhos ou ser relegados à própria sorte, mas que se aja para remediar tais desenvolvimentos. Nas palavras de Taylor, "as sociedades que estamos tentando criar – livres, democráticas, tanto quanto possível igualitárias – requerem uma forte identificação da parte de seus cidadãos". O multiculturalismo em contexto nacional, diz ele, "requer patriotismo".[18]

A igualdade de *status* (apoiada por lei) não implica a aceitação acrítica das crenças e práticas alheias. "Somos assim" não

---

17 Taylor, *Muliculturalism: Examining the Politics of Recognition*, além de livros e artigos posteriores.
18 Ibid., Why Democracy Needs Patriotism, *Boston Review*, 19, 1994, p.72.

é justificativa aceitável para um comportamento que infringe seriamente os direitos ou a dignidade dos outros. Infrações sérias desse tipo devem ser combatidas pela lei, por um sistema jurídico que inclua os princípios mencionado por Taylor. Entretanto, dadas as complexidades do intercâmbio cultural num mundo globalizado, nós devemos estar sempre atentos às armadilhas que elas possam ocultar.

As "guerras do véu" na França fornecem um bom exemplo. As leis que limitam o uso do véu muçulmano entre as estudantes foi uma das queixas que levaram Mohamed Merah à sua fúria assassina. De acordo com essas leis, o véu muçulmano foi considerado um símbolo da desigualdade das mulheres no Islã e, portanto, um desrespeito à insistência da França na igualdade dos direitos de gênero. O primeiro caso, que gerou um acirrado debate público, data de outubro de 1989. Três garotas foram expulsas de uma escola não muito distante de Paris porque se recusaram a tirar seus véus. Muitos viram nessa postura uma recusa por parte da comunidade muçulmana a aceitar o secularismo francês. Um inquérito público subsequente concluiu que nenhuma forma "significativa" de simbolismo religioso poderia ser usada nas escolas, incluindo não somente o véu, mas também alguns itens de vestuário como o turbante sikh e o solidéu judaico. Esse princípio acabou sendo incorporado à lei, porém apenas bem mais tarde. As garotas não usavam o véu na escola por pressão da família ou de figuras religiosas de sua comunidade. Faziam-no, na verdade, conscientemente e contra a vontade dos pais. Em outro episódio interessante, duas delas concordaram, por fim, em não usar o véu na sala de aula após os líderes da comunidade muçulmana persuadirem o rei do Marrocos a intervir para esse fim. Outras alunas na França passaram a usar véus decorados com a bandeira francesa e as palavras "liberdade, igualdade e fraternidade".[19]

---

19 Ver Rattansi, op. cit., Capítulo 2.

CONTINENTE TURBULENTO E PODEROSO

A atitude das três alunas foi somente um momento na infindável conjunção do local, do pessoal e do global que agora faz parte da vida cotidiana. Por causa dessa característica global, as controvérsias em torno do islamismo na Europa não são mais como na geração anterior.[20] A controvérsia sobre o véu e o traje completo está acontecendo em diversos países, em diferentes partes do mundo – alguns quase inteiramente muçulmanos, outros quase sem muçulmanos. Por exemplo, a prática e o debate vieram à tona no Japão. Até há pouco, a Turquia, país de maioria muçulmana, proibia mais rigidamente o véu que a França.

A ideia de que as minorias muçulmanas da Europa representam uma ameaça para os valores fundamentais dos países europeus é ridícula, apesar dos perigos reais por parte dos terroristas, "caseiros" ou não. Os muçulmanos na Europa são um grupo diversificado em termos de origens e crenças. Na medida em que se possa, de fato, generalizar, muitos deles não são sequer religiosos, caso esse termo signifique participação regular em cerimônias e orações. Entre os conservadores, a maioria deseja integração sem assimilação. Querem ser ativos na sociedade, mas sem abandonar sua visão religiosa e suas práticas. Cumpre lembrar que as igrejas cristã e judaica também têm sua porção de ultraortodoxos. Não julgamos essas religiões pelas ideias de seus grupos extremistas, e não devemos fazer isso no caso do Islã.[21]

Imigração e solidariedade

No Reino Unido, David Goodhart publicou um trabalho mais ponderado sobre as mesmas questões discutidas por Sarrazin

---

20 Aqui, recorro à minha discussão em No giving up on multiculturalism!, em meu livro *Over to You, Mr Brown: How Labour Can Win Again*.
21 Legrain, *Immigrants: Your Country Needs Them.*

muitos anos antes que este publicasse o seu.[22] Goodhart apresentou depois uma versão mais completa e sutil. No tocante à imigração para a Grã-Bretanha, diz ele, o país "teve-a em demasia e muito rapidamente, sobretudo nos últimos anos".[23] Seus escritos acenderam um debate muito animado, embora, sendo menos radicais, não tenham provocado tanta controvérsia pública quanto os de Sarrazin. Em grande parte como resultado da imigração, sustenta Goodhart, a sociedade britânica se tornou tão variada que muitas pessoas interagem com estrangeiros constantemente. Os sentimentos de solidariedade se diluíram, gerando uma ameaça à continuidade do Estado de bem-estar. Os cidadãos se sentem menos dispostos a defender taxações progressivas e a necessidade de desenvolvimento do sistema de bem-estar quando percebem que têm pouco em comum com muitos dos beneficiários. Como no caso de Sarrazin, as ideias de Goodhart foram amplamente condenadas como racistas. Um crítico escreveu: "Boas pessoas também praticam o racismo [...] gente muito boa decidiu que o real problema da nação é o excesso de imigrantes de tipos excessivamente variados".[24]

A tese de Goodhart está correta? Parece que não, embora essas questões sejam obviamente complexas. Uma abrangente pesquisa realizada sobre a questão envolvia um estudo detalhado sobre países muito diferentes: Grã-Bretanha, Alemanha, Países Baixos, EUA e Canadá. De acordo com seus autores, Will Kymlicka e Keith Banting, há duas alegações implícitas na tese de Goodhart. Uma é que é a diversidade étnica como tal que mina os sentimentos de solidariedade. Consequentemente, quanto maior o tamanho das minorias étnicas na população, maior seria a dificuldade em preservar um Estado robusto de bem-estar.

---

22 Goodhart, D. Too Diverse?, *Prospect Magazine*, 20 fev. 2004.
23 Id., *The British Dream: Successes and Failures of Post-War Immigration*, p.xvi.
24 Trevor, P. Genteel xenophobia is as bad as any other kind, *The Guardian*, 16 fev. 2004.

CONTINENTE TURBULENTO E PODEROSO   **163**

A outra é que as políticas baseadas no reconhecimento das necessidades especiais das minorias diminuem a confiança em outros aspectos do sistema de bem-estar. Em qualquer dos dois casos, não somente os países da UE, mas a maioria das outras sociedades industriais estariam às voltas com graves problemas. Muitos desses países atualmente aplicam restrições à entrada de imigrantes, exceto aqueles (principalmente trabalhadores qualificados) que estão tentando atrair. No entanto, há boas razões para supor que a imigração continuará a ser substancial, pois a população mais velha não pode ser sustentada sem uma nova geração ativa, e nem a UE ou seus Estados membros têm condições de bloquear completamente a entrada de estrangeiros. De fato, alguns países, no futuro, talvez precisem arranjar meios de compensar o número de trabalhadores que, na situação atual, está saindo da UE.

Usando diversas medições, Kymlicka e Banting concluem que uma população etnicamente heterogênea não enfraquece necessariamente o sistema de bem-estar. Não existe nenhuma relação entre a proporção da população nascida fora de um determinado país e o nível de gasto social. Para medir possíveis conexões políticas, uma lista de políticas estratégicas diferentes foi esboçada e comparada entre os países (por exemplo, isenções do código de vestimenta, admissão de dupla cidadania ou financiamento de educação bilíngue). Vinte e um países democráticos foram comparados em termos de adoção dessas medidas. Não se encontrou evidência alguma de uma conexão sistemática entre sua introdução e o enfraquecimento do Estado de bem-estar.[25]

---

25   Ver Kymlicka, W.; Banting, K. Immigration, multiculturalism and the welfare state, *Ethics and International Affairs*, 20, 2006, p.281-304; e ibid., *Multiculturalism and the Welfare State*.

Interculturalismo

O debate sobre o multiculturalismo e a migração na Europa tornou-se obsoleto; vem repisando os mesmos temas há anos. É hora de romper esse círculo vicioso e considerá-lo a uma nova luz, partindo de premissas diferentes – que levem em conta as mudanças em geral ocorridas no mundo. Seguindo uma recente tendência na literatura especializada, sugiro que a palavra "multiculturalismo" seja posta de parte. Há três razões para isso. Uma é que ela se deixou contaminar por anos de desuso. Foi interpretada como o que alguns apelidaram de "multiculturalismo *laissez-faire*" – que milhares de flores desabrochem! – e não como a rica e sofisticada noção que de fato é. Talvez jamais seja possível inserir seu sentido adequado no debate público. A segunda, entretanto, é muito mais importante: a noção de multiculturalismo foi criada antes de a globalização alcançar os níveis atuais – que agora está recebendo impulso ainda maior graças à universalização da internet. A interação de culturas já não pode ser tratada como fator interno de uma sociedade ou mesmo de uma região inteira como a UE. Global atualmente significa mesmo global, ainda que a globalidade possa ser expressa nas ações mais insignificantes (por exemplo, o uso do telefone celular). Ao mesmo tempo, ela é intensamente local, com milhares de níveis complexos entre essas duas extremidades.[26]

A razão número três é que, mesmo em sua forma sofisticada, o multiculturalismo usa a palavra "cultura" numa acepção que talvez fosse aplicável há trinta anos, mas não hoje. Seus defensores presumiam que as culturas, incluindo as étnicas, possuem limites claros, não mudam com o tempo e apresentam coesão interna, não sendo essencialmente contestadas. Se isso alguma

---

26 Cantle, *Interculturalism: The New Era of Cohesion and Diversity*. Ver também Rattansi, op. cit., Conclusão.

CONTINENTE TURBULENTO E PODEROSO

vez foi verdadeiro, não o é mais. Finalmente, insiste-se em pensar que a cultura "ocidental" desenvolveu-se de modo autóctone e tem pouco em comum com as culturas de outras partes do mundo. Por isso, o Ocidente (ou a UE com sua "missão civilizadora") deve propagar ideias pouco desenvolvidas ou inexistentes em outros lugares. (Falaremos mais sobre isso a seguir.)

Interculturalismo é um termo mais apropriado para expressar o fato de que nós – a humanidade – estamos numa nova era de diversidade e coesão social. Esta era é obstinadamente local e fundamentalmente global, no sentido não somente de ser "universal", mas também de transcender contextos específicos de tempo e espaço. É a dimensão cultural da sociedade de grandes oportunidades e altos riscos. O interculturalismo não consiste apenas em encontrar um lugar para grupos culturais "estranhos" dentro da sociedade, promover a interação entre as minorias, acolher comunidades e nações ou reduzir as desigualdades, embora todos esses objetivos sejam importantes. Ele concentra sua atenção nos processos de negociação e diálogo que podem reconstruir positivamente o espaço público. Mesmo o multiculturalismo sofisticado tinha como objetivo central aprimorar a posição das "minorias", e não renegociar identidades compartilhadas, inclusive as da maioria cultural. Assim, a invocação da "liberdade, igualdade e fraternidade" pelas alunas francesas no *affaire du foulard* (caso do véu) questiona a maioria e os princípios legais que essa maioria endossa. Os padrões universais e as instituições transculturais (como os tribunais de direitos humanos) são um pré-requisito, mas estão (ou deveriam estar) sujeitos, eles mesmos, a um diálogo contínuo, por meio do qual as instituições pudessem ser rotineiramente examinadas e reformuladas.

A superdiversidade de contatos e envolvimentos vem substituindo o simples alinhamento de grupos culturais dentro das cidades, regiões e sociedade como um todo. Em algumas das maiores cidades europeias, existem atualmente mais de trezentos grupos

166 ANTHONY GIDDENS

linguísticos.[27] A natureza heterogênica da população de Londres foi revelada nos atentados a bomba de julho de 2005. As 52 pessoas que morreram eram gente de todos os cantos do mundo. Entre eles, havia cinco muçulmanos vindos da Tunísia, Bangladesh, Afeganistão e Indonésia. Uma jovem foi descrita como

> uma muçulmana completamente moderna, uma menina que amava sua bolsa xadrez da Burberry e roupas da moda, mas, ao mesmo tempo, respeitando o desejo de sua família, usava às vezes o tradicional *salwar kameez* em casa. Ia às compras no West End de Londres com seus amigos, mas era sempre vista na mesquita para as rezas de sexta-feira.[28]

Os outros mortos eram da Romênia, Itália, Nigéria, Israel, Nova Zelândia, Vietnã, Ilhas Maurício, Austrália, Sri Lanka, Granada, Índia, Irlanda e Jamaica.

Quando a superdiversidade reina, muitas pessoas – ou talvez a grande maioria – já não se sentem dotadas de uma identidade única. Suas lealdades podem ser múltiplas e fluidas, e seus padrões de comportamento não coincidem completamente com as opções a serem ticadas no formulário do censo. O fato de uma pessoa ser negra, branca, cristã ou muçulmana nem sempre diz muita coisa sobre o tipo de vida que ela leva ou sobre suas necessidades sociais em termos, por exemplo, da provisão de bem-estar.[29] Terroristas "de casa" geralmente fazem parte desse padrão híbrido. Os terroristas de Londres, por exemplo, aparentavam estar muito bem integrados à sua comunidade local. Os muçulmanos em países do Ocidente não são um grupo homogêneo, fora da ordem social vigente, como costumam ser descritos pela mídia.

---

27 Cantle, op. cit., p.5.
28 Citado em Legrain, op. cit., p.4.
29 Ver a excelente discussão em Fanshawe; Sriskandarajah, *You Can't Put Me in a Box: Super-Diversity and the End of Identity Politics in Britain*. Disponível *online*.

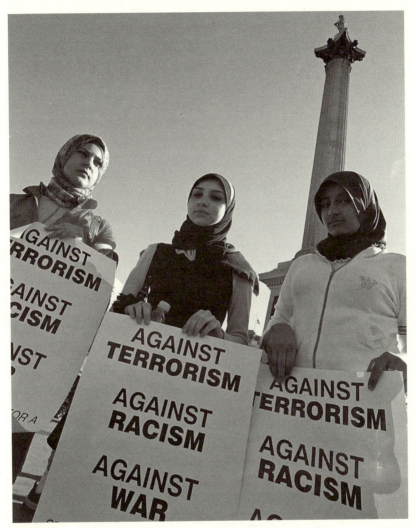

Figura 11. Após os atentados a bomba de Londres: mulheres muçulmanas registram seu protesto contra a violência.

Extremistas existem, claro, e a ameaça do terrorismo é real. Ainda assim, no caso dos muçulmanos, esses fatos são utilizados para fazer generalizações absurdas. Uma pesquisa realizada na Universidade de Cardiff analisou milhares de artigos em que os muçulmanos apareciam. Havia dezessete vezes mais menções aos grupos radicais do que aos moderados – que são, de longe, a grande maioria. "Terroristas", "militantes" ou "islâmicos" eram as palavras mais usadas.[30] Os extremistas, de fato, podem ser e são fruto de diferentes ideologias. Em um dos ataques mais letais na Europa dos últimos anos, em Oslo, o criminoso, Anders Breivik, era membro da extrema-direita política. Setenta e sete pessoas foram mortas e um total de 260 ficaram feridas.

O perigo de muitas iniciativas governamentais bem-intencionadas é que elas podem reforçar as mesmas características que procuram mudar. Ver toda a comunidade muçulmana como origem de um potencial terrorismo encoraja exatamente a mentalidade "eles contra nós" que deve ser superada. Como Amartya Sen enfatizou,

> A confusão entre as identidades múltiplas dos muçulmanos e sua identidade islâmica não é somente um erro descritivo, mas traz sérias implicações para a paz no mundo precário em que vivemos.[31]

O termo "imigração" precisa ser revisto em presença das mudanças que afetam a sociedade, do local ao global e vice-versa. As emoções positivas e negativas que o cercam, experimentadas tanto pelos recém-chegados quanto pelas comunidades anfitriãs, se misturam a várias outras mudanças numa espécie de redemoinho. "Imigração" pode se tornar um código para outras transformações que afetam a identidade e a comunidade, por

---

30 Moore; Mason; Lewis, *Images of Islam in the UK*. Disponível *online*.
31 Sen, *Identity and Violence*, p.75.

exemplo. Dessa maneira, a imigração para a Europa coincidiu largamente com o esvaziamento das antigas comunidades da classe trabalhadora, quando as indústrias pesadas desapareceram ou foram transferidas para o exterior. Os imigrantes frequentemente se mudavam para essas áreas pelo fato de serem muito baratas e terem moradias disponíveis. Eles podem se tornar bodes expiatórios para o sentimento de perda de identidade e de espírito comunitário que, na verdade, se deveu a outras causas. Uma série de interseções entre o local e o global está acontecendo aqui, talvez invisível para os mais afetados por ela.[32]

A imigração, hoje, coincide também com mudanças mais profundas. No fundo, todos nos sentimos migrantes, à deriva num mundo de futuro imprevisível, onde as antigas identidades estão sob pressão e as novas são ainda vagas. Somos pioneiros nas novas fronteiras sociais e tecnológicas, mesmo que em certos momentos elas façam parte do nosso comportamento cotidiano. Todos os tipos de questões relativas à identidade, individual e coletiva, brotam dessas circunstâncias. A internet é tão contraditória e complexa quanto a própria sociedade humana, que ela reflete, mas também transforma. Promove o diálogo ativo, livre das restrições do contexto, mas ao mesmo tempo veicula, e às vezes amplia, toda a gama de emoções, incluindo o ódio. A migração se cruza com todas essas mudanças, produzindo um conjunto complicado de consequências para a identidade pessoal e coletiva.

---

32 Ver Guibernau, *Belonging: Solidarity and Division in Modern Society.*

Valores "europeus"?

O rigor hoje adotado pela maioria dos Estados da UE contra a migração é reproduzido no nível europeu. A Diretiva de Retorno da UE, de 2008, abalou o prestígio da União aos olhos de muitos países. Patrulhar a migração consome quase 60% do orçamento da UE para seu programa de Liberdade, Segurança e Justiça. Os governos da UE – e em certa medida suas instituições – "se enganam ao pensar que uma espécie de eurochauvinismo constitui uma maneira viável e esclarecida de lidar com a ordem mundial não ocidental".[33] Os princípios do interculturalismo deveriam ser aplicados à própria Europa e a ideia da "missão civilizadora" da Europa, reavaliada. Tome-se a ideia crucial de democracia que, em conjunto com outras, como o primado da lei, a liberdade do cidadão e a tolerância, é muitas vezes considerada originária da Grécia e de Roma, portanto, intrinsecamente "europeia".[34] O trabalho magistral de John Keane sobre a democracia desacreditou totalmente essa ideia. O objetivo declarado de seu estudo, diz ele, é "democratizar a história da democracia". A democracia tem muitas origens e assumiu diversas formas. As assembleias populares da Grécia tinham seus antecedentes dois milênios antes, nas civilizações da Mesopotâmia. Keane repudia a tendência de idealizar a democracia ateniense. Entre *demos* (povo) e *nomos* (lei), a segunda era a mais importante. "Lei" se referia, na verdade, ao poder, apoiado pela força militar. O conceito ateniense de destino é que motivava os grupos dominantes.

Keane condena vigorosamente a noção de que, com a queda das cidades-Estado da Grécia, a democracia entrou em hibernação por séculos, para depois ser redescoberta na Europa e em seguida nos Estados Unidos. Bem ao contrário, durante

---

33 Youngs, op. cit., p.118.
34 Keane, *The Life and Death of Democracy*.

CONTINENTE TURBULENTO E PODEROSO

esse longo período a democracia continuou se desenvolvendo em outras partes do mundo, no Oriente Médio e no Extremo Oriente, assim como nas áreas subsaarianas da África. A democracia voltou à Europa pela mão dos muçulmanos. Os primeiros parlamentos europeus surgiram no sul da Espanha no século XII e foram uma resposta direta, por parte dos monarcas cristãos, à democracia islâmica, que na época se espalhava rapidamente. Keane se recusa a festejar o advento da democracia representativa, que considera, na melhor das hipóteses, um balaio de gatos. Ele analisou a democracia dos séculos XIX e XX na América Latina antes de passar à Europa. Keane não vê países como Brasil, Argentina e México, nesse período, como aberrações, por mais violentos e corruptos tais regimes tenham sidos. Eles foram de fato os percursores da democracia representativa na Europa, então mergulhada na violência e moldada pela guerra. A democracia de massa e sua associação com a cidadania foram criadas em conjunto com a "chacina descarada" de populações inteiras – na Europa e nas colônias europeias.

O mesmo se aplica aos "valores ocidentais" em outras áreas além da democracia. A tolerância é um bom exemplo. Não é de forma alguma uma noção puramente ocidental. Uma discussão bem articulada se encontra, por exemplo, num escrito de Ashoka, imperador indiano do século III a.C. O império otomano praticava a tolerância religiosa; grupos religiosos distintos prosperaram em certos períodos, com permissão para ter suas próprias áreas de jurisdição.[35] Essas observações – e muitas outras poderiam ser citadas – são extremamente importantes. É completamente errado enxergar os imigrantes de outras culturas como pré-modernos – como uma ameaça intrínseca aos valores cultivados apenas no Ocidente. Os valores que sustentam a "boa sociedade" vieram de muitas fontes e repousam sobre uma espécie de fundamento

---

35 Rattansi, op. cit., p.155.

universal. Eles não devem ser simplesmente "exportados" do Ocidente para as partes mais selvagens do mundo.

Em termos de políticas, a abordagem interculturalista contrasta de forma clara com o multiculturalismo, mesmo em suas versões sofisticadas. Procura não apenas integrar as minorias, mas também esboçar uma visão da sociedade como um todo, assim como das comunidades que a integram – e de uma com uma clara dimensão transnacional também. Não é somente a UE que tem problemas de identidade atualmente: muitas ou a maioria das nações também têm. Em parte, isso se deve à fragmentação ou ao ressurgimento dos nacionalismos locais; mas também à diversidade de opções disponíveis em nível nacional. Considerem-se os EUA, a Rússia e a China. Em cada um desses países, existem versões discordantes sobre o que a identidade da nação deveria ser ou se tornar. A identidade nacional pode ainda envolver o que Benedict Anderson chama de "comunidade imaginada" – a história reintegrada como mito.[36] No entanto, é também cada vez mais composta de opções futuras que competem entre si. Nos EUA, algumas obras ecoam as preocupações de Sarrazin. O livro de Samuel Huntington *Who Are We?* [Quem somos nós?], por exemplo, se preocupa com o impacto da imigração em massa da América Latina para os EUA.[37] O credo legal dos Estados Unidos é uma criação dos colonizadores ingleses, uma expressão da "cultura protestante dissidente". A afluência dos imigrantes latino-americanos, especialmente mexicanos, concentrados no Sul está introduzindo outros valores culturais, essencialmente os do catolicismo. Alguns Estados sulistas poderiam vir a formar um bloco cultural distinto dentro dos EUA – uma ameaça aos valores básicos da nação.

---

36 Anderson, *Imagined Communities*.
37 Huntingdon, *Who Are We?*.

CONTINENTE TURBULENTO E PODEROSO **173**

Diferentes interpretações sobre a identidade norte-americana foram apresentadas por outros. Os dilemas e possibilidades são muitos, tanto externa quanto internamente. Até onde os EUA deveriam se voltar para a Ásia? O país está se tornando mais Pacífico do que Atlântico? Qual o seu papel no Oriente Médio depois das revoltas árabes? No caso da Rússia, os dilemas são igualmente problemáticos. A Rússia sofreu uma perda traumática de identidade e poder logo depois do colapso da União Soviética: qual é, pois, a melhor forma de responder a isso? "O Ocidente nos trata como se tivéssemos acabado de descer das árvores", comentou Vladimir Putin certa vez. A Rússia é um país europeu ou não, já que se estende até perto do Japão? É um dilema antigo, mas que agora está surgindo em novo formato, parcialmente por causa da ascensão da "nova China". Não bastasse isso, há o problema da relação rompida do país com seus próprios grupos muçulmanos.

A ascensão rápida da China à proeminência global abriu portas para uma animada discussão sobre a identidade do país. Muita gente, dentro e fora da China, tem falado nos últimos anos sobre a "crise de identidade" nacional. Um dos mitos que muitos chineses cultivam a respeito de sua sociedade é que ela é o resultado harmonioso de milhares de anos de tradições contínuas desenvolvidas longe de outras culturas. Contudo, exceto por um ou dois períodos, a civilização chinesa sempre foi moldada pela interação com o restante do mundo. Além disso, a história chinesa é tão violenta e brutal quanto a do Ocidente ou de qualquer outro lugar. O significado de ser "chinês" tem sido tão discutido quanto o de ser "europeu", no passado e nos dias atuais. Em seu livro *The China Wave* [A onda da China], Jang Weiwei apresentou a ideia de que a China contemporânea está criando um modelo de desenvolvimento social bem diverso do que existe no Ocidente – e superior. A China, diz ele, "é talvez, atualmente, o maior laboratório de reforma política, econômica, social e jurídica do mundo". E prossegue:

174 ANTHONY GIDDENS

Quisemos ir além do modelo ocidental [...] estamos investigando os sistemas político, econômico, social e jurídico da nova geração.

O que o Ocidente faz é ampliar cada vez mais o sistema eleitoral; costumo chamar isso de "democracia de espetáculo" ou "democracia hollywoodiana", algo voltado mais para o exibicionismo do que para liderança.[38]

Jang é crítico quanto à visão ocidental da democracia. A maneira de tomar decisões na democracia chinesa é superior à do sistema parlamentar do Ocidente. Um novo plano nacional de desenvolvimento é preparado a cada cinco anos, resultante de dezenas de milhares de discussões em diferentes níveis da sociedade chinesa. De acordo com Jang, esse processo é uma forma real de envolvimento democrático e, mais ainda, permite um planejamento futuro mais racional do que nos países ocidentais. No tocante às tomadas de decisão democráticas, diz ele, o Ocidente está no nível de "estudante primário" ou quando muito "secundário", ao passo que a China já entrou para a "universidade". Poucas pessoas no Ocidente concordariam com essa interpretação, dada a repressão da dissidência na China. Francis Fukuyama contestou vigorosamente as ideias Jang.[39] Não que a democracia na Europa e nos EUA seja perfeita, mesmo em seu núcleo central. No quesito corrupção, Jang fez algumas observações agudas sobre a Grécia e outros países da Europa, como a Itália. Certa vez, brincou com um amigo grego dizendo que a China poderia enviar uma equipe de Xangai ou Chongqing para assessorar a Grécia no quesito governança. O debate público entre Jang e Fukuyama é exemplo de um frutífero diálogo aberto que não foi claramente vencido por nenhum dos dois.

Criar uma identidade coerente para a UE é, sem dúvida, uma tarefa bem diferente da que enfrentariam países isolados, já que o

---

38 Weiwei, *The China Wave: Rise of a Civilizational State*, p.161.
39 The China Model: a Debate Between Francis Fukuyama and Zhang Weiwei, *New Perspectives Quarterly*, 28, 4, 2011.

CONTINENTE TURBULENTO E PODEROSO

ponto principal consiste em redigir uma narrativa transnacional. A "Europa" tem uma história contínua de 2 mil anos ou mais, incluindo muitos séculos de colonialismo. Contudo, antes da existência da UE – um período muito curto na história –, a Europa tal qual é atualmente jamais teve uma forma institucional clara de governo. Os impérios que surgiram na Europa depois dos romanos cobriram apenas parte dessa (reconhecidamente vaga) entidade territorial que hoje definimos como "Europa". Onde a Europa começa e onde termina? Em seu flanco oriental, essa é em grande medida uma questão arbitrária. Václav Havel fez algumas reflexões significativas sobre a identidade europeia.[40] A pergunta "qual é a identidade da Europa?", diz ele, é normalmente colocada em relação ao debate sobre quanta soberania deve ser transferida dos Estados membros para as instituições da União Europeia. Nesse sentido, é uma pergunta artificial, que não tem raízes naturais, sendo, por assim dizer, quase de natureza técnica. "Quando faço a mim mesmo a pergunta 'até onde me sinto europeu?'", continua Havel, "logo me ocorre esta outra, 'por que não pensei nisso antes?' Foi porque achei o assunto sem importância, ou porque o considerei um ponto pacífico?" A última alternativa é a válida, afirma ele, mas há um fator adicional: "Tenho a sensação de que eu pareceria ridículo caso escrevesse ou declarasse que eu era europeu e me sentia europeu". Seria uma declaração, a seu ver, "patética e pomposa".

Essa atitude, acrescenta Havel, é compartilhada por muitos que vivem na Europa. Eles são tão intrinsecamente europeus que nem sequer pensam nisso. No dia a dia não se descrevem como "europeus" e, quando indagados diretamente sobre sua identidade europeia em pesquisas de opinião, mostram-se um tanto surpresos ao declarar essa filiação. Por que, até recentemente, a Europa

---

40 Havel, Is there a European Identity, is there a Europe?, palestra ao Parlamento Europeu, Estrasburgo, 8 mar. 1994. Disponível *online*. Todas as citações são dessa fonte.

dava tão pouca atenção à sua própria identidade? O motivo, diz Havel, é que a Europa se achava (falsamente) o próprio mundo. Ou, em outras palavras, os europeus se consideravam tão superiores aos demais que não sentiam nenhuma necessidade de definir a Europa em relação aos estrangeiros. Portanto, o "europeísmo consciente" teve pouca tradição até há pouco tempo. Havel saúda o fato de a consciência reflexiva europeia "estar emergindo da massa indistinta da autoevidência". Examinando-a e trazendo-a à tona, nós contribuímos para sua formação. Tal processo é imensamente importante nos dias atuais, sobretudo "porque nos encontramos num mundo multicultural e multipolar, onde reconhecer a própria identidade é pré-requisito para coexistir com outras identidades". Um autoexame crítico reconhecerá que muitos princípios e valores europeus podem ter "dois sentidos". Se forem levados longe demais ou se abusarmos deles, afirma Havel, podem de fato "nos levar ao inferno". Além disso, uma identidade autoconsciente não pode ser construída com base em considerações econômicas, financeiras ou administrativas.

Imediatamente após a Segunda Guerra Mundial e o fortalecimento do regime totalitário comunista, não houve necessidade de se debaterem os valores defendidos porque eles eram autoevidentes. A Europa (Ocidental) precisava se unir a fim de evitar a volta aos conflitos anteriores e para deter a propagação das ditaduras. Esses valores não precisavam ser comentados porque eram ponto pacífico. Somente quando a ameaça militar à Europa desapareceu, foi possível iniciar uma reflexão profunda sobre "a base moral e espiritual" de sua reunificação e os objetivos de uma Europa unida.

Havel sustenta – e com razão, sem dúvida – que é essencial, ao considerarmos os "valores europeus", refletir sobre o legado duplo que a Europa deixou para o mundo. Temos os direitos humanos, as liberdades e o império da lei – que, entretanto, raramente se aplicavam a quem vivia nos vastos domínios coloniais

CONTINENTE TURBULENTO E PODEROSO

da Europa. Além disso, os "piores eventos do século XX: as duas guerras mundiais, o fascismo e o totalitarismo comunista", foram em grande parte obra dos europeus. Considerando a evolução da unificação da Europa, conclui ele, "devemos demonstrar que os estragos gerados por sua civilização contraditória podem ser corrigidos". O fato de nações em todo o mundo – e as que compõem a UE – estarem repensando suas identidades e produzindo diferentes interpretações sugere que buscar uma narrativa única para a União não irá funcionar. Mais vale criar um espaço discursivo no qual diferentes temas possam ser discutidos de um modo que desperte o interesse dos cidadãos. A identidade não depende apenas do que uma entidade política diz sobre si mesma, pois ela precisa também entrar em sintonia com o resto do mundo. Os líderes europeus talvez imaginem que a Europa deixou para trás seu passado colonial e pode, portanto, pregar livremente valores elevados abstratos a países que ela antes oprimia. Ora, o passado não se enterra tão facilmente. Os esforços da UE para arbitrar no Oriente Médio, por exemplo, se chocam diretamente contra o fato de a semente dos conflitos mais graves da região ter em grande parte sido lançada pelos próprios europeus. Na China, Jang Weiwei pensa exatamente a mesma coisa.[41]

---

41 Weiwei, op. cit, p.70-1.

5
Mudança climática e energia

A UE tem procurado liderar a comunidade mundial no combate ao aquecimento global. É uma ambição urgente e necessária. A mudança climática induzida pelo homem é sem precedentes na história e um dos problemas mais preocupantes que ele deve enfrentar neste século. Nenhuma outra civilização, nem de longe, poderia intervir tanto na natureza como nós fazemos em nosso dia a dia. É assustador reconhecer que, como humanidade coletiva, estamos a ponto de modificar o clima mundial, e de uma forma muito profunda. Além disso, até onde sabemos, a mudança climática é irreversível. Alguns dos principais gases do efeito estufa, incluindo o mais ativo deles – o CO_2 –, ficarão na atmosfera por séculos. A pedra angular da abordagem da UE à mudança climática é a estratégia 20:20:20. Os Estados membros devem reduzir a emissão de gases do efeito estufa em 20% até 2020, com base nos níveis de 1990; aumentar a participação da energia renovável na matriz energética para 20% até aquela data; e conseguir um aumento de 20% na eficiência energética. Para ajudar a manter o aumento médio na temperatura global em não mais que 2 °C, o objetivo é reduzir as emissões em pelo menos 80% em 2050.

O ECE

Entre as muitas iniciativas da União relacionadas a esses objetivos, a mais ambiciosa foi o Esquema de Comércio de Emissões (ECE) europeu, que começou a operar em 2005. Como parte de sua agenda de mudanças climáticas, a UE originalmente considerou a possibilidade de estabelecer uma taxa de carbono. Não o conseguiu porque a União não pode intervir nas questões fiscais dos Estados membros. Embora de fato seja uma taxa sob outro nome, o comércio de emissões pôde ser introduzido com mais facilidade. Os mercados de comércio de emissões, na verdade, surgiram nos EUA, onde foram inicialmente aplicados no contexto do controle das emissões de dióxido de enxofre, a causa principal da chuva ácida. O esquema obteve sucesso e inspirou alguns políticos, entre os quais, notadamente, o vice-presidente Al Gore, a aplicar a ideia desse mercado às licenças para ajudar a limitar as emissões de carbono. Nos EUA, entretanto, em nível federal, o comércio de carbono não vingou. Foi a UE que assumiu o bastão.

Os ECEs foram criados tendo em vista as emissões oriundas de algumas formas de produção de energia (combustíveis fósseis, de um modo geral) e indústrias com uso intensivo de energia. O agressivo *lobby* dessas indústrias e de alguns Estados membros impediu que o projeto tivesse um leilão propriamente dito. Assim, das negociações, surgiu um sistema híbrido. Alguns créditos foram alocados gratuitamente, e os Estados membros puderam elaborar seus próprios planos nacionais de alocação. Nem todos, na época, tinham medidas exatas do volume de suas emissões de CO_2. Tentaram criar as condições mais favoráveis possíveis quando as metas de cada um foram fixadas. Estabeleceu-se um mercado, mas muito distante da ideia que os criadores americanos do "limite e negociação" tinham em mente, que era o leilão de todas as licenças.[1] Grandes

---

1 Giddens, *The Politics of Climate Change*, Capítulo 8.

CONTINENTE TURBULENTO E PODEROSO 181

quantidades de dinheiro trocaram de mãos nos primeiros anos do ECE, mas o esquema não cumpriu seu objetivo principal – a redução das emissões de CO_2. Em primeiro lugar, o preço do carbono teve um aumento acentuado, mas logo caiu de forma catastrófica. Houve um excedente de licenças por causa das folgas incorporadas aos planos nacionais de alocação e ao número de licenças gratuitas. Algumas companhias tiveram lucros inesperados repassando o preço dos créditos de carbono aos consumidores no momento em que ele estava alto, mesmo com esses créditos sendo alocados a título gratuito. Esses lucros, pelo que se estima, atingiram quase 14 bilhões de euros no período de 2005 a 2008.[2]

É difícil avaliar com precisão o efeito da primeira fase do ECE, que durou todo esse período, sobre as emissões de CO_2 porque estavam em jogo muitos outros fatores ao mesmo tempo. Um estudo bastante detalhado concluiu que as emissões pela UE foram cerca de 7% menores do que teriam sido de outra forma.[3] Ainda assim, a maioria desses ganhos aparentes se dissolve quando levamos em conta as avaliações exageradas de suas emissões, feitas por alguns países da UE na corrida para a criação do esquema. A Comissão reconheceu que a primeira etapa do ECE teve muitas falhas e a descreveu como uma "fase de aprendizado". Uma segunda versão, iniciada em janeiro de 2008, visava preencher as brechas que tornaram sua precursora tão ineficiente. A atribuição de licenças foi até certo ponto centralizada, em vez de ficar nas mãos dos Estados membros, e analisada com muito mais critério. Leiloou-se uma percentagem bem maior que antes. As emissões dos aviões que entravam e saíam da UE seriam cobertas pelo ECE, mas, por causa da resistência das companhias

---

2 Bruyn et al., *Does the Energy Intensive Industry Obtain Windfall Profits through the EU ETS?*. Disponível *online*.
3 Ellerman; Buchner, *Over-Allocation or Abatement?*.

aéreas internacionais, essa proposta não foi introduzida antes de 2012. Apesar das mudanças feitas, a segunda fase do ECE, que durou até o final de 2012, continuou a enfrentar grandes problemas. A fase três do ECE deverá ser executada de janeiro de 2013 até o final de 2020. Ela apresenta uma série de inovações. O limite de emissões é mais rigoroso. O esquema foi ampliado para cobrir novas áreas e um leque maior de gases do efeito estufa. Mais importante, licenças gratuitas serão eliminadas. Os leilões constituirão a principal forma de se fazer alocações: 88% das licenças deverão ser distribuídas entre os Estados membros de acordo com suas emissões em 2005 ou sua média do período entre 2005 e 2007, o que for maior. Foi introduzido um fator de redistribuição: 10% irão para os países mais pobres da UE, a fim de encorajar investimentos em tecnologias de baixa emissão de carbono. Os 2% restantes serão dos Estados membros que tenham atingido os 20% ou mais de redução nas emissões durante os quinze anos após 1990, que é o ano-base do Protocolo de Kyoto. A chamada fuga do carbono recebeu atenção especial na fase três. A fuga do carbono ocorre quando um país ou região tem custos mais altos de carbono do que outros, de modo que as companhias procuram se deslocar para lugares onde o regime é mais frouxo – neste caso, países fora da UE. Até onde isso foi resultado do ECE, não se sabe; mas a fuga do carbono está na mente dos criadores do esquema desde o começo. A Comissão iniciou um estudo sobre o fenômeno e tem a intenção de aplicar os resultados nesta fase do esquema. Os setores particularmente expostos ao risco da fuga do carbono podem ser dispensados do leilão, a fim de impedir que o setor simplesmente se mude para outro lugar.

O grande problema dessa medida ambiciosa é... realmente muito grande. O ECE parece estar à beira do colapso. As sucessivas revisões do esquema tornaram-no proibitivamente complicado.

CONTINENTE TURBULENTO E PODEROSO

Para as nações e companhias que precisam operar dentro de sua estrutura, ele é extremamente incômodo. Cada revisão impôs novas cláusulas e subcláusulas. Para os cidadãos comuns, com certeza, deve ser completamente impenetrável – o oposto do que é necessário em medidas que visam mais transparência e responsabilidade na UE. A emissão de gases do efeito estufa foi substancialmente reduzida nos últimos anos, mas o grosso dessas reduções se deveu à recessão, não à política. Sem preços relativamente estáveis e elevados, o esquema inteiro desmorona. O excedente de emissões no mercado, no começo de 2013, era de 2 bilhões de toneladas de carbono, equivalentes a todo um ano de emissão para o conjunto dos países da UE.[4] No momento de maior necessidade, nenhum indicador efetivo de preços é dado para investimento nos setores principais.

Entre outros problemas, o ECE se mostrou vulnerável a fraudes. A fim de criar unidades de carbono negociáveis, uma série de providências devem ser tomadas para padronizar as medidas de emissão. Em 2010, veio à tona um significativo esquema fraudulento que operava dentro do ECE, responsável pela perda de 5 bilhões de euros. Tempos depois, a comercialização do ECE teve de ser suspensa quando créditos do governo austríaco e checo foram roubados.[5] Um episódio decisivo para o futuro do ECE ocorreu no Parlamento Europeu em fevereiro de 2013. Na ocasião, dado o preço baixíssimo do carbono, dizia-se que o ECE estava "na UTI".[6] Um grupo de grandes companhias assinou uma petição exigindo reformas para elevar o preço do carbono e ressuscitar o programa. Entretanto, o método sugerido era complexo e teria tornado o esquema ainda mais confuso. No afã de

---

4 Ecologic Institute, EU ETS – from slumping to jumping?, 25 fev. 2013, p.1. Disponível *online*.
5 Carbon Trade Watch, It is time to scrap the ETS!, 4 fev. 2013. Disponível *online*.
6 Harvey, F. EU urged to revive flagging emissions trading scheme, *The Guardian*, 15 de fev. 2013.

impedir que o preço fosse subvertido, a Comissão apresentou outra proposta – chamada de adiamento –, que postergaria o leilão normal de créditos em algumas áreas por certo número de anos. A ideia foi posta em votação no Parlamento Europeu em abril e imediatamente rejeitada. O preço do carbono não tardou a cair ao nível mais baixo de todos os tempos. Posteriormente, a proposta foi aprovada pelo Parlamento, mas ainda precisa ser sancionada pelo Conselho. Ainda assim, a mudança só faz remover o ECE da UTI por algum tempo. Não é que o ECE esteja apenas tropeçando; ele se tornou francamente disfuncional. Um estudo recente mostra que o esquema está em vias de cancelar 700 milhões de toneladas de reduções de emissões conseguidas por outras medidas.[7] Vem sofrendo também por constituir um meio graças ao qual as companhias procuram descartar os créditos compensados de Kyoto, a serem excluídos do ECE pelas novas regulamentações. O fracasso do ECE representa uma enorme dor de cabeça para a UE, assim como um grave revés na tentativa de limitar as emissões. Ele foi concebido como uma política de vanguarda que apontaria o caminho a outros países e regiões, abrindo espaço para um mercado mundial de carbono. Essa perspectiva, no momento, parece tão remota quanto um acordo qualquer nas negociações infindáveis da ONU, embora alguns países importantes em termos de volume de emissões de gases do efeito estufa – a China entre eles – estejam propondo a adoção de esquemas de comércio de emissão. Como muitos observadores notaram, o ECE pode ter um impacto positivo no mundo todo, mas muito diferente daquele que originalmente se previa. É um exemplo do que não se deve fazer e põe a nu as armadilhas a evitar. Assim, após anos sem progresso, o Estado da Califórnia introduziu um esquema de comércio de emissões. Em

---

7 Sandbag, *Drifting toward Disaster? The ETS Adrift in Europe's Climate Efforts*, 25 jun. 2013. Disponível *online*.

CONTINENTE TURBULENTO E PODEROSO

contraste com o da UE, este prevê um piso e um teto de preço, para limitar a flutuação excessiva. A UE tem investido enormes esforços e recursos nessa aventura. Ela arrasta, pois, uma boa dose de inércia atrás de si, e a tentação é continuar alimentando a esperança de que um belo dia tudo dê certo. No entanto, se deixarmos as coisas como estão, o prestígio da Europa, já tão abalado em outras áreas, receberá mais um golpe. O dilema é um pouco parecido ao do euro. Ou o ECE se fortalece substancial e efetivamente ou sai de cena. Uma outra séria consequência do mau funcionamento do esquema é o carvão se tornar uma opção barata de produção de energia. O carvão é o combustível fóssil mais letal em termos de emissão de carbono. Discutiremos essas implicações mais adiante.

O processo ONU

A UE tem apoiado vigorosamente as atividades do Painel Intergovernamental de Mudança Climática das Nações Unidas (PIMC). O PIMC tem a responsabilidade de resumir e interpretar o estado atual do conhecimento científico sobre a mudança climática e propor estratégias que detenham seu avanço. Sua primeira avaliação foi feita em 1990 e precedeu a Cúpula da Terra, realizada no Rio de Janeiro dois anos mais tarde. Em 1997, a ONU redigiu o Protocolo de Kyoto, pelo qual os países desenvolvidos concordavam em cortar em média 5% de suas emissões de gases do efeito estufa com relação aos patamares de 1990 no período de 2008-2012. Os EUA recusaram-se a ratificar o acordo, a única grande exceção entre os países industrializados. A UE estabeleceu metas bem acima do resto do mundo. Várias outras medidas foram tomadas sob os auspícios do Programa Europeu de Mudança Climática. Comprometida com o direito internacional, a UE investiu pesado nas negociações sobre mudanças climáticas das Nações

Unidas que se seguiram à assinatura do Protocolo de Kyoto. As autoridades da UE tinham grandes esperanças de que as reuniões da ONU realizadas em seu próprio território (Copenhague) em dezembro de 2009 convenceriam as nações do mundo a reduzir suas emissões. Antes do evento, havia uma atmosfera de grande otimismo sobre o que poderia ser alcançado. O presidente Obama levou os EUA de volta à mesa de negociação após anos de desentendimentos sob a administração George W. Bush. A China, economia emergente, não fora obrigada a assumir nenhum compromisso em Kyoto. Ainda assim, antes de Copenhague, o governo chinês anunciou que o país traçaria ele próprio uma meta para a redução de sua demanda energética de 40% a 45% até 2020. Dada a enorme expectativa, o congresso de Copenhague foi a maior reunião da ONU desse tipo em todos os tempos. Mais de 40 mil delegados, praticamente de todos os países, compareceram, entre eles 122 primeiros-ministros e presidentes, o maior número alcançado na história das Nações Unidas fora de Nova York. No entanto, as reuniões acabaram sendo mais ou menos um completo desastre – por causa da má organização por parte dos anfitriões dinamarqueses e a outros percalços também. O presidente Obama só chegou no último minuto. Ao vê-lo, Hillary Clinton desabafou: "Sr. Presidente, esta é a pior reunião em que já estive desde o conselho estudantil da oitava série".[8] Houve brigas com e entre os países desenvolvidos e em desenvolvimento, além de divisões dentro do próprio governo anfitrião. As negociações começaram a ir de mal a pior em meio à agressividade generalizada.

Obama se reuniu a portas fechadas com os líderes da China, Brasil, Índia e África do Sul na esperança de chegar a um acordo

---

8 Citado em Meilstrup, The runaway summit: the background story of the Danish presidency of COP15, the UN climate change conference, *Danish Foreign Policy Yearbook 2010*, p.113-35. Disponível *online*.

CONTINENTE TURBULENTO E PODEROSO

informal que impedisse a iniciativa de se transformar num fiasco lamentável. Esse entendimento ficou conhecido como o Acordo de Copenhague: uma humilhação para a UE. Longe de ensinar ao resto do mundo como combater a mudança climática, a União se viu excluída do encontro que produziu o documento. Era o mesmo fantasma que a assombrava desde o começo: quem fala pela Europa? Muitos europeus, depois, minimizaram a exclusão dos membros da UE do principal processo de tomada de decisão. Mas a verdade é que, numa conferência destinada a consolidar a liderança europeia na regulamentação das emissões de carbono, aquele foi um grande retrocesso. Após a reunião entre Obama e os outros quatro líderes, o Acordo foi levado de volta ao plenário. Sob extrema pressão de tempo, pois as reuniões deveriam acabar logo, seguiu-se um debate agressivo entre um grupo mais numeroso de Estados. O Acordo não foi formalmente aprovado; tudo o que as nações presentes estavam dispostas a fazer era "tomar conhecimento dele". As disposições do documento não tinham força coercitiva. As nações que o assinaram fizeram-no voluntariamente, concordando em submeter seus planos nacionais de redução de carbono à ONU. Muitos de fato agiram assim, mas na maioria dos casos o que se registrou era vago e inadequado.

Mais três rodadas de reuniões da ONU foram realizadas até agora – em Cancún, Durban e Doha. Após o fracasso de Copenhague, somente um pequeno grupo de chefes de Estado ou governo compareceram às conferências. Houve progresso, pelo menos em princípio. Em Cancún, a ONU adotou pela primeira vez, oficialmente, a meta de 2 °C que a UE havia aprovado anos antes. Um fundo para ajudar os países pobres a se adaptar às mudanças climáticas e mudar para energias renováveis, no montante de 100 bilhões de dólares por ano até 2020, foi aprovado (nenhum dinheiro apareceu até agora). Em parte porque as expectativas eram mais modestas, muitos acharam as reuniões de Cancún um sucesso (e também as outras duas). Como sempre acontece nesses congressos, o acordo em Durban foi fechado somente no último minuto, com discussões que se estenderam por trinta horas além do prazo no qual deveriam se encerrar. À semelhança do ocorrido em Cancún, a UE dessa vez contribuiu significativamente para o desfecho. Nenhum papel foi assinado, mas os países presentes concordaram em discutir um contrato com força jurídica em 2015 para enfrentar o problema do aquecimento global. Em termos de obrigações reais, ele entraria em vigor em 2020.

O acordo, intitulado "Plataforma Durban", incluiu tanto os países em desenvolvimento quanto a UE e os EUA. Os representantes da UE estavam entusiasmados. Ao fim da conferência, o presidente das reuniões, Maite Nkoana-Mashabane, proclamou que a iniciativa fora um grande sucesso e declarou: "O que conseguimos aqui em Durban será decisivo para salvar hoje o amanhã". As reuniões em Doha em dezembro de 2012 pouco acrescentaram à Plataforma Durban. Após anos de indecisão, ficou combinado que o Protocolo de Kyoto deveria ser mantido vivo; entretanto, os Estados Unidos, a Rússia, o Canadá e o Japão não assinaram papel algum. Pode-se legitimamente duvidar de que essas negociações, nas quais a UE confiava tanto, produzirão resultados concretos. Elas podem ser vistas como uma versão da Europa de papel em letras maiores. As reuniões ocorrem há mais de vinte anos e os resultados tangíveis têm sido, de fato, modestos. Com exceção de Copenhague, terminam regularmente com uma declaração de que se avançou. Isso lembra o filme *Matrix*, no qual os personagens vivem um cotidiano em que as coisas parecem normais e seguras. Na verdade, tudo não passa de uma simulação de computador. O mundo lá fora, o mundo real, é sórdido e violento, e os seres humanos levam uma existência marginal e difícil.

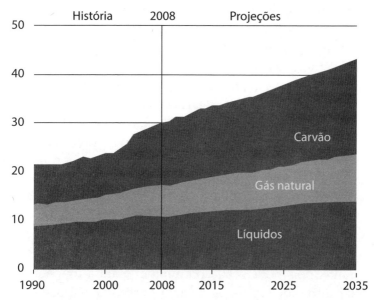

Figura 12. Emissões de dióxido de carbono relacionadas à energia no mundo, por tipo de combustível, 1990-2035 (bilhões de toneladas métricas).
Fonte: US Energy Information Administration (set. 2011).

De forma algo similar, as negociações sobre a mudança climática acontecem num universo surreal de discussões formais e supostos acordos. O sucesso não é definido pelas conquistas substanciais no mundo real, mas pelas reuniões realizadas e os papéis assinados. Enquanto isso, lá fora, as coisas vão ficando desagradáveis. A mudança climática, convém salientar, por causa de seu caráter cumulativo e permanente, não é como a maioria dos problemas globais. Os gases do efeito estufa que estão agora se acumulando na atmosfera ficarão lá por muitos anos – no caso do CO_2, por séculos.

No momento, o mundo não liga muito para as emissões de gases do efeito estufa. Conforme medidas do observatório de Mauna Loa, no Havaí, as emissões de CO_2 em maio de 2013 pela primeira vez chegaram a 400 partes por milhão (ppm), o maior nível em pelo menos 600 mil anos. O nível médio pré-industrial era de 280 ppm. As emissões estão aumentando cada vez mais rapidamente a cada década. Se excluirmos as usinas hidrelétricas e nucleares, a proporção de energia do mundo produzida por fontes renováveis é mínima. Em nível global, estamos mais dependentes dos combustíveis fósseis que nunca. Eu achava que o derretimento do gelo do Ártico no verão – agora muito mais rápido do que se acreditava possível há uns poucos anos – pudesse ser um alerta que induzisse o mundo a fazer mais para deter o avanço da mudança climática. Ocorreu o contrário. Os países da orla do Ártico aprovaram a prospecção de petróleo e gás, como também de outros minerais, e passaram a contestar os direitos territoriais uns dos outros. O que está acontecendo no oceano Antártico é inquietante, pois pode estar contribuindo para a mudança global dos padrões de circulação de ar.[9] O oceano Antártico está se aquecendo duas vezes mais rápido do que qualquer outro oceano da Terra. A Agência Internacional de Energia (AIE), que normalmente toma uma posição bastante conservadora frente ao risco futuro, admite que o mundo pode ter um aumento médio na temperatura do solo de pelo menos 4 °C. Entretanto, a temperatura da superfície terrestre talvez não seja mais a melhor maneira de avaliar a progressão global provável da mudança climática, uma vez que as profundezas dos oceanos estão absorvendo uma quantidade cada vez maior de calor.

Eu apoio totalmente o objetivo da UE de ser o líder mundial na política da mudança climática. No entanto, os dois empreendimentos em que a União confiou, o ECE e o processo da ONU, sejamos francos, até agora falharam. É necessário repensar seriamente todas as áreas da política de mudança climática da UE e, certamente, seus esforços ambientais de forma geral. A situação

---

9 Ananthaswamy, A. Making waves, *New Scientist*, 219, 20 jul. 2013.

CONTINENTE TURBULENTO E PODEROSO 191

da política de mudança climática parece bastante diferente do que era há vinte anos ou mais, quando a União saiu a campo. As reuniões da ONU não cessarão e a UE deve continuar a participar, embora alimentando esperança, e não expectativa real. É provável que a ação concreta aconteça em outro lugar, especialmente em termos do que a UE e os principais Estados envolvidos façam na esfera da política substantiva. De grande importância são os Estados Unidos e a China, que juntos geram mais de 40% do total das emissões globais.

Confissões de um ecologista não ecologista

Repensar a estratégia da UE sobre mudança climática e energia deve, a esta altura, começar pelo básico. O movimento "verde" em sua roupagem moderna começou na Europa e exerceu uma influência significativa no pensamento da UE – influência que, de muitas maneiras, foi positiva, mas esconde também grandes problemas e limitações. Eu me descrevo como um ecologista não ecologista. Com isso, quero dizer que compartilho algumas das aspirações do movimento verde, especialmente a de limitar os impactos da mudança climática, que é de primordial importância. Entretanto, ao menos algumas facções desse movimento são motivadas por ideias incompatíveis com o combate aos perigos ambientais que enfrentamos atualmente. A mudança climática é um problema gravíssimo, mas apenas um dos muitos que devem ser enfrentados atualmente. Exemplos: o provável aumento da população mundial para 10 bilhões e o acelerado desaparecimento de espécies animais, florestas e plantas.

O movimento verde nasceu muito antes de termos consciência plena do lado destrutivo da industrialização tal qual ela se espalhou pelo mundo. Surgiu de uma reação romântica contra a invasão do interior pelas cidades e pela produção mecanizada.

Sua força motriz era a conservação e a restauração – para proteger o campo e manter vastas áreas de natureza no estado primitivo. O nome de um dos grupos verdes mais famosos, Friends of the Earth [Amigos da Terra] capta essa orientação perfeitamente. A natureza deve ser protegida das devastações dos seres humanos e da invasão de seus ecossistemas. Contudo, a Terra não precisa da nossa amizade – continuará existindo não importa o que façamos. Não é o futuro da Terra que está em jogo, é o nosso. Precisamos superar a noção de que podemos proteger a "natureza". Muito do que consideramos "natureza", incluindo vários aspectos do clima, já não é mais natural de modo nenhum. Entramos no que os geólogos já começaram a chamar de era *antropocena*. É uma era na qual a natureza tem sido invadida de todos os lados por influências humanas: "Nós, humanos, estamos nos tornando o fator dominante para a mudança da Terra".[10] A filosofia verde está ancorada num mundo que já desapareceu, de sorte que algumas de suas crenças e valores fundamentais são suspeitos. Os conceitos em causa são *conservação, sustentabilidade* e *princípio de precaução* – metas fundamentais do movimento verde que se tornaram lugares-comuns.

O fundador da "ecologia da reconciliação", Michael Rosenzweig, sustenta de forma persuasiva que devemos ir muito além do modelo de conservação e restauração se quisermos evitar o desastre ambiental. Hoje, diz ele, "estamos à beira de um abismo tão profundo quanto o da maior catástrofe conhecida na história da vida, a extinção em massa permiano-triássica, que 225 milhões de anos atrás exterminou mais de 95% das espécies existentes na Terra".[11] Utilizando abordagens atuais, continua

---

10 Ver Crutzen, J.; Schwägerl, C. Living in the anthropocene: toward a new global ethos, *Yale Environment 360*, 24 jan. 2011. Disponível *online*.
11 Rosenzweig, Reconciliation ecology and the future of species diversity, *Oryx*, 37, 2, 2003, p.194-205. Ver também Marris, *Rambunctious Garden: Saving Nature in a Post--Wild World*.

Rosenzweig, nenhum ecologista acredita que mais de 5% ou 10% da diversidade das espécies e plantas possam ser salvas. As medidas corretivas devem partir da realidade da dominação humana do mundo natural, e não das tradicionais visões conservadoras de separação entre humanidade e natureza. Os conservacionistas não devem mais focar somente na "selva intocada", mas sim na totalidade dos meio ambientes habitados nos quais os seres humanos existem, inclusive os mais "artificiais". O objetivo não será somente proteção, mas também reinvenção. A diversidade das espécies deveria ser recriada por políticas ativas em espaços que parecem ser os mais distanciados da "natureza" – florestas e campos, com certeza, mas também todos os ambientes urbanos.[12] A biotecnologia pode ser utilizada para aumentar a diversidade e a resistência das diferentes espécies, protegendo aquelas que caso contrário desapareceriam, ampliando-se o leque de meio ambientes onde elas consigam sobreviver e prosperar – diversidade planejada.

A ideia da sustentabilidade, tão disseminada, precisa ser refeita praticamente nos mesmos termos. A sustentabilidade foi, como se sabe, definida no relatório Brundtland como a capacidade de a humanidade "garantir a satisfação das necessidades do presente sem comprometer a capacidade das futuras gerações satisfazerem as delas".[13] A dificuldade dessa definição não reside tanto em sua formulação quanto no modo como tem sido interpretada, que é geralmente em termos de limites. Assim, foram feitas tentativas para definir a "capacidade de carga" da Terra, um termo que, na verdade, tem origem na ecologia biológica tradicional. Ora, é quase impossível dizer qual é essa capacidade em qualquer ponto no tempo – e, nesse ponto, os

---

12 Rosenzweig, *Win-Win Ecology: How the Earth's Species Can Survive in the Midst of Human Enterprise.*
13 Relatório da World Commission on Environment and Development, *Our Common Future*, p.3.

seres humanos diferem imensamente dos animais. O coringa no baralho são o engenho e a inovação humana, com o ritmo em que ambos podem hoje mover-se. Quem teria pensado, por exemplo, mesmo uma década atrás, que os EUA se tornariam autossuficientes em energia? Seria melhor redefinir a sustentabilidade em termos de desafio criativo. Afirmar que uma dada tendência é insustentável equivale a reconhecer a necessidade de alterá-la. A resposta pode ser, eventualmente, tentar limitar ou reverter essa tendência, mas, como sempre, a melhor estratégia é procurar redefini-la ou transcendê-la. Como venho enfatizando ao longo do livro, oportunidade e risco se conjugam de maneiras complexas.

As complexidades de oportunidade e risco nos põem diretamente em confronto com o princípio de precaução, parte importante da política da UE, mas nem por isso menos falha. A definição mais amplamente citada vem da Cúpula da Terra de 1992, no Rio: "Havendo ameaça de danos sérios e irreversíveis, a falta de plena certeza científica não deve ser utilizada como pretexto para postergar medidas eficazes de proteção ambiental".[14] Numa redação um pouco diferente, foi oficialmente aprovada pela UE e incorporada ao Tratado de Lisboa. Existem muitas outras definições do princípio de precaução e uma vasta literatura acadêmica sobre o assunto, incluindo o modo como a UE procurou colocá-lo em prática.[15] No entanto, um exame mais rigoroso mostra que o princípio de precaução é incoerente. Na verdade, ele prioriza um dito de senso comum em detrimento de outro, quando ambos devem ser sempre examinados no contexto. Esses ditos são "antes prevenir que remediar" (a precaução) *versus*

---

14 United Nations General Assembly, *Rio Declaration on Environment and Development*, jun. 1992, Principle 15.
15 Ver, por exemplo, Vogel, *The Politics of Precaution: Regulating Health, Safety, and Environmental Risks in Europe and the United States*; Wiener et al. (orgs.), *The Reality of Precaution: Comparing Risk Regulation in the United States and Europe*.

"quem não chora não mama". No "senso comum" diário, os dois costumam ser aplicados *ex post facto* – nenhum tem valor profético. Obviamente, não ajudam em nada quando nos deparamos com o futuro em aberto e precisamos decidir qual deles aplicar para obter resultados concretos. Quem sempre aplica a máxima "antes prevenir que remediar" é necessariamente cauteloso, avesso a riscos e conservador. No entanto, essa atitude pode ser muito perigosa. É um grande erro supor que a inatividade não traz nenhum risco. Em toda situação sempre haverá uma equação entre oportunidades e riscos que deverá ser calculada, e inevitavelmente surgirão zonas de incerteza quando é preciso arriscar de uma maneira ou de outra.[16]

O "princípio de precaução" deve ser substituído pela avaliação de risco. Considerem-se, por exemplo, as culturas geneticamente modificadas, ou a biotecnologia de modo mais geral, em relação ao crescimento da população do mundo. Os riscos de contaminação ambiental devem sem dúvida ser reduzidos ao máximo, mas também examinados em confronto com a possibilidade de nos tornarmos incapazes de alimentar essa população em rápido crescimento. Não há um "princípio" simples que determine a decisão. O mesmo se aplica aos nossos esforços para conter a mudança climática. Formas de energia renováveis devem, é claro, ser parte importante da estratégia da UE para reduzir as emissões de carbono. Ainda assim, como direi na próxima seção, o gás não convencional também é importante, ao menos durante um período de transição. O motivo é que, se sua produção for cuidadosamente regulada, produzirá muito menos gases do efeito estufa que o carvão. Essa vantagem deve ser sopesada contra os efeitos que sua produção possa provocar no meio ambiente, mas o resultado será altamente positivo porque reduzir a mudança climática é um dos objetivos primordiais do nosso tempo.

---

16 Sunstein, *Laws of Fear: Beyond the Precautionary Principle.*

Essas ideias devem gerar um pensamento novo na UE. Tecnologias renováveis que parecem "próximas da natureza" – como a energia eólica e solar – não são necessariamente mais "verdes" do que o gás ou a usina nuclear. Tudo depende do equilíbrio entre oportunidades e riscos em determinado momento em relação às consequências do nível de emissão de carbono. Em suma, de que modo a política da mudança climática na UE deve ser reestruturada? Vou resumir. Como eu já disse, o princípio de precaução precisa ser abandonado e substituído por um tratamento mais sutil da equação oportunidade-risco. Corretamente, a meu ver, os EUA nunca o aceitaram. (A diferença poderia afetar o progresso das negociações sobre a área de livre comércio transatlântica, com graves consequências para a regulamentação.) Se o objetivo for mantê-lo vivo, o ECE deve ser completamente reformulado, assim como devem ser superadas as dificuldades políticas que esse processo enfrentará.

Uma maior integração política e econômica na UE fortalecerá em muito sua capacidade de limitar a mudança climática. Os Estados Unidos anunciaram suas próprias medidas, significativas, para cortar emissões, assim como a China. À falta de quaisquer resultados concretos obtidos das negociações da ONU, esses Estados, juntamente com o Brasil e a Índia, assumirão grandes responsabilidades, já que suas políticas nacionais determinarão se algum avanço pode mesmo ser obtido. Projeções lineares sugerem que a UE estará bem à frente de sua meta de reduzir os gases do efeito estufa em até 20% até 2020. Entretanto, como já mencionamos, estudos mostram que muito da redução já alcançada vem dos efeitos da desaceleração econômica. O que acontecerá se e quando for retomado o crescimento econômico? Além disso, mesmo pelos números existentes, apenas metade dos Estados membros alcançará as metas com as medidas de que dispõem. Mudanças positivas foram realizadas pelos outros países. Quanto às energias renováveis, a situação é ainda pior e foi significativamente afetada pela crise. Parece improvável que muitos Estados membros, por enquanto, alcancem suas metas. Mas alguns, como a Alemanha, irão superá-las. A meta da UE para as energias renováveis tem uma grave deficiência. O que importa até agora, no que tange à redução de emissões, não é somente a proporção de energia renovável, mas também o que compõe os 80% restantes de produção energética. Um país com 20% de energia renovável, mas que obtém o restante de energia com carvão, não está contribuindo muito para combater a mudança climática.

O progresso na eficiência energética está muito atrás das outras duas metas do 20:20:20. Afora isso, há uma boa razão para duvidar de que a eficiência energética seja tão efetiva na redução de emissões como em geral se presume. De fato, tudo depende de como o dinheiro poupado é gasto – o chamado efeito rebote. As pessoas que isolam suas casas, por exemplo, talvez usem o dinheiro

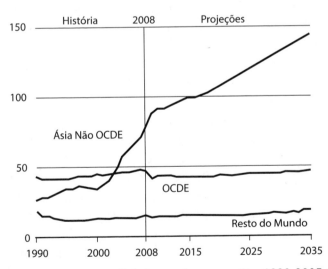

Figura 13. Consumo mundial de carvão por região, 1990-2005 (quatrilhão de Btu).
Fonte: US Energy Information Administration (set. 2011).

poupado para comprar carros maiores ou gozar férias no exterior. O resultado pode ser mais emissão que antes. Estudos sobre o assunto indicam que a maioria dos efeitos rebote se situa entre 10% e 80%.[17] Já que alguns deles operam em nível macroeconômico, seu impacto pode ser considerável. A UE deveria publicar dados de emissões oriundas do consumo, assim como suas metas internas. Pesquisas mostram que cerca de um terço das emissões chinesas de gases do efeito estufa deriva da produção de bens de exportação, grande parte deles para os países industrializados. Se incluirmos o transporte, cerca de 9% se devem às exportações líquidas para a UE. Na Alemanha, França, Espanha, Itália e Reino Unido, as emissões líquidas "importadas" somam entre 20% e 50% das emissões de consumo. Se forem incluídas nos valores para a meta de redução de carbono, farão bastante diferença. O Reino Unido, por exemplo, reduziu suas emissões em torno de 18% desde 1990, pela medida usual. Mas, se incluírem-se as importações líquidas e o transporte, as emissões, na verdade, aumentaram em mais de 20% nesse período.

O ritmo acelerado em que as geleiras do Ártico estão derretendo tem consequências diretas para as correntes marítimas, que influenciam o clima na Europa. É possível, e até provável, que esse impacto já esteja sendo sentido, dados os padrões climáticos imprevisíveis dos últimos anos em muitas partes do continente, no Canadá e na Rússia. Entretanto, um relatório da Agência Ambiental Europeia, publicado em 2013, revelou que somente a metade dos 32 países que formam a UE tem planos para se adaptar. E só um punhado começou realmente a implantar projetos específicos para essa finalidade. As implicações, porém, são formidáveis. Mudanças de temperatura e padrões de chuva ou seca afetarão a agricultura em todas as áreas; a escassez de água

---

17 Ver a série de estudos publicados pelo UK Energy Research Centre – por exemplo, Herring; Sorrell, *Energy Efficiency and Sustainable Consumption: The Rebound Effect.*

CONTINENTE TURBULENTO E PODEROSO

irá se alternar com as inundações; os incêndios florestais se tornarão mais frequentes e intensos no Sul; e alguns tipos de doenças previamente desconhecidas na Europa se tornarão mais comuns. Não convém esperar que essas condições se agravem ainda mais para tomar medidas de adaptação. A geoengenharia tem sido um tópico controverso na Europa. Alguns grupos da sociedade civil se opuseram vigorosamente a ela por princípio. Também se disse, mais genericamente, que levar a geoengenharia a sério reduziria o entusiasmo pelo corte de emissões. No entanto, considerando-se que não houve nenhum progresso na contenção das emissões em nível global, promover pesquisas de geoengenharia não é mais uma opção, mas sim uma necessidade. A UE deveria apoiar mais as que estão sendo feitas pelo Instituto Max Planck de Meteorologia.[18] Essas pesquisas articulam organizações científicas da Alemanha, Escandinávia e França. O objetivo é estudar as possibilidades oferecidas pelas diferentes formas de intervenção no clima, avaliando seus benefícios e riscos.

O trilema da energia

A política energética é crucial para o futuro da União porque implica três preocupações-chave – emissões, prosperidade econômica e garantia de recursos. Reconciliá-las contra o pano de fundo do crescimento problemático é o "trilema da energia" que a UE enfrenta atualmente.[19] O combate à mudança climática deve se harmonizar com a necessidade de garantir a manutenção da oferta e impedir que os preços da energia prejudiquem ainda

---

18 Ver o site do Max-Planck-Institut für Meteorologie, disponível em: <www.mpimet. mpg.de/en.html>.

19 House of Lords; European Union Sub-Committee "D", *No Country is an Energy Island: Security Investment for the EU's Future*. Disponível *online*.

mais a competitividade. Os Estados da UE são grandes importadores de petróleo e gás, portanto, altamente vulneráveis às flutuações de preço. Alguns países do Leste Europeu importam 100% de seu gás da Rússia. A Europa consome uma grande quantidade de petróleo, mas até recentemente não se preocupava muito com a garantia do abastecimento. O motivo, discutido com mais detalhes no próximo capítulo, é que os Estados membros da União se sentiam seguros sob a proteção dos EUA, especialmente no que diz respeito ao fluxo vindo do Oriente Médio. Vários líderes europeus teceram sérias críticas à política americana, muitas vezes com razão. No entanto, se os EUA enfraquecerem sua presença militar na medida em que caminharem para a autossuficiência energética, a Europa ficará vulnerável.

Enfrentar essas dificuldades não será tarefa fácil, sobretudo porque a política energética ainda está quase toda nas mãos dos Estados membros. Na forma da Comunidade Europeia do Aço e do Carvão, a energia foi um elemento central da UE desde o começo. Entretanto, diferentemente da política agrícola e de concorrência, ela não estava sujeita à influência direta da UE. A situação mudou até certo ponto depois da assinatura do Tratado de Lisboa, o qual, pelo menos em princípio, transferiu poderes importantes para a União. No entanto, o Tratado também estabeleceu que nenhuma medida preceituada pela UE poderia comprometer o direito dos Estados membros de escolher suas fontes de energia e determinar sua matriz energética.

Assim, os Estados da UE tendem a seguir cada qual seu próprio caminho, com grandes diferenças entre seus sistemas energéticos. Um dos maiores contrastes é entre a Alemanha e a França. A França depende fortemente da energia nuclear, que gera quase 80% de sua eletricidade. A Alemanha se comprometeu a substituir progressivamente todas as suas instalações nucleares depois do desastre de Fukushima, no Japão. A coalizão "vermelho-verde" que persistiu até o ano de 2005 já anunciara que as usinas nucleares do país seriam fechadas em algum momento. Em 2008, o governo de Angela Merkel, ao chegar ao poder, reverteu essa política e autorizou o país a continuar produzindo energia nuclear por um bom tempo. Após Fukushima, entretanto, a política foi alterada mais uma vez. Todos os reatores nucleares devem ser desativados até 2022.

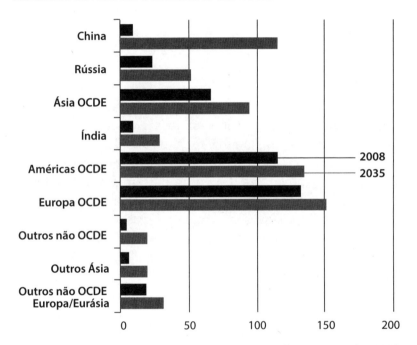

Figura 14. Capacidade de geração de energia nuclear no mundo, 2008 e 2035 (gigawatts).
Fonte: US Energy Information Administration (set. 2011).

Vários países da Europa e de outros lugares resolveram ajustar suas políticas nucleares. A Itália decidiu, pelo voto, manter-se não nuclear. Não serão construídos novos reatores na Espanha e na Suíça. Na França, há uma discussão pública sobre se algumas usinas nucleares do país devem ser fechadas. Já outros países continuam construindo ou planejando construir usinas nucleares. Em junho de 2013, quatro reatores estavam sendo fabricados, um na Finlândia, um na França e dois na Eslováquia. Dezesseis outros já foram planejados, entre eles quatro no Reino Unido e dois na Finlândia, República Checa, Polônia e Romênia. Há nada menos que 132 reatores operando nos Estados membros como um todo. A potência nuclear será, portanto, parte da matriz energética da Europa ainda por muito tempo, independentemente do que cada Estado decida fazer. Hoje, ela gera cerca de 30% da eletricidade produzida na UE. Assim, os países que rejeitam a energia nuclear por questão de segurança e razões ambientais mais amplas ficarão dependentes da regulamentação da UE para sua proteção contra acidentes ou vazamentos em países vizinhos. O Tratado Euratom foi concebido para manter altos padrões de proteção e segurança em todo o continente. A energia nuclear dá uma contribuição significativa para a redução das emissões na Europa. Embora emissões sejam liberadas durante a construção das usinas nucleares, depois que estas ficam prontas as emissões caem a perto de zero. A Comissão não se pronuncia sobre a possibilidade de que um dia a energia nuclear deva ser completamente eliminada na Europa. E está certa nisso. Eu sou um defensor relutante da energia nuclear – relutante por causa dos riscos e dos problemas com o descarte dos resíduos nucleares. Ainda assim, diminuir as emissões é uma preocupação primordial. Além disso, continuar a investir em energia nuclear pode promover o desenvolvimento de usinas movidas a tório – e talvez deste Santo Gral tão esquivo que é a fusão nuclear.

No caso do tório, não há possibilidade de um desastre semelhante ao de Fukushima. A Thor Energy da Noruega iniciou um teste de quatro anos para descobrir se o tório pode ser usado num reator convencional perto de Oslo. Outros programas experimentais foram implantados na Alemanha, Reino Unido e Países Baixos. Ainda assim, a UE corre o risco de ficar atrás da China

CONTINENTE TURBULENTO E PODEROSO

e da Índia na área de investimentos em pesquisas. A China pretende construir 26 reatores convencionais até 2014 e tem planos para mais 51. Ao mesmo tempo, o país investe pesadamente em pesquisas ligadas à energia nuclear, sobretudo a derivada do tório. A China tem grandes reservas de tório – assim como a Índia. Esta vem desenvolvendo reatores à base de tório que devem estar em operação já no final de 2014.

O experimento da Alemanha de abandonar a energia nuclear está, contudo, sendo amplamente examinado não somente na Europa, mas em vários outros países ao redor do mundo. O objetivo é chegar a uma expansão maciça de fontes de energia renováveis – e em pouco tempo. A *Energiewend* (transformação energética) está a caminho. As usinas nucleares existentes serão fechadas aos poucos. Essa agenda se baseia em realizações anteriores, já que a Alemanha investiu muito em energia renovável, particularmente turbinas eólicas e painéis solares. Em dias ensolarados e ventosos, a Alemanha consegue obter deles até 85% de suas necessidades elétricas; 22% do suprimento total do país são atualmente gerados por fontes renováveis, e projeta-se que esse número chegará a 40% até 2020. Estudou-se muito uma maneira de lidar com a natureza intermitente da energia solar e eólica. A ideia é que, por fim, as usinas de eletricidade de base desapareçam. O gás e o carvão serão utilizados somente em parte do tempo.

Os planejadores do setor energético na Alemanha reconhecem que, quando a energia fornecida pelo Sol e pelo vento aumentar de volume, muitas inovações terão de ser introduzidas nas futuras usinas. Elas deverão ser capazes de acelerar e desacelerar em um curto período de tempo. As flutuações atmosféricas não podem ser previstas rigorosamente. Portanto, uma grande flexibilidade deverá caracterizar as centrais elétricas não movidas por fontes de energia renovável. Usinas de biomassa deverão substituir boa parte das usinas de carvão alemãs a longo prazo. Financiamentos substanciais serão disponibilizados para pesquisas em armazenamento de energia, já que um avanço significativo nesse campo pode transformar por completo a energia renovável.

O governo alemão prevê que, até 2022, a necessidade total de energia será coberta exclusivamente por fontes renováveis durante muitas horas por dia.[20] São necessários vultosos subsídios para introduzir e operar as usinas solares e eólicas. Ambas necessitam de altos investimentos de capital no início, mas, uma vez operando, seus custos operacionais são extremamente baixos. No entanto, a decisão de fechar suas usinas nucleares significa que, pelo menos durante o longo período de transição, a Alemanha dependerá substancialmente do carvão, o combustível fóssil mais letal em termos de emissão de gases do efeito estufa. Algumas usinas elétricas ainda queimam lignita, que é ainda pior do que o carvão convencional sob esse aspecto. Um número significativo de novas usinas de carvão deverá ser construído no país nos próximos anos, embora algumas possam não ir adiante em razão dos processos legais que enfrentam. O impacto global da política alemã está para ser visto, especialmente no que tange às consequências das emissões de gases do efeito estufa.

Tecnologias de transição

O investimento em energia renovável em toda a UE é absolutamente necessário – é o futuro. Além disso, esse investimento pode trazer vantagens competitivas para a Europa. Mas devemos refletir também, e muito seriamente, sobre as tecnologias de transição. No combate às alterações climáticas, existem dois imperativos que se sobrepõem. Um deles é cortar emissões de maneira radical; o outro é fazê-lo rapidamente, dado que o

---

20 Agora Energiewende, *12 Insights on Germany's Energiewende*. Disponível *online*.

CONTINENTE TURBULENTO E PODEROSO 205

aquecimento global é cumulativo e nós não sabemos absolutamente como retirar os gases do efeito estufa da atmosfera depois de sua emissão. Uma adoção generalizada do gás natural deveria constar dos primeiros lugares da agenda, na medida em que substitua o carvão e, especialmente, a lignita, na produção de energia. Na combinação de inovação energética com redução de emissões na Europa, nada é mais importante do que reduzir drasticamente o papel do carvão e da lignita. A Polônia ainda obtém quase 90% de sua energia do carvão; a República Checa, 56%; a Grécia, 55%; e a Alemanha, 44%. Além disso, o carvão está ensaiando um retorno nos países onde seu uso começara a cair. Esses países incluem a Alemanha, o Reino Unido e a França. A UE deveria romper com a equação simplista "redução de carbono significa energia renovável". O carvão é, de longe, o combustível mais poluente em termos de emissão. O objetivo primordial deveria ser acabar com a construção das usinas de carvão e fechar as que já existem. A política da UE, nessa questão, deveria ser radical. No entanto, muitas dessas usinas estão sendo construídas, e outras estão na fila. Alguns países começaram a importar carvão dos EUA, onde seu preço caiu por causa do impacto do gás de xisto.

Em termos de vidas perdidas, ferimentos e doenças crônicas, o "Rei Carvão" é muito mais perigoso do que a energia nuclear. Em todo o mundo anualmente, o carvão mata 4 mil pessoas a mais por unidade de energia produzida do que a energia nuclear. Mesmo na indústria do carvão europeia – regulamentada, mecanizada e ciosa da saúde –, milhares de pessoas morrem todos os anos pela poluição do ar, condições tóxicas nas minas e vazamento de mercúrio. Um estudo das trezentas maiores usinas movidas a carvão na Europa mostrou que elas contribuem para 22.300 mortes por ano.[21] Em 2010, um total de 240 mil anos de

---

21 Greenpeace International, *Silent Killers: Why Europe Must Replace Coal Power with Green Energy*. Disponível *online*.

vida, mais 480 mil dias de trabalho, foram perdidos na UE – a um grande custo para os sistemas de saúde, sem falar no sofrimento causado. As trezentas usinas em questão geram um quarto da eletricidade da UE. No entanto, são responsáveis por mais de 70% das emissões de dióxido de enxofre e mais de 40% das de óxido de nitrogênio.

A UE e a maioria dos Estados membros adotaram uma atitude conservadora (isto é, de precaução) frente à revolução do gás de xisto. A França e a Bulgária baniram por completo a produção de gás de xisto, que, de um modo geral, é desaprovado na Alemanha. A decisão francesa é significativa porque, segundo se estima, a França tem a maior reserva de gás de xisto da Europa depois da Polônia.[22] A Polônia é o país mais empenhado em explorar suas reservas de gás de xisto, o que representa um passo à frente dada a sua extrema dependência do carvão. O governo polonês afirmou ser capaz de produzir gás de xisto já em 2015, mas até agora o progresso tem sido lento. A Grã-Bretanha é o outro país da UE que vem mostrando grande interesse no assunto, mas também ali ainda não avançou muito. Suas reservas, de qualquer maneira, parecem ser consideráveis. A UE não pode ficar de fora do que se tornou uma força revolucionária na indústria energética e deve garantir que haja uma estrutura regulatória em ação.[23] A questão do gás de xisto é extremamente polêmica na Europa porque envolve problemas com o meio ambiente local. Além disso, os críticos sempre ressaltam que a população é muito mais densa na Europa do que nas áreas mais abertas dos EUA. Todavia, havendo uma regulamentação apropriada, esses problemas podem ser resolvidos; eles são insignificantes em comparação com a questão primordial de se fazer cortes nas emissões. A

---

22 Buchan, *Can Shale Gas Transform Europe's Energy Landscape?*. Disponível *online*.
23 Para uma análise sugestiva e abrangente, ver Helm, *The Carbon Crunch: How We're Getting Climate Change Wrong – and How to Fix It*.

CONTINENTE TURBULENTO E PODEROSO 207

atitude "que seja longe do meu quintal" se manifesta com o gás de xisto, mas também com todas as outras formas de produção e distribuição de energia.

Há muitos anos, os EUA pareciam estar totalmente fora do jogo em termos de redução das emissões de gases do efeito estufa. Nos últimos cinco anos, no entanto, elas caíram 13%, graças sobretudo à substituição do carvão pelo gás de xisto. Nos Estados Unidos, esse gás é chamado de "assassino do carvão".[24] Ele provoca sérios problemas ambientais, mas não tão críticos quanto os que se devem ao carvão. Nos EUA, a proporção da eletricidade oriunda do carvão caiu de 50% do mix de energia para 37% entre 2005 e 2012. Estudos comparativos dos dois combustíveis com base num ciclo de vida mostram que o gás não convencional tem 50% menos gases do efeito estufa que o carvão – embora seja essencial que o vazamento de metano seja impedido.

Os benefícios econômicos da revolução do gás de xisto nos EUA também vêm sendo muito estudados, não somente por causa da criação de novos empregos na indústria energética, mas também por seus efeitos na produção manufatureira americana. A produção de gás de xisto significa a construção de usinas locais pouco atraentes, mas com muito menos efeitos na paisagem do que as minas de carvão – para não falar da mineração a céu aberto, ainda muito comum em algumas partes da Europa. O gás de xisto é um divisor de águas não somente nos EUA, mas também no resto do mundo. Existem grandes reservas na China, que criou um ambicioso programa para tentar explorá-lo. Ele poderá reduzir drasticamente as emissões, dado que o país ainda obtém 70% do total de sua energia do carvão, na maioria de usinas antiquadas. Não somente na UE, mas em suas

---

24 Trembath, A. et al., *Coal Killer: How Natural Gas Fuels the Clean Energy Revolution.* Disponível *online.*

imediações – especialmente na Argélia e Ucrânia –, os recursos disponíveis parecem consideráveis. O preço do gás certamente não ficará atrelado ao do petróleo e será bem mais baixo. O gás, em princípio, pode ser amplamente usado no transporte, que até o momento é quase por completo dominado pelo petróleo, embora os veículos elétricos possam também tenham um papel a desempenhar.

A Comissão, recentemente, publicou três estudos sobre o tema do gás de xisto.[25] Tratam de seu efeito potencial nos mercados energéticos, de seu impacto nas emissões e dos riscos ambientais locais que sua extração possa criar. Os resultados são bastante positivos com relação ao desenvolvimento na Europa. Em razão das hesitações da UE frente ao gás não convencional, a extensão precisa de suas reservas permanece desconhecida. As estimativas, até agora, baseiam-se em dados geológicos, e não em perfurações. Se os Estados da UE não puderem progredir em seus próprios territórios, terão de recorrer às reservas do norte da África e do Oriente Médio. Por enquanto, a história da exploração do gás de xisto é outro exemplo no qual a Europa produz papéis e relatórios enquanto os EUA agem. No tocante aos objetivos de combate à mudança climática, a maior dificuldade da adoção do gás é que ele não representa uma solução a longo prazo perante a escala de redução de carbono que acabará sendo necessária. Assim, um dia ele terá de ser abandonado ou então a captura e armazenamento do carbono (CAC) precisará se transformar numa estratégia efetiva e competitiva em termos de preço, ou então deverá haver uma conjugação dessas duas medidas. A CAC pode se tornar uma necessidade para o futuro. Os combustíveis fósseis ainda dominarão a matriz energética europeia por muitos anos. O principal pré-requisito é CAC para

---

25 Buckens, M.-M. EU studies aim to reassure, *Europolitics*, 14 jun. 2013. Disponível *online*.

CONTINENTE TURBULENTO E PODEROSO

gás em vez de carvão, presumindo-se que ao menos a produção de carvão na Europa possa ser radicalmente suprimida. Até agora nenhuma das usinas de CAC que supostamente deveriam estar prontas na UE até 2015 teve sua construção sequer iniciada.

Investimento em energia e recuperação econômica

Ter uma política energética correta é tão importante quanto quase todas as questões difíceis que estão desafiando a UE atualmente. Investimentos intensivos em energia devem ser parte importante de qualquer pacote de incentivos à revitalização da economia da UE. No momento, a Europa ainda é mais de papel nas políticas energéticas do que em quase todas as outras áreas. O abismo entre os planos e a realização, especialmente contra o pano de fundo do desempenho do ECE, vem criando perigosas incertezas sobre o futuro energético da UE. Eis aí uma questão das mais importantes, pois muitos financiamentos terão de vir de fontes privadas, que vão querer ver as coisas com bastante clareza antes de fazer qualquer investimento de peso. As iniciativas que existem no nível da UE são muitas, de fato. Incluem uma série de pacotes energéticos para o mercado interno, várias projeções climáticas e energéticas que remontam a alguns anos, a Diretiva de Eficiência Energética de 2012, propostas para um Mecanismo de Interligação da Europa, a Diretiva de Emissões Industriais, o Roteiro das Energias Renováveis e o Roteiro da Energia. Toda essa mixórdia de planos e propostas é a maneira correta de pensar com antecedência? Não creio, por razões que já apresentei na discussão sobre a noção da sustentabilidade. A mudança climática e a segurança energética são exemplos prototípicos do que significa viver numa sociedade com tal emaranhado de oportunidades e riscos. Projetar cenários em vez de elaborar roteiros é a maneira adequada de encarar um futuro tão incerto. Uma única grande descoberta – tal como uma maneira de armazenar eletricidade a longo prazo e com economia – pode alterar toda a natureza dos sistemas energéticos existentes. De acordo com as projeções da Comissão, mais de 1 trilhão de euros em valores atuais serão necessários para renovar o sistema energético da UE até 2020, partindo do existente em 2010. Essa soma cobriria aspectos significativos da geração e da transmissão, incluindo a modernização da rede. O aprimoramento da rede é fundamental, pois oferece a chance de fazer o melhor uso possível das fontes de energia intermitentes e aumentar a eficiência energética – um dos objetivos da política da UE. O custo da energia diminuiria porque grandes áreas poderiam compartilhar a produção das usinas mais eficientes. Também seria possível compartilhar os recursos hidrelétricos, capazes de prover sozinhos ao consumo de seis semanas da Europa. Foram feitas muitas propostas para a transformação de toda a rede europeia. Elas incluem, por exemplo, a possível criação de uma rede entre os países do Báltico, envolvendo a Alemanha juntamente com os Estados nórdicos, Estônia, Letônia, Lituânia e Polônia. Outra ideia são a Rede Baixa, que uniria os países da Europa Central, especialmente Alemanha, Países Baixos, Bélgica e França, e a Rede Alta, entre a Europa e o norte da África. Uma versão desta última, que já fez algum progresso, é a Desertec, que prevê o transporte de energia solar do norte da África e do Oriente Médio para a Europa. O projeto tem sido, entretanto, ameaçado por querelas entre os dois maiores parceiros envolvidos.

Um problema isolado, mas sério (em parte por causa das suas ramificações geopolíticas), é a existência no momento de "ilhas de energia" dentro da UE, como o grupo formado pela Estônia, Lituânia e Letônia, dependente do gás da Rússia. Esses países têm poucas conexões de infraestrutura com o restante da UE. O mesmo se aplica, individualmente, à Eslováquia, Bulgária, Hungria e Romênia. Até a Alemanha se encontra, de certa forma, na mesma posição, tendo instalado o gasoduto Nord Stream. A Comissão sugeriu que a Alemanha aumentasse a conectividade desse gasoduto. A Energiewende alemã gerou fatos estranhos. Os Países Baixos, maiores produtores e exportadores de gás da Europa, têm extensas conexões com os países vizinhos, incluindo a Alemanha. Eles liberaram esse mercado como parte de sua contribuição ao mercado único. Em algumas ocasiões, a Alemanha exportou energia elétrica para os Países Baixos a preços negativos – os consumidores eram pagos pelo que gastavam, não o contrário. O motivo é que os subsídios criados pela Alemanha a fim de incentivar a expansão das fontes de energia renováveis significava que os produtores continuavam a fornecer energia independentemente de seu preço.

Restam poucas dúvidas de que um investimento em larga escala na melhoria da rede teria notáveis efeitos multiplicadores como parte de um pacote de incentivos. O dinheiro pode ser encontrado nas difíceis circunstâncias de hoje? Como seria de esperar, existem sérias dificuldades. Uma sondagem de possíveis investidores feita pela Comissão, incluindo grandes fundos de pensão, mostrou obstáculos claros. As instituições financeiras abordadas responderam que só considerariam os investimentos em um número limitado de Estados da UE, já que as circunstâncias econômicas dos demais eram muito adversas. É essencial, porém, que um pacote realista seja considerado. No momento, a maioria dos empreendimentos em exame são parciais, embora vantajosos em seus próprios termos. Um exemplo é a iniciativa dos títulos, acordada em julho de 2012. Ela oferecerá melhores condições de crédito para projetos específicos, respaldados por contribuições do Banco de Investimento Europeu (BIE). A UE2 certamente terá de se envolver. Os investimentos em infraestrutura energética nos países do Sul, especificamente a Grécia, poderiam ter um duplo efeito multiplicador. Ajudariam a recuperar o país, mas seriam também um estímulo à economia da

UE como um todo caso se integrassem aos planos de desenvolvimento geral da rede pan-europeia. O BIE investiu 215 milhões de euros em gás natural e melhoria da rede nacional. Pelo menos é um começo.

Estimativas indicam que cerca de 85% dos investimentos necessários para modernizar a rede terão de vir de fontes privadas. Investidores institucionais, especialmente os fundos de pensão, têm a obrigação de garantir uma renda estável para seus acionistas. Assim, uma estrutura de políticas claras e honestas é indispensável. No momento, por causa das falhas nas políticas em vigor, tal estrutura não existe. A questão principal não são as metas: é o modo como elas devem ser alcançadas. Existem muitas incertezas com relação ao ECE, ao impacto do gás de xisto e às atitudes ambivalentes da Europa frente à energia nuclear, provocados e agravados pelas incertezas econômicas da crise. Numa recente pesquisa com investidores institucionais, menos de 10% achavam que o ECE proporciona um incentivo real para que se invista em tecnologia de baixo uso de carbono, e não de alto. Nem um único entrevistado acreditava que o ECE oferecia garantias de preço a longo prazo. Essas incertezas afetam diretamente a probabilidade de investimentos para a melhoria da rede.[26] Existem muitos planos para a reconstrução de cima para baixo da rede. Se o objetivo for atrair investimentos, entretanto, essa é certamente a maneira errada de agir. O método mais efetivo seria construir uma rede pan-europeia de maneira progressiva e localizada. Os diferentes conjuntos teriam de estar "adaptados à rede" – abertos à interligação. Uma super-rede construída dessa forma seria compatível com a diversidade das microrredes, baseadas em fontes de energia local. A construção de novos sistemas de rede de qualquer tipo, no entanto, poderia encontrar forte

---

26 Institutional Investors Group on Climate Change, *Shifting Private Capital to Low Carbon Investment*. Disponível *online*.

CONTINENTE TURBULENTO E PODEROSO

oposição local. Assim, na Alemanha, uma substancial quantidade de energia eólica precisa ser transportada do norte para o sul do país. A desconfiança pública quanto às consequências para o meio ambiente local fez com que o projeto fosse adiado por anos. A UE não deve absolutamente abandonar a ideia de ser a pioneira na política de mudança climática. No entanto, comparados com seu nível de ambição – resolver um problema que não pode esperar –, os resultados concretos até agora foram insignificantes. Parte do motivo já se sabe: a União depende largamente daquilo que os Estados membros decidam fazer com respeito às suas necessidades energéticas e seus padrões de consumo. Mas há também, como tentei mostrar, graves problemas com as estratégias e políticas adotadas.

6
A busca de relevância

O término da Segunda Guerra Mundial marcou o fim da hegemonia europeia. Foi uma importante transição. Surgiu o antagonismo entre os Estados Unidos e a União Soviética, que haveria de definir a política global por cerca de meio século. Os Estados Unidos estabeleceram na Europa uma presença militar que continua até hoje, embora de forma atenuada. A França e a Alemanha, bem como os outros países da Europa Ocidental, eram pouco mais que atores coadjuvantes num drama global bem maior. As principais guerras oriundas dessa rivalidade ocorreram fora da Europa, mas as coisas poderiam ter sido diferentes. As tensões, em alguns momentos, foram bem reais e perigosas. A história pode facilmente ser reconstruída *a posteriori*, mas convém reconhecer que ninguém imaginava que o poder soviético se dissiparia do dia para a noite e praticamente sem violência. Eu me lembro de caminhar por Praga em 1990 com o antropólogo e filósofo Ernest Gellner, que cresceu na Checoslováquia, mas fez quase toda a sua carreira na Grã-Bretanha. Gellner foi um dos maiores estudiosos da União Soviética. Ele me contou que estava na cidade quando os soviéticos chegaram, mas nunca esperou estar lá quando fossem embora. Acreditava que a União Soviética duraria cem anos.

A existência da Comunidade Europeia, e portanto da UE, deve muito a alguém de fora: Mikhail Gorbachev. Sem *perestroika* e *glasnost,* sem sua decisão de não intervir militarmente para sufocar os movimentos na Polônia, Alemanha Oriental e Hungria, não haveria União Europeia da forma que existe hoje. É certamente correto e apropriado que o sr. Gorbachev tenha recebido o Prêmio Nobel da Paz juntamente com a própria União. A história caminhou para a reunificação da Europa, mas, na verdade, o continente poderia ter sido dilacerado pela guerra mais uma vez caso os soviéticos houvessem recorrido à força militar. A expansão da comunidade europeia para leste foi, sob todos os aspectos, uma grande virada histórica. A UE estava pela primeira vez "sozinha" – potencialmente um ator mais destacado no mundo do que antes, porém não mais a entidade precisamente delimitada que fora por mais de quarenta anos. Surgiu o problema da "finitude": quais deveriam ser as fronteiras da União Europeia a leste? A UE, na sua forma atual, é um processo ou uma entidade fixa? A União agora podia ser vista, e o era por muitos, como o modelo possível de um governo transnacional numa época de globalização acelerada, na qual as nações individuais haviam perdido muito de seu antigo poder.

Organizações de livre comércio surgiram em outras partes do mundo, como no Sudeste Asiático (Asean) e na América Latina (Mercosul). Seguiriam elas o mesmo caminho? Seria essa uma forma nascente de poder, que descartava as normas "westfalianas" e abandonava a violência em favor do respeito pelos direitos humanos, democracia e império da lei? Poderia a abordagem pacífica da UE nem sequer rivalizar com a influência dos EUA, que continuavam se metendo em aventuras militares? Após os ataques de 11 de setembro às torres gêmeas e ao Pentágono, como a UE reagiria?

A força e a fraqueza

O período logo após a virada do milênio produziu uma vasta literatura influenciada por essas questões. Menciono aqui somente os trabalhos de Robert Kagan e Mark Leonard, ambos escritos pouco tempo após a segunda invasão do Iraque pelos Estados Unidos e seus aliados. O conflito polarizou a Europa, e a maioria dos Estados da UE se recusou a participar. Kagan comparou a UE e os EUA usando uma analogia de um *best--seller* de autoajuda. Sua tipologia se tornou quase tão famosa quanto a original. A UE é "de Vênus" e os EUA são "de Marte". A "Europa", dizia ele, "está se afastando do poder" rumo a um "paraíso pós-histórico de paz e prosperidade", tomando para si as diretrizes de Kant. Os EUA, no entanto, "permanecem mergulhados na história". A verdadeira segurança, bem como os meios de promover a ordem liberal, dependem da capacidade de utilizar força militar. Kagan admitiu que o contraste é até certo ponto uma caricatura, mas insiste em que expressa uma verdade essencial. A diferença entre a UE e os EUA pode de fato ser "impossível de reverter".

Kagan ressaltou que a fraqueza militar dos Estados europeus – um contraste chocante com os séculos de seu domínio imperial – foi mascarada pela situação ímpar da Guerra Fria. Uma vez desaparecido o mundo bipolar, a União Europeia caiu no primeiro obstáculo, sendo incapaz de resolver a guerra nos Bálcãs sem a ajuda dos norte-americanos. Se a UE não conseguiu debelar um conflito tão próximo, que apesar de sua selvageria foi relativamente limitado, como poderia ter alguma pretensão de se tornar uma superpotência? O apego da UE ao multilateralismo, argumenta Kagan, deve-se à sua própria incapacidade. Suas táticas e metas "são as táticas dos fracos": "A nova ordem kantiana europeia só poderia florescer sob a proteção do poder

218 ANTHONY GIDDENS

norte-americano exercido de acordo com as regras da antiga ordem hobbesiana".[1]

Os contragolpes não tardaram, e foram muitos – a análise de Kagan tocou alguns nervos sensíveis. Mark Leonard procurou traçar um quadro bem diferente, dizendo quase o contrário de Kagan. Ele observou que os limites do poder militar norte-americano ficaram bem claros. O Iraque não está pacificado, e os EUA, juntamente ao restante da Otan, também estão atolados no Afeganistão. A Europa está moldando um tipo diferente de poder, mais profundo e com potencial muito maior a longo prazo. A tentativa de Kagan de subverter o idealismo europeu, vendo-o como um disfarce para a fraqueza, é falha. A UE conseguiu pacificar grandes porções do continente "sem se tornar um alvo de hostilidades", o que teria acontecido se sua meta houvesse sido alcançada pela força. Quando a UE se envolve diretamente em conflitos em diferentes partes do mundo, continua Leonard, não age por conta própria, mas sim sob a égide de organizações internacionais. Justamente porque sua influência é de certa forma "invisível", a União consegue resultados sem provocar respostas hostis dos demais. A falta de um líder visível é, na verdade, uma fonte de poder. Operar em rede permite a todo um grupo de nações ter uma presença difusa, mas mundial.

Além disso, a União não é uma entidade fechada, mas aberta a novos membros de sua vizinhança. Em vez de ameaçar conquistar, ela exerce uma força magnética de atração. O que se observa desde 1989 "é uma mudança de regime em escala nunca vista na história da humanidade, mas sem que um tiro seja disparado". A influência da UE vai muito além dos países que um dia podem ser aceitos como membros de pleno direito; a Iniciativa Europeia de Boa Vizinhança, sustenta Leonard, poderia atrair quase um terço

---

1 Todas as citações são de Kagan, R. Power and weakness, *Policy Review*, n.113, 2002, p.1-18.

CONTINENTE TURBULENTO E PODEROSO

da população mundial para sua órbita. Marte contra Vênus – bem, para Leonard, Vênus sai na frente. Comparem-se, por exemplo, o envolvimento da UE com os Estados antes beligerantes da Croácia e da Sérvia e o relacionamento dos EUA com a Colômbia. Os EUA têm, ou tiveram, no país uma forte presença militar, e procuraram influenciar as políticas locais como parte da guerra contra as drogas. Houve alguma ajuda ao desenvolvimento, mas nenhum programa de fundos estruturais como os que a UE oferece, ou mesmo um convite para o envolvimento do país num quadro mais amplo de democracia e evolução econômica estável. Os limites do poder militar foram claramente exibidos pelo que aconteceu no Iraque e no Afeganistão. As vitórias militares são transitórias e ineficazes, a menos que haja uma chance positiva de reconstrução e introdução do império da lei. "A superpotência solitária pode subornar, intimidar e impor sua vontade em praticamente qualquer parte do mundo, mas, assim que vira as costas, seu poder começa a desmoronar." A UE é um modelo para outras regiões, incluindo o Leste Asiático e a América Latina.

Os europeus desempenharam um papel desproporcional na criação de algumas das maiores agências internacionais nos últimos tempos, ressaltou Leonard, enfrentando, muitas vezes, a resistência ou a indiferença dos norte-americanos. Foram os europeus que pressionaram pela Organização Mundial do Comércio, o Tribunal Penal Internacional e o Protocolo de Kyoto. O Estado-nação foi inventado na Europa nos séculos XVIII e XIX; atualmente, a Europa é pioneira num novo modelo global. No século XXI, "a maneira europeia de fazer as coisas se tornará global". Leonard reconheceu que seu trabalho parecia fora de sintonia com a situação da UE naquele momento. O Tratado Constitucional Europeu, aos olhos de todos, parecia morto e enterrado. Seria necessário, a seu ver, esperar mais cinco anos por novos tratados. O Tratado de Lisboa foi, na verdade, assinado em 13 de dezembro de 2007, um ano depois de Leonard escrever isso. A União, acrescentou ele, deveria desenvolver pacotes de reforma mais limitados. "Devemos esquecer a ideia de uma única União Europeia e adotar o conceito de muitas Europas." Temos, pois, de renunciar ao "sonho europeu" de um futuro federal semelhante ao dos Estados Unidos.[2]

Mas voltemos a Kagan. Consideremos sua tentativa de subverter o projeto europeu argumentando que este é essencialmente baseado na hipocrisia, uma tentativa dos fracos de se impor moralmente aos fortes – Nietzsche, aqui, dá o ar de sua graça. Há alguma validade na ideia? Eu diria definitivamente sim. As origens primitivas da UE foram inspiradas pelo projeto totalmente louvável e essencial de colocar um fim nas guerras entre as nações europeias – guerras nas quais milhões de pessoas morreram. Ainda assim, os motivos para seu sucesso não foram somente a determinação e a persistência dos principais jogadores, mas também a proteção fornecida pela força militar norte-americana. Desde os primeiros anos após a Segunda Guerra Mundial e o período de descolonização, a UE e seus Estados membros tentam conviver com uma perda drástica de poder, especialmente diante dos Estados Unidos. Procuraram fazê-lo inventando ou decretando um novo tipo de influência, diametralmente oposta a seu belicoso passado. Por mais virtuosa e grandiosa que seja essa tentativa, e não se pode negar que assim é, a virtude aqui nasceu em parte da necessidade. Leonard observou que os EUA não têm nenhum mecanismo comparável ao *acquis communitaire* da UE, o que é verdade. Não obstante, a América Latina, para a qual ele apontou como exemplo da inépcia dos EUA, nos últimos anos tem passado por um processo de democratização pelo menos tão extenso quanto o Leste Europeu

---

2 Citações de Leonard, M. Why Europe will run the 21st century. Palestra dada em 2006. Disponível *online*. Recorro a essa fonte, e não ao livro de Leonard com o mesmo título, porque ela foi proferida um ano após a publicação do livro.

e os ex-Estados soviéticos vizinhos da UE. Não quero dizer que a democracia na Argentina, Brasil, Chile e outros países da América Latina seja resultado direto da política norte-americana, que muitas vezes foi repreensível. Ainda assim, o exemplo da América Latina sugere que a democratização é um processo com base mais ampla do que qualquer influência especificamente europeia. O Mercosul e o Asean não são mais que zonas de livre comércio. A União Africana mal ensaia os primeiros passos.

A UE não é uma forma pioneira de governo, a vanguarda de um novo modelo de cooperação transnacional que os outros devam aprender e copiar. É provável que seu futuro esteja em num sistema mundial regionalizado. Um modelo federal não é compatível com a ideia de que seu caráter distintivo reside em sua forma. A UE tampouco está em posição privilegiada para promover a paz mundial. Kagan não foi o único a perceber que o compromisso europeu com o pacifismo e a lei internacional, por genuíno que seja no nível das boas intenções, esconde fraquezas. Outros blocos e nações também veem isso. Sem dúvida, algumas ideias de Kagan são válidas; mas já é tempo de deixar o dualismo em que elas – assim como os trabalhos de Leonard, Robert Cooper e outros autores da época – se baseavam.[3] O contraste entre Vênus e Marte é muito parecido com o que Joseph Nye esboçava entre poder brando e poder bruto. Contudo, Nye sempre foi cuidadoso ao ressaltar que eles se entrecruzam de muitas maneiras. Existem poucas formas de persuasão, por exemplo, que não pressuponham sanções de um tipo ou de outro. A recíproca também é válida.[4]

Além disso, algumas das afirmações que Kagan fez há dez anos soam agora um tanto arcaicas. O presidente Obama expressou seu

---

3 Ver Cooper, *The Post-Modern State and the World Order.*
4 Nye, *Soft Power: The Means to Success in World Politics,* e muitas publicações posteriores sobre o tema.

desejo de acabar com a "guerra ao terror". Ressaltou o fato de que a força só não basta, que é preciso combater as causas do terrorismo. Kagan escreveu que americanos e europeus "se entendem cada vez menos" e que "as razões da divisão transatlântica são profundas, desenvolveram-se ao longo de muito tempo e provavelmente perdurarão".[5] A divisão mais recente entre os EUA e a Europa, no entanto, foi a aproximação de Obama da Ásia – uma forma de desligamento parcial, não de conflito ideológico. Um argumento-chave deste livro é que nós, europeus, precisamos estabelecer novos laços transatlânticos. Desta vez, eles devem repousar numa parceria entre iguais, não numa relação ambivalente de dependência. Uma área de livre comércio transatlântica é um bom começo. A ideia remonta ao presidente John F. Kennedy na década de 1960. Ele usava a expressão "parceria transatlântica", que ainda é a melhor, pois o comércio deveria ser apenas uma parte do fortalecimento dos vínculos entre a UE os EUA. O interesse de Kennedy pelo livre comércio transatlântico foi motivado em parte pelo desempenho superior da economia dos países da Comunidade Europeia naquele momento. Em seu "Grande Projeto", ele chamou a Europa de "um parceiro com o qual podemos tratar em plena igualdade de condições". A ideia se evaporou com a morte de Kennedy e por causa da hostilidade de alguns países da Europa, especialmente a França de De Gaulle. De fato, esse pode ter sido um dos fatores que levaram os franceses a se desligar da Otan.[6]

O projeto de criação de uma área transatlântica de livre comércio foi endossado no discurso do Estado da União de Obama em 2013. A UE e os EUA montaram um Grupo de Trabalho de Alto Nível para o Emprego e o Crescimento, com a finalidade de examinar essa possibilidade. Não é de modo algum uma tarefa simples,

---

5 Kagan, *Paradise and Power: America and Europe in the New World Order*, p.3.
6 Brinkley; Griffiths (orgs.), *John F. Kennedy and Europe*.

CONTINENTE TURBULENTO E PODEROSO

havendo grandes obstáculos políticos e econômicos em ambos os lados. Obama será capaz de fazer com que esse programa passe pelo Congresso? Uma pitada de UE2, sem dúvida, será necessária na Europa. Desta vez, não pode haver as negociações intermináveis de que a União tanto gosta. Os norte-americanos disseram que um acordo deve ser feito e implementado rapidamente, com "só um tanque de gasolina". Os europeus serão capazes de tamanha rapidez? É difícil contestar as potenciais vantagens do acordo, especialmente se elas abrirem caminho para outros tipos de colaboração, como na esfera da segurança. A economia transatlântica gera uma receita comercial de cerca de 5 trilhões de dólares por ano e mantém cerca de 15 milhões de empregos "locais".[7] Os níveis de investimento estrangeiro direto são especialmente altos. Pesquisas revelam que há um amplo apoio público para uma área de livre comércio transatlântico em ambos os lados do Atlântico. Uma pesquisa da Fundação Pew em 2010 indicou que 58% dos norte-americanos pensam que ampliar o comércio com a Europa será bom para os Estados Unidos, contra 28% que acham que não.[8] Números semelhantes são encontrados em pesquisas de âmbito europeu.

Várias críticas possíveis devem ser examinadas. Haveria consequências adversas para as economias emergentes? Como questões espinhosas, como a *exception culturelle* da França – seu compromisso com a proteção da própria herança cultural –, seriam tratadas? Seria mais lógico tentar negociar áreas de livre comércio com os países asiáticos em ascensão? Ambas as perguntas podem ser prontamente respondidas, pelo menos em princípio. Não é interessante para as economias emergentes que os EUA e a Europa caiam novamente na estagnação econômica.

---

7 Hamilton; Quinlan, *The Transatlantic Economy 2012*. Disponível *online*.
8 German Marshall Fund of the United States, *A New Era for Transatlantic Trade Leadership*, fev. 2012. Disponível *online*.

Além disso, a economia mundial não é um jogo de soma zero. A economia francesa está enfrentando grandes problemas e ganharia muito com uma parceria transatlântica. Parte das negociações envolveria fazer exceções que devem ser avaliadas levando-se em conta o bem comum. E os motivos para firmar a parceria transatlântica em nova roupagem vão muito além do comércio livre em si, como tenho enfatizado ao longo deste trabalho.

A Guerra Fria e depois

A UE demorou muitos anos para conseguir ter um pouco da clareza de propósito que a Guerra Fria oferecia. Todas as suas limitações reaparecem aqui. A relação difícil entre a UE1 e a UE2 é muito evidente, como o são as grandes áreas da Europa de papel que as cercam – esquemas, projetos e propostas produzidos tanto pelas nações quanto pelas agências da UE. Houve muitos planos para reformular o relacionamento entre a UE e a Otan, assim como para adotar políticas comuns. O progresso tem sido lento e hesitante, mesmo depois de o Tratado de Lisboa supostamente criar uma liderança mais coesa em política exterior. Os Estados da UE que intervieram na Líbia dois anos atrás não conseguiriam ter agido sem o reforço logístico norte-americano, fornecido por intermédio da Otan. O mesmo aconteceu com a França no Mali. Os aviões-tanque norte-americanos fizeram mais de 200 voos para apoiar a intervenção francesa. Os franceses não teriam conseguido chegar ao Mali, nem utilizar ali sua força aérea, sem a ajuda norte-americana. Não é que a União careça de presença militar, vista em termos de recursos e efetivo. As despesas militares somadas de todos os Estados membros chegam a mais de 200 bilhões de euros por ano. O efetivo é de cerca de 1,6 milhão de pessoas, mais do que nos EUA, além de uma frota de navios de guerra de diferentes tipos. O grande problema aqui é o legado

CONTINENTE TURBULENTO E PODEROSO

persistente do período bipolar. Os exércitos nacionais são descoordenados e grande parte do armamento disponível seria útil apenas para combater uma invasão terrestre vinda do leste. Uma série de tentativas foi feita nos últimos vinte anos para reunir as forças militares dispersas pela Europa e para modernizar a tecnologia militar, em ambos os casos com um sucesso limitado. Numa reunião do Conselho Europeu realizada em Helsinki em 1999, debateu-se um plano para uma Força de Reação Rápida Europeia, formada por grupos de batalha especializados. Foi instituído em 2004, nos termos de uma iniciativa franco-britânica proposta em St. Malo um ano antes. Os países da UE se comprometeram a providenciar uma força de quinze brigadas – cerca de 50 mil a 60 mil homens – mobilizáveis em sessenta dias. Seriam capazes de operar por pelo menos um ano e então ser complementadas por substitutos. Em 2010, o conceito foi ampliado para incorporar uma série de missões humanitárias e de manutenção da paz. Os grupos de batalha foram declarados operacionais, embora em menor escala que a anteriormente prevista. Até agora, porém, não entraram em ação. Camille Grand, especialista francês em defesa, comentou ironicamente que, em assuntos militares, a Europa está se movendo para "uma combinação dos incapazes com os indispostos".[9] As duas maiores potências militares da UE, o Reino Unido e a França, estão começando a ficar desgastadas por causa da situação econômica e dos cortes que ela trouxe.

Na cúpula de Lisboa em 2010, o "novo conceito estratégico" da Otan foi adotado e novas áreas de cooperação com a UE foram debatidas. As duas organizações concordaram em se encontrar regularmente para discutir diversos assuntos em diferentes níveis. A prevenção de atritos, o gerenciamento de situações conflituosas e sua estabilização posterior estiveram em pauta. Parte crucial

---

9 Camille Grand, citado em Erlanger, Shrinking Europe military spending stirs concern, *New York Times*, 22 abr. 2013.

da agenda era um acordo de cooperação mais ampla, para cortar custos e facilitar uma maior integração. No entanto, a dependência um tanto hipócrita do poder militar norte-americano, por parte da UE, continua. É difícil escapar à conclusão de que a existência da Otan expõe a Europa a um risco moral sistemático no que toca à sua capacidade de defesa. A UE sabe que pode contar com apoio de emergência por mais que ela própria se descuide. Portanto, pode se dar ao luxo de uma atitude descompromissada e de disputas internas. Eis uma situação que talvez não dure muito tempo. Como os países europeus, os EUA estão lutando para reduzir seu enorme nível de endividamento. Em 2001, os

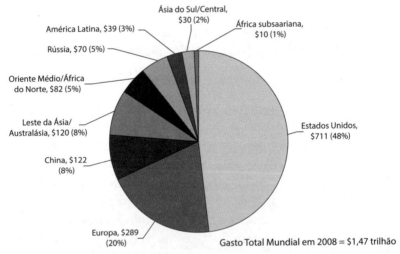

Figura 15. Gastos militares dos EUA versus mundiais em 2008 (em USD bilhões, com a porcentagem do gasto global total).

Notas: Dados do International Institute for Strategic Studies. *The Military Balance 2008,* e Departamento de Defesa dos Estados Unidos. O total dos EUA é a requisição para o ano fiscal de 2009 e inclui 170 bilhões de dólares para as operações militares no Iraque e Afeganistão, bem como o financiamento de atividades de armas nucleares pelo Departamento de Energia norte-americano. Todos os outros números são projeções baseadas em 2006, o último ano para o qual há dados seguros disponíveis. Fonte: Center for Arms Control and Non-Proliferation.

norte-americanos pagaram um pouco mais que 60% do custo da Otan. Atualmente, encarregam-se de 75%. E estão pressionando por uma distribuição mais igualitária de fundos.

Na virada do século, durante o período de ampliação para o que era o Leste Europeu, acreditava-se que a UE disporia de áreas de razoável estabilidade nos seus flancos leste e sul. Agora toda a região parece muito mais volátil, dependendo das muitas incógnitas das revoltas árabes. Afora o problema Israel-Irã, os interesses estratégicos norte-americanos no Oriente Médio provavelmente vão diminuir, considerando-se que eles próprios estão dando largos passos na direção da autossuficiência energética. Enquanto isso, outros atores, incluindo a China e a Rússia, se preparam para expandir suas esferas de influência. A Rússia instituiu um ambicioso programa para aprimorar suas forças, ao custo de centenas de bilhões de dólares. Estão surgindo novas ameaças para as quais a UE está despreparada e contra as quais a própria Otan parece exposta. A mais óbvia é a de o Irã conseguir fabricar armas nucleares combinadas com um sistema de mísseis capazes de atingir partes ou a totalidade da Europa.

A UE e a Rússia

A UE vem tendo uma relação tensa com a Rússia desde que Vladimir Putin chegou ao poder com a intenção de restaurar a autoridade do país perante o mundo. A ampla dependência da União do petróleo e do gás da Rússia, no entanto, persistiu e até aumentou quando a Alemanha começou a importar ainda mais que no passado. O gasoduto Nord Stream foi uma das inovações energéticas mais controversas dos últimos anos. É um empreendimento conjunto da Gazprom e de firmas alemãs, holandesas e francesas no qual, contudo, a Gazprom detém 51% das ações. Dois gasodutos trazem gás natural da Rússia. O primeiro foi construído em 2011, e o segundo no ano seguinte. Ambos atravessam antigos países comunistas da UE, eles próprios fortemente dependentes da Rússia para seu abastecimento de petróleo e gás. Esses países se opuseram ferozmente ao projeto, pois se sentiam passados para trás.

Uma das consequências foi que os interesses da Rússia e da Alemanha se entrelaçaram estreitamente, dando aos russos poder de pressão sobre as políticas da UE. Ao mesmo tempo, o relacionamento entre os dois países é marcado por uma ambivalência indisfarçável. Angela Merkel critica bastante a postura frente aos direitos humanos e a falta de democracia da Rússia. Alguns problemas vieram à tona quando Chipre se viu à beira da falência. Muitos russos ricos guardavam seu dinheiro em bancos cipriotas. O governo russo, no entanto, resolutamente se recusou a contribuir para o resgate da economia de Chipre e ao mesmo tempo criticou a maneira como a Europa, com a Alemanha à frente, tentava resolver a questão.

Quando presidente, Dimitri Medvedev procurou implantar um Tratado de Segurança Europeu que compreenderia uma área muito maior do que a própria União Europeia, incluindo a Rússia e Cáucaso. Opôs-se a "uma abordagem de política em bloco que prossegue por inércia".[10] Medvedev sugeriu uma reunião de cúpula na qual a Otan e as instituições de segurança da UE seriam representadas – assim como a própria Rússia e outros países da chamada "grande Europa". Ele previa que os EUA e o Canadá tomariam parte na elaboração do novo tratado e continuariam a figurar na nova arquitetura de segurança a ser criada. Como parte da proposta, o governo russo concordou em fazer progressos na questão dos direitos humanos dentro de seu território e encorajar atitudes similares em países vizinhos. Elaborou rascunhos do tratado, entregues a vários Estados e organizações internacionais. Todos os

---

10 Citado em Cato Institute, *Cato Handbook for Policymakers*, p.574.

CONTINENTE TURBULENTO E PODEROSO   229

signatários se comprometeriam a adotar uma série de medidas de cooperação para minimizar as possibilidades de conflito. A resposta das instituições e Estados da UE foi, como sempre, variada e dividida. O secretário-geral da Otan na época, Anders Fogh Rasmussen, declarou que não havia necessidade de um novo tratado, pois outros já estavam em vigor – por exemplo, o Ato Fundador Otan-Rússia de 1997 e a Declaração Otan-Rússia de Roma de 2002. O real problema seria colocar em prática os princípios neles consagrados. Alguns dos países líderes da UE, incluindo Alemanha, França, Espanha e Itália, acreditavam que a proposta deveria ser levada a sério e um diálogo aberto com os russos. No entanto, a iniciativa não foi adiante.

A volta de Vladimir Putin à presidência em 2012 foi marcada por algumas mudanças políticas de peso, em parte como consequência da oposição interna que ele tem enfrentado de grupos dissidentes. Os líderes da UE se sentiam muito mais à vontade com Medvedev ao leme, mesmo sabendo que Putin ainda manobrava os cordões ao fundo. De longe, eram simpáticos aos movimentos de rua e aos blogueiros que se opunham ao seu retorno. Após a repressão desses movimentos, o novo período de governo de Putin assumiu conotações autoritárias mais evidentes do que antes. Ele parece acreditar que a Europa está condenada a um declínio irreversível. A UE não é mais vista como fonte de ideias relevantes para o futuro da Rússia, e sim como um aglomerado de países enfraquecidos. Longe de considerar novos acordos abrangentes, os russos estão desmontando aqueles estabelecidos nos anos 1990. "Moscou está 'deixando mentalmente o Ocidente' parando finalmente de fingir que compartilha dos mesmos valores dos demais países da UE e aspira a se juntar a eles de alguma forma criativa."[11] Durante seu primeiro mandato, o governo de

---

11 Dmitry Trenin, The End of the EU-Russia relationship as you know it, *Valdai Club*, 8 jan. 2013, p.1. Disponível *online*.

Putin conseguiu melhorar progressivamente a qualidade de vida, com base quase totalmente no aumento dos preços do petróleo e do gás. A desaceleração econômica mundial, juntamente com as grandes mudanças no mercado do gás produzidas pela revolução do gás de xisto e os progressos relativos ao gás liquefeito, de fácil transporte, minaram seriamente essa tática. Putin implementou mais políticas de linha dura tanto dentro quanto fora da Rússia e intensificou sua oposição à doutrina do intervencionismo liberal favorecida por alguns países ocidentais.

Os russos não vetaram a Resolução 1973 da ONU, que possibilitou a ação da Otan na Líbia em 2011 para proteger a população civil. A liderança russa, no entanto, ficou perturbada com o que considerou uma ampliação não autorizada da missão para remover o coronel Gaddafi. O ministro das Relações Exteriores da Rússia, Sergei Lavrov, alegou que "A resolução não prevê tais ações e não as aprova, nem o acordo da ONU ampara uma mudança de regime na Líbia".[12] Essa experiência é uma das razões que levaram a política da Rússia a se envolver nos conflitos da Síria, bloqueando uma série de resoluções da ONU que condenavam os atos do governo de Assad e continuando a fornecer armas ao regime. Distanciando-se dos EUA e da Europa, a Rússia olha para o Leste como sua possível salvação. Como Obama, Putin "girou" na direção da Ásia e do Pacífico. Um dos motivos para isso é que a aproximação com o Ocidente inevitavelmente chamaria a atenção para a repressão interna em seu próprio país.

A Alemanha se mostra profundamente ambivalente no que toca ao uso da força militar. Não se envolveu na intervenção na Líbia. A UE também tem sido incapaz de entrar num acordo quanto à possível ação na Síria. Numa reunião de ministros das Relações Exteriores europeus em maio de 2013, a França e o Reino

---

12 Sergei Lavrov, citado em RT, Question More, 7 abr. 2011.

CONTINENTE TURBULENTO E PODEROSO

Unido se negaram a renovar o embargo da UE ao fornecimento de armas aos grupos rebeldes do país, provocando amargas reações de outros Estados membros. Os dois países foram mais tarde facilmente superados pelos russos, que se apressaram a fornecer antimísseis à Síria. Quando, em agosto do mesmo ano, os EUA propuseram iniciar ataques com mísseis contra a Síria, a Alemanha novamente se recusou a colaborar. Após um debate parlamentar, a Grã-Bretanha fez o mesmo, deixando os Estados Unidos e a França temporariamente isolados.

Segurança europeia – ou a falta dela

A UE conseguirá reduzir suas forças armadas e, ao mesmo tempo, melhorar e reestruturar sua capacidade militar? Em caso positivo, como? A resposta é clara e a mesma de sempre: aceitando uma integração maior, ligada uma estratégia futura convincente. Em outras palavras, o tão falado e nunca concretizado exército europeu tem de aparecer. É a única maneira de se fazer economias de escala, atingir a modernização e criar uma liderança integrada. Mesmo em circunstâncias econômicas adversas, recursos não faltam para isso, desde que sejam aplicados de maneira diversa. Um relatório recente sobre a segurança europeia apresenta aspectos interessantes. Ele não faz rodeios. Seu autor, Nick Witney, observa que a Política de Defesa e Segurança Comum Europeia (European Common Security and Defence Policy – CSDP) "ladra mas não morde".[13] Mudando a metáfora, resume-a assim: "'3Ts': tímida, tardia e perfunctória [*tokenistic*]". Após a crise financeira, "associação" e "colaboração" estão nos lábios de todos, mas no mundo real "quase nada muda".

---

13 Witney, N. *Where Does CSDP Fit in EU Foreign Policy?*, p.2-3. Disponível *online*.

Alguém poderia discordar seriamente dessas observações, por cáusticas que sejam? A charada da defesa europeia continua insolúvel, mesmo sob a atual pressão econômica. A política externa deveria ter mudado de foco após a assinatura do Tratado de Lisboa e da nomeação de Catherine Ashton como "ministra das Relações Exteriores" da Europa. No entanto, suas mãos ficaram atadas pela típica mistura de Europa de papel numa extremidade e UE2 na outra. Nos bastidores, e ocasionalmente às claras, os grandes Estados restringem o que ela diz e faz. Os Estados de fora da Europa não precisam tentar dividir para reinar, já se disse, porque as divisões já estão lá.

Existe uma infinidade de organizações, estratégias e siglas – a CSDP, já mencionada anteriormente, um braço da CFSP (Common Foreign and Security Policy, ou Política Externa e de Segurança Comum); EEAS (European External Action Service, ou Serviço Europeu para a Ação Externa); HRVP (High Representative, Alta Representante, título oficial de Catherine Ashton, com as duas últimas letras significando que ela é vice-presidente da Comissão Europeia); FAC (Foreign Affairs Council, ou Conselho dos Negócios Estrangeiros); ENP (European Neighbourhood Policy, ou Política Europeia de Boa Vizinhança); e ESS (European Security Strategy, ou Estratégia de Segurança Europeia). Alguns acrescentaram o ROTW (The Rest of the World, o Resto do Mundo: o lugar onde as pessoas só levam a Europa a sério quando ela consegue agir de forma integrada). Uma publicação do Instituto para Estudos de Segurança da UE argumentou persuasivamente que, embora os Estados da UE temam perder sua soberania em matéria de segurança, "os europeus já estão perdendo soberania por *não* consolidar, *não* otimizar, *não* inovar, *não* regionalizar e *não* integrar suas forças militares".[14] Esse é um julgamento com o

---

14 Missiroli (org.), *Enabling the Future: European Military Capabilities 2013-2025.* p.53. Disponível *online*.

qual concordo plenamente e uma forma eloquente de expressar o que chamo de soberania+. É imperativo que alguma ação seja tomada, mas é difícil saber de onde ela virá. Existem tantas estratégias de segurança nacional quantos Estados membros, mas poucas com uma percepção abrangente de propósito. Uma comparação das diferentes versões deixa clara a "cacofonia estratégica" da Europa. Muitas delas, concluem os autores Olivier de France e Nick Witney, são "incoerentes, derivativas, alheias à situação geoestratégica europeia comum e há muito ultrapassadas".[15] Em nenhuma outra área é tão evidente a vontade dos líderes europeus de gozar ao mesmo tempo das vantagens de duas situações contraditórias. Suas políticas estratégicas dão ênfase à interdependência, mas suas ações concretas são nacionais. Assim, cortes recentes na defesa dos vários Estados foram feitos sem levar em conta os objetivos comuns europeus. Há talvez duas razões subjacentes à "cacofonia", afora a relutância em ceder soberania formal. Uma delas é o risco moral já mencionado: a Otan está sempre por perto como último recurso. A outra são as diferenças de perspectiva que a segurança traz à tona. A posição alemã ainda diverge substancialmente do que pensam os dois países mais belicosos da Europa, a França e o Reino Unido. O fato de o Reino Unido estar discutindo ativamente sua saída da UE não ajuda em nada a situação.

Uma possibilidade que De France e Witney aventam é a instalação de um "Semestre de Defesa Europeu" segundo as linhas da versão econômica adotada na UE. No entanto, as dificuldades são as mesmas em ambos os casos: mais burocracia, mais reuniões, talvez mais Europa de papel. Contudo, é possível que as mesmas forças conducentes à integração econômica na Europa façam o mesmo pela segurança, dado o desperdício da "cacofonia".

---

15 De France, O.; Witney, N. *Europe's Strategic Cacophony*, abr. 2013, p.1. Disponível *online*.

Figura 16. Um restaurante em Pristina exibe a bandeira da UE junto com a bandeira nacional albanesa um dia antes da declaração de independência de Kosovo, fevereiro de 2008.

Assim como na primeira metade de 2013, existem dezesseis missões ativas do CSDP em andamento. Quatro são puramente militares e doze, principalmente ou totalmente civis. Todas têm objetivos limitados. Outras doze foram terminadas nos últimos anos. A missão europeia de polícia e de justiça (Eulex – European Union Rule of Law) em Kosovo treina a população em policiamento, direito e administração. Com mais de 2 mil membros, esta é a maior missão civil que a UE empreendeu. O Conselho Europeu deverá elaborar propostas para reformular a segurança em sua reunião em dezembro de 2013, após uma discussão preliminar no ano anterior. Na época, ele reconheceu que a União deve "assumir cada vez mais responsabilidades na manutenção da paz e da segurança internacional". A reorganização,

CONTINENTE TURBULENTO E PODEROSO

com investimentos, do poder militar poderia contribuir para o crescimento e a competitividade econômica. A associação e a colaboração são mencionadas novamente sem nenhum detalhe. O calendário lento, no entanto, sugere que o senso de urgência por trás da reforma econômica ainda não se estendeu aos domínios da segurança. Muito mais músculos precisam ser postos no esqueleto da Política de Defesa e Segurança Comum. Além das preocupações militares mais tradicionais, inúmeros novos problemas devem ser enfrentados. O mais comum é a cibersegurança, muito comentada, mas a respeito da qual pouco ou nada foi feito no nível pan-europeu. Entretanto, a própria natureza da guerra parece estar mudando bem diante de nossos olhos. A automação e a robótica já penetraram na esfera militar, tanto quanto na indústria e nos negócios.

Os EUA agora usam drones rotineiramente como forma de conduzir guerras remotas.[16] O drone é, por assim dizer, a versão de alta tecnologia do homem-bomba, embora potencialmente muito mais letal. Ambos levantam inúmeras questões éticas, mas sem dúvida continuarão a ser adotados no mundo inteiro. Os drones não parecerão tão "distantes" quando outros Estados tiverem a capacidade de utilizá-los no Ocidente, caso queiram. Como essa ameaça será contida? Bem... até certo ponto por outros drones, usados tanto para a vigilância quanto para a interceptação. E assim, a robotização da guerra continua. De acordo com os militares norte-americanos, os drones conseguem projetar poder "sem projetar vulnerabilidade", mas isso só é verdade se os EUA continuarem tecnologicamente à frente de todo mundo. A Alemanha tem planos para comprar drones e já negocia com o governo israelense sobre a questão. O Reino Unido lançou drones de seu próprio território; a França está em negociação para a compra de

---

16 Ver Ahmed, *The Thistle and the Drone: How America's War on Terror Became a War on Tribal Islam*.

drones americanos do tipo Reaper (de vigilância) e está também em contato com Israel para possíveis aquisições. Em junho de 2013, três das maiores empresas do setor de defesa da Europa, a European Aeronautic Defence and Space (empresa-mãe da Airbus), a francesa Dassault Aviation e a italiana Finmeccanica propuseram um novo programa para construir drones.[17] Se isso for adiante, elas produzirão conjuntamente um drone de média altitude que poderá de ser usado em situações de combate. Servirão mais para a vigilância, mas poderão ser adaptados para carregar mísseis.

A impressão 3D também entrou na arena militar. Quando os navios de guerra precisam se reabastecer de munição e equipamentos, têm de atracar. A marinha norte-americana está estudando se, em vez de transportar peças, os navios poderão levar impressoras 3D e seus ingredientes em pó. Os equipamentos seriam impressos conforme necessário. Fazendo eco ao Media Lab do MIT, o estrategista militar Michael Llenza afirma que "o objetivo final é um drone que saia voando diretamente da impressora com os sistemas eletrônicos e a força motriz já instalados".[18] Esses são avanços notáveis que, como em muitas outras áreas, estão nos conduzindo a novos territórios. A UE ainda não firmou posição quanto ao uso militar de drones, embora alguns de seus Estados membros estejam empenhados em adquiri-los. As pesquisas mostram que muitas pessoas na UE são contrárias à política norte-americana de assassinatos seletivos em situações em que não existe uma declaração formal de guerra.[19]

Uma estratégia de segurança pan-europeia é sem dúvida uma necessidade urgente. Existem ainda muitas preocupações locais e

---

17 Clark, N. European firms want a drone of their own, *International Herald Tribune*, 17 jun. 2013.

18 Llenza, M. Print when ready, Gridley, *Armed Forces Journal*, maio 2013. Disponível *online*.

19 Dwarkin, An. *Drones and Targeted Killing: Defining a European Position*, 3 jul. 2013. Disponível *online*.

CONTINENTE TURBULENTO E PODEROSO 237

regionais que a Europa não está preparada para enfrentar. Assim como nas situações do Oriente Médio e norte da África, elas estão evoluindo de uma forma perigosa. No entanto, a segurança nos dias de hoje deve também acompanhar a interpenetração do local e do global, que é o traço distintivo de nossa época.

HVPR e ROTW

A política externa da UE opera mais comumente sob a égide da CSDP, CFSP, ESS e EEAS, com sua HRVP (existem muitas outras siglas por aí a acrescentar). A segunda é supostamente a influência dominante. Todavia, seu mandato na prática é bastante limitado, pois se trata essencialmente de uma organização intergovernamental. As competências não foram transferidas para as agências da UE e as decisões requerem unanimidade. Por isso, é muito vulnerável à divisão de interesses e perspectivas que separam os Estados membros, e na maioria das situações divisão é o que não falta. Quando o Tratado de Lisboa foi elaborado, as nações europeias relutavam em ver essa situação mudar. Foi então que se deu a criação da posição de HRVP, para, em conjunto com o EEAS, procurar implementar uma política mais efetiva.

Seria justo dizer que a política externa da UE desde 1989 tem sido fortemente reativa, com a exceção do *acquis*, que não é absolutamente uma política externa. Os movimentos democráticos árabes, ocorrendo nas imediações da Europa, tiveram pouco ou nada a ver com as tentativas bem-intencionadas da UE de exercer influência, por meio da Política de Boa Vizinhança, em regiões do seu antigo império colonial. Eles se inspiraram em ideias "ocidentais" – exigência de mais democracia e liberdades civis – transmitidas pela internet e os novos meios de comunicação. As mulheres muçulmanas, antes vistas como extremamente conservadoras por muitas pessoas na Europa, estavam e estão na linha de frente. Apesar das recentes intervenções militares de Estados europeus, a influência direta da UE na futura evolução da situação no Oriente Médio, e mesmo na África do Norte, será provavelmente limitada.

A introdução da HRVP fez alguma diferença. O novo serviço foi instituído de maneira efetiva e progressiva, o que não é uma tarefa fácil dadas as rivalidades de Bruxelas. Formou-se um grupo de comissários dedicados às relações externas, presidido pela HRVP. Observou-se algum progresso real em algumas missões diplomáticas, especialmente nos Bálcãs. De novo, a atração da adesão à UE é que levou o processo tão longe. Um acordo de quinze pontos foi sancionado pelos primeiros-ministros de Kosovo e da Sérvia em maio de 2013 e também por ambos os parlamentos. Mas nem tudo são flores: os sérvios de Kosovo se opuseram à medida e alguns reagiram violentamente. O acordo não significa que a Sérvia reconhece Kosovo como um Estado independente. No entanto, garante que nenhum dos dois lados bloqueará ou atrapalhará o processo de adesão do outro. As negociações de adesão com a Sérvia começarão no final de 2013.

Em algumas partes mais remotas do mundo, a Europa obteve recentemente alguns outros sucessos. Foi o caso de algumas intervenções na África e, há pouco, na Birmânia. Por anos, a União aplicou sanções econômicas contra o país e proibiu vistos de entrada. As sanções, claro, tiveram alguns efeitos adversos sobre a população em geral. No entanto, juntamente a outras ações similares dos EUA, também parecem ter contribuído para convencer os generais de que deveriam se afastar. Para começar, mantiveram as empresas europeias longe do país, assim como o investimento que poderiam ter trazido. A UE, no entanto, mantém seu compromisso de prestar ajuda humanitária aos necessitados.

No que diz respeito aos países maiores, a situação dos direitos humanos na UE é bem menos impressionante. Já se observou

CONTINENTE TURBULENTO E PODEROSO

que, no caso da China, seus esforços se revelaram "o indício mais embaraçoso do abismo entre a retórica europeia e a realidade".[20] Em 1990, os Estados membros aprovaram uma resolução da Comissão dos Direitos Humanos condenando a situação dos direitos humanos na China. Isso se repetiu todo ano por muitos anos. Em 1997, vários países da UE, com a França à frente, deixaram de fazê-lo porque se preocupavam com o impacto que semelhante atitude poderia causar no comércio com a China. A presidência holandesa registrou que essa decisão punha "a essência da política dos direitos humanos da União Europeia [...] em xeque". Seguida por outros nove Estados membros, a Dinamarca apoiou a decisão. Os chineses revidaram cancelando a visita à Europa do vice-primeiro-ministro do país. Em 1998, os Estados da UE deixaram de endossar a resolução. Os chineses, por sua parte, encontraram a velha dificuldade do "quem fala pela Europa?" em suas tentativas de forjar vários tipos de ligações ou negociar problemas comuns. Em conjunto com a Rússia, nos últimos tempos eles ficaram ainda mais exasperados com a incapacidade da UE de se livrar de suas dificuldades econômicas. Vários líderes europeus têm visitado a China desde 2007 para tentar conseguir ajuda financeira, mas ouviram, em palavras precisas, que primeiro pusessem sua casa em ordem. O então primeiro-ministro Wen Jiabao observou que as dificuldades da moeda única revelavam um "acúmulo de longa data de problemas internos da UE e da zona do euro", que os próprios europeus têm a responsabilidade de resolver. Ele também foi franco ao declarar que "as economias emergentes não deveriam ser vistas como o bom samaritano da UE".[21]

---

20 Patten, *East and West: The Last Governor of Hong Kong on Power, Freedom and the Future*, p.303.
21 Friends of Europe, Europe and China: rivals or strategic partners, nov. 2011, p.2. Disponível *online*.

Quando o novo primeiro-ministro chinês, Li Keqiang, esteve recentemente na Europa pela primeira vez, quem ele resolveu visitar? A "presidente" Merkel, claro, no único país da UE onde desceu, a Alemanha. Os chineses conseguiram dividir a Europa na questão do *dumping* dos painéis solares. A União acusou a China de vender esses painéis abaixo do custo. Como resultado, regulamentos *antidumping* entraram em jogo, resultando na imposição de tarifas elevadas. No entanto, mesmo com suas próprias indústrias de painéis solares seriamente afetadas, o governo alemão informou à Comissão que se opunha à medida. A Alemanha preferiu negociar um acordo, mas o caso provocou mal-estar em todos os lados. Deve-se concluir que, hoje, a UE simplesmente não é uma presença marcante na política externa global. No momento, os dilemas econômicos da UE estão diminuindo ainda mais a pouca influência global que ela exercia. "Por que os europeus não conseguem agir em conjunto?" é o refrão que se ouve em diferentes partes do mundo.

A UE deveria reabrir o debate sobre onde se localizam suas fronteiras finais. Um sistema federal, fundado em um modelo de quase Estado-nação, não combina com fronteiras abertas indefinidamente. Na maioria dos casos, a União já é uma entidade delimitada. Ela reconheceu fronteiras claras ao sul. Elas não seguem nenhuma lógica especial. Afinal, durante séculos os países da orla do Mediterrâneo não eram somente parte da Europa de então, mas o próprio centro da cultura europeia. A leste, parece estar ocorrendo uma espécie de fechamento. Não há chances de a Ucrânia ou outros países do Cáucaso abrirem negociação, pelo menos por muitos anos. A Croácia aumentou a UE para 28 membros. Vários outros países pequenos são oficialmente reconhecidos pela UE como candidatos à adesão: Islândia, Macedônia, Montenegro e Sérvia. Kosovo, Albânia e Bósnia--Herzegovina aguardam como sérios candidatos potenciais.

CONTINENTE TURBULENTO E PODEROSO

Tabela 4. Razões mencionadas pelas quais as discussões de admissão com a Turquia não devem ter prosseguimento (até três razões eram registradas).

	França	Grã-Bretanha	Grécia	Total
A Turquia é diferente culturalmente, geograficamente, religiosamente	102	42	103	247
	34%	47%	68%	46%
A UE não será capaz de lidar com a adesão da Turquia	40	33		73
	13%	37%		14%
Questão de Chipre		5	18	23
		6%	2%	4%
A França deve dizer "não"	20			20
	7%			4%
Razões econômicas, culturais, i.e., migração			20	20
			13%	4%
A Turquia se tornará muito influente na UE	12			12
	4%			2%
A Turquia precisa resolver as questões da Armênia/curdos/Chipre	10			10
	3%			2%
A UE se tornaria simplesmente uma área de comércio	10			10
	3%			2%
O processo não é democrático por parte do governo da UE e do governo francês	10			10
	3%			2%
Outros	94	10	11	115
	32%	11%	7%	21%
Total	—	298	90	152	540
					100%

Fonte: Negrine et al., Turkey and the European Union: An Analysis of How the Press in Four Countries Covered Turkey's Bid for Accession in 2004, *European Journal of Communication*, 23, 2008, p.47-68.

Se o problema das fronteiras locais e de identidade puder ser resolvido, não há nenhuma diferença séria de opinião dentro da UE sobre esses países com relação à sua futura adesão, caso progridam suficientemente e atinjam os critérios da UE para o acesso.

Mas e quanto à Turquia, uma nação que a UE corteja há cinquenta anos, é membro ativo e de longa data da Otan, bem como de uma série de outras organizações europeias? As atitudes da UE para com esse país têm sido tão ambivalentes que não é nenhuma surpresa o apoio dos turcos à adesão ter caído drasticamente. Em termos de taxas de crescimento, a Turquia tem apresentado um progresso econômico muito maior desde 2007 do que a atrapalhada UE. A União está novamente dividida. Alguns Estados europeus declararam que realizarão referendos se existir uma real probabilidade de a Turquia ser aceita como membro. O impasse em Chipre é uma pedra no caminho, assim como o problema dos curdos na Turquia, embora neste último caso avanços significativos estejam acontecendo. Sob o governo atual, a França vem amenizando sua oposição à entrada da Turquia na UE. Contudo, mais de sete anos depois da abertura de tratativas formais com a Turquia, o progresso ainda é mínimo. Mais um revés ocorreu com a irrupção dos protestos de rua nas cidades turcas em maio e junho de 2013. Diante da violenta repressão do governo turco, a UE suspendeu temporariamente as conversas sobre a futura adesão do país.

Os argumentos pró e contra a entrada da Turquia são tão conhecidos que não vou repeti-los aqui.[22] Minha visão, já antiga, é que convém abrir caminho para a Turquia se tornar um Estado membro, não num futuro constantemente adiado, mas de acordo com um cronograma realista. Minhas razões são: mostrar que

---

22 Para uma análise excelente e arguta, ver Tarifa, *Europe Adrift on the Wine-Dark Sea*, Capítulo 3.

CONTINENTE TURBULENTO E PODEROSO

uma União cosmopolita não é mais uma versão da Europa de papel, mas sim uma realidade; reconhecer que a Turquia progrediu muito em diversas áreas; ajudar a proteger uma sociedade secular e aberta dentro do país (questão persistente e problemática); e não ignorar que tanto a UE quanto a Turquia seriam mais fortes como membros de uma comunidade política e economicamente integrada.

Todas as falhas que limitam a competência europeia em outros domínios aparecem na influência da União – influência limitada – nos negócios do mundo. Por causa de sua falta de capacidade de liderança e recursos, a União Europeia é amplamente vista como uma versão regional da ONU – bem-intencionada e habilidosa de muitas formas, mas dividida demais para tomar decisões que tenham alguma consequência. Internamente, existe uma grande lacuna entre a natureza "administrativa" da UE (o papel da Comissão) e os altos valores que ela proclama.

A União tem procurado criar laços de solidariedade copiando algumas características dos Estados-nações, mas sua ressonância emocional em nível nacional é quase completamente nula. A bandeira da UE é respeitada por muitos na Europa, mas em parte alguma se pode dizer que desperte sentimentos ou emoções. Aqueles que são hostis à UE frequentemente têm atitudes passionais, mas a maioria dos cidadãos vê a União de uma maneira instrumental. Poderá a UE inspirar sentimentos mais profundos de apego? Essa será uma questão fundamental nos próximos anos caso a União sobreviva a seu grande teste, a situação que enfrenta no momento. Está em jogo a capacidade da UE de desempenhar um papel mais positivo e influente no mundo do que tem feito até agora. Os problemas apresentados neste capítulo não são do tipo pegar-ou-largar. São tão importantes quanto as reformas discutidas nos capítulos anteriores. Não existe área em que os Estados europeus mais queiram preservar sua independência de ação do que nas relações exteriores. No entanto, o teorema da soberania+ se aplica aqui tão oportunamente quanto em outros contextos. A soberania real, em oposição à nominal, já foi perdida por causa de vários desdobramentos em todo o mundo, mas também em consequência do envolvimento dos Estados membros na Otan. O conceito sobre o qual a UE erigiu seu caráter distintivo – a ideia de que sua influência própria nas relações internacionais deve ser a promoção da solidariedade e do primado da lei – é ilusório. Desde sua criação até os dias atuais, o que é agora a UE tem contado com o acesso aos meios de violência na forma da "garantia americana".

É útil, a esta altura, resumir as implicações dos capítulos anteriores. A UE enfrenta desafios fundamentais não somente por causa do projeto incompleto do euro, mas também em virtude de um amplo conjunto de mudanças que afetam os países industrializados, e, de fato, o mundo inteiro. É grave erro, cometido por muitos comentaristas atualmente, concentrar-se apenas nos dilemas da zona do euro, por mais desafiadores que estes sejam. A política do bem-estar, o aproveitamento da diversidade cultural, a energia e a política externa, estão quase completamente nas mãos dos Estados membros. No entanto, os problemas estruturais encontrados nessas áreas afetam diretamente o futuro econômico da Europa e vice-versa. A integração política necessária para que o euro sobreviva e se desenvolva não pode parar nos limites da economia. Uma maior integração deve ocorrer em algum momento também nessas outras áreas. A intensificação da globalização deve levar em conta o complicado equilíbrio de oportunidade e risco que temos de enfrentar atualmente. A interdependência global crescente deveria ser encarada não como um simples processo de união, mas com um conjunto de práticas contraditórias e complexas, que influenciam a vida pessoal e mesmo íntima tanto quanto as grandes instituições. Flexibilidade, inovação e criatividade diária não devem mais ser vistas como a antítese da segurança, mas sim como condição para ela.

Este é o momento, portanto, em que as políticas e estratégias dos Estados europeus precisam ser postas na mesa e examinadas criticamente do outro lado da fronteira. É essa a tarefa que procurei empreender.

Conclusão

Joschka Fischer, um pró-europeu muito conhecido, perguntou certa vez: "Como impedir que a UE se torne totalmente opaca, comprometida por ser estranha e cada vez mais incompreensível, e que seus cidadãos não se importem por ver sua reputação finalmente bater no fundo do poço?".[1] Um observador ressentido talvez diga que todas essas coisas já estão ocorrendo na União. A UE2 toma suas decisões a portas fechadas e com pouco ou nenhum envolvimento público até depois do evento. A única forma de participação direta das pessoas são, aparentemente, os protestos de rua. Ninguém no poder lhes presta muita atenção: "Concessões de natureza duvidosa" são feitas para socorrer Estados membros e bancos, resultado de discussões que avançam noite a dentro.

As mesmas tendências que engendraram uma nova interdependência na Europa – a UE como uma comunidade de destino – também criaram fraturas. A Alemanha, nas palavras de um jornal

---

1 Fischer, J. From confederacy to federation: thoughts on the finality of European integration, p.5. Palestra na Universidade Humboldt, Berlin, 12 maio 2000. Disponível *online*.

248 ANTHONY GIDDENS

importante, "lidera mas não é amada". O mesmo jornal notou que cartazes exibindo a imagem da chanceler Merkel adornada com o bigode de Hitler estavam sendo empunhados por manifestantes nas ruas da Espanha, Itália, Grécia e Chipre. A edição *online* do periódico espanhol *El País* publicou uma coluna – logo removida – comparando as políticas de Merkel com as de Hitler.[2] Na Itália, o diário *Il Giornale*, de propriedade do grupo de mídia de Silvio Berlusconi, ostentou a manchete "Quarto Reich". Vinha em seguida uma foto de Angela Merkel de braço estendido, num gesto que lembrava a saudação nazista.

O sentimento antialemão tem se disseminado também pelo Leste europeu. Jarosław Kaczyński, o líder da oposição polonesa, tem se valido do medo tradicional da Alemanha e da Rússia. Num livro recente, ele escreveu de maneira elíptica que "não foi pura coincidência" a sra. Merkel ter sido eleita chanceler alemã. Quando pressionado a esclarecer se estava se referindo a uma hipotética ajuda da Stasi na condução de Merkel ao poder, ele respondeu simplesmente: "Não vamos valar sobre isso".[3] Ele também tem procurado atiçar o ressentimento contra a minoria alemã na Polônia. O presidente de um grupo regional do partido de Kaczyński, Lei e Justiça, convocou um comício para protestar contra a influência alemã na Baixa Silésia, sob o lema "Aqui é Polônia".[4] Um ressentimento significativo contra a UE também veio à tona em muitos outros Estados membros da ex-Europa Oriental. Em janeiro de 2012, cerca de um milhão de pessoas se reuniram em Budapeste, bradando "Nós não seremos uma colônia da UE!", em protesto contra o envolvimento da Troika no país.

Devemos ser claros quanto ao que está em jogo aqui. Aparentemente, o advento do euro está por trás de todo esse tumulto,

---

2 Eddy, M. Germany: leading but not loved, *International Herald Tribune*, 28 mar. 2013.

3 Kaczyński campaigns with anti-German innuendo, *Gazeta Wyborcza*, 5 out. 2011. Disponível *online*.

4 Stasik, E. Stoking anti-German sentiment in Poland, *Deutsche Welle*, 15 dez. 2012.

dúvidas e hostilidade. Isso é verdade num nível concreto. Se a UE subsistirá ou cairá, isso depende de a crise do euro ser efetivamente superada ou não.[5] No entanto, como esclareci neste livro, o que a introdução do euro fez foi forçar a UE a se haver com sua própria história – com as deficiências estruturais que, no passado, foram emendadas com esparadrapo. Fazer com que a Alemanha concordasse em desistir do marco, contra o desejo da maioria da população, supostamente enfraqueceria a economia alemã em termos relativos, amarrando um país expandido à União. Isso funcionou mais do que mostram as aparências. Contrariamente a toda a conversa sobre o advento de uma "Europa alemã", a Alemanha, na verdade, é muito dependente de seus parceiros da eurozona. Ela é forçada a ser europeia não somente porque "nunca mais" são palavras levadas muito a sério, mas porque o país está intrinsecamente ligado ao euro. O sucesso da Alemanha se deve em parte à sua adesão à moeda única. A Alemanha pode perder tanto ou mais, em termos relativos, que os outros membros da zona do euro caso a moeda entre em colapso. A dificuldade principal da Europa não é o predomínio da Alemanha em si; mas sim as incapacidades da UE1, tanto em termos de falta de envolvimento democrático quanto de ausência de liderança efetiva.

É do interesse da Alemanha que a reciprocidade econômica aconteça. É do interesse da Alemanha escapar da camisa de força da liderança europeia por meio da UE2. De certa maneira, no momento, o país está de fato levando a pior dos dois lados – espera-se que contribua generosamente para socorrer outros Estados membros enquanto, ao mesmo tempo, se torna impopular e é mesmo ultrajada em consequência disso. A "Europa alemã" não é uma situação que perdurará por tempo indefinido, como muitos atualmente receiam. É necessariamente temporária e

---

5 Marsh, *The Euro: The Battle for the New Global Currency.* Ver principalmente os capítulos 7 e 8.

intrinsecamente instável. Por isso, uma solução federal, amparada por uma maior legitimidade e capacidade de liderança no nível da UE, é o único caminho viável à frente. Como tentei mostrar, há muitas outras implicações.

O único caminho à frente: mas há caminho de volta? O colapso do euro seria realmente catastrófico? Prevê-se esse colapso desde que a crise começou. Em maio de 2012, por exemplo, o economista Paul Krugman escreveu um texto intitulado *"Eurodämmerung"* ["Crepúsculo do Euro"]. "Muitos têm falado sobre isso", disse ele, "e eis como seria o final do jogo". E apresentou uma lista de eventos em sequência:

1   A Grécia deixa o euro, "possivelmente no próximo mês".

2   Depositantes em bancos da Espanha e Itália tentam transferir seu dinheiro para a Alemanha, em grandes volumes.

3a Talvez sejam instituídos controles para evitar que depósitos sejam levados para fora do país, juntamente aos limites para saques em dinheiro vivo.

3b Ao mesmo tempo, ou como alternativa, os bancos são reforçados com grandes quantidades de dinheiro fornecidas pelo BCE.

4a A Alemanha aceita grandes quantidades de títulos públicos indiretos da Itália e Espanha, garantindo a dívida desta última, e ao mesmo tempo concorda com uma meta inflacionária mais alta na UE – ou

4b O euro chega ao fim.

"E", completou Krugman, "estamos falando aqui de meses, não de anos, para que isso aconteça".[6]

---

6 Krugman, P. *Eurodämmerung*. Disponível em: <http://krugman.blogs.nytimes.com /2012/05/13/eurodammerung-2/?_r=0>.

CONTINENTE TURBULENTO E PODEROSO

Bem, ele errou (até agora) na predição 1 e certamente nos prazos. A previsão 3a, de certa maneira, provou ser correta, embora até o momento somente numa pequena parte da UE, Chipre. Mas é possível que se generalize. A 3b aconteceu, mas não a 4a – a fonte dos ressentimentos que acabamos de discutir. No entanto, ninguém pode negar a possibilidade de que a 4b aconteça, e por dois motivos. O primeiro é que o euro tem sido salvo até agora principalmente por esforços desesperados. O segundo é que a crise tem raízes mais profundas do que as falhas na construção do euro ou as inadequações políticas da UE.

Um colapso descontrolado do euro faria um enorme estrago não somente nos países da zona do euro, mas em todos os membros da UE e na economia mundial como um todo. O euro foi instituído para produzir interdependência econômica, e isso ele sem dúvida conseguiu. Se entrar em colapso, literalmente milhões de contratos, parcerias de negócios e empreendimentos econômicos teriam de ser desfeitos quase da noite para o dia. Os países fora da eurozona seriam afetados tão imediata e radicalmente quanto seus próprios membros. Dívidas teriam de ser canceladas ou redenominadas em moedas locais, e enormes desequilíbrios resultariam disso. Alguns países seriam obrigados a declarar falência. Bancos e empresas iriam à bancarrota, já que seus passivos interno e externo não seriam mais compatíveis. Todos os atuais Estados bem-sucedidos seriam afetados tão profundamente quanto os mais fracos, principalmente porque, como no caso da Alemanha, seus níveis de competitividade se devem em grande parte ao fato de pertencerem à zona do euro. O impacto global seria instantâneo e poderia muito bem levar a um colapso do mercado. As consequências sociais e políticas seriam igualmente perturbadoras. Os nacionalistas provavelmente se alegrariam, mas mesmo eles empalideceriam diante das consequências sociais. Em 2012, dois dias depois de a UE ganhar o Prêmio Nobel da Paz, o político britânico Vince Cable advertiu que as consequências de uma repentina dissolução do euro seriam "incalculáveis".[7] "Incalculáveis" é provavelmente a palavra certa: nós simplesmente não sabemos quão sérias seriam essas consequências. Os Estados membros tiveram tempo de preparar planos de contingência para um eventual colapso, mas esses planos podem se revelar apenas desejos ingênuos se a dissolução se tornar realidade.

Figura 17. "Salvando o euro".

Seria possível reverter o euro de uma forma controlada, evitando as corridas aos bancos e outros perigos à espreita? Poderiam um ou dois Estados simplesmente debandar ou ser forçados a fazê-lo de uma maneira que permitisse a continuação do resto da iniciativa? Já se disse que, cansada de sustentar o restante da zona do euro, a Alemanha pode unilateralmente decidir sair e

---

7 Hutchinson, J. Europe could be plunged into war if the euro collapses, says Cable, *Daily Mail*, 14 out. 2012.

CONTINENTE TURBULENTO E PODEROSO **253**

aceitar as consequências. Após um período de adaptação talvez bastante difícil, afirmam alguns, a economia alemã, liberta dos grilhões dos países com desempenho mais fraco, se reajustaria e se tornaria ainda mais forte do que antes. Examinada mais de perto e mesmo que existisse a vontade de aplicá-la, tal estratégia seria no mínimo altamente problemática. Teria de ser feita uma declaração expressa de intenções, a qual, por causa de suas muitas implicações, lançaria imediatamente os mercados na desordem; ou a coisa toda precisaria ser mantida em segredo – uma impossibilidade absoluta. Além disso, o "ajuste" da economia alemã teria de ser gigantesco. Não só sua moeda se valorizaria demais como as dos países mais fracos percorreria o caminho inverso, agravando os problemas de competitividade da Alemanha.

Mais viável – e muito mais recomendada – é a possibilidade de um ou mais países menores decidirem sair ou serem forçados a sair por outros Estados membros. Em princípio, é fácil aventar essa hipótese. Quando a examinamos com mais cuidado, porém, vemos que ela é muito desafiadora. A explicação mais completa dessa possibilidade foi dada num estudo da Capital Economics. Seu coordenador foi o economista Roger Bootle.[8] Tentava mostrar que a saída de um ou dois Estados da zona euro é possível e pode ser benéfica tanto para eles quanto para os demais membros.

Convém analisar os argumentos dos autores em detalhe para trazer à tona os problemas envolvidos. O país que saísse da zona do euro e permitisse que sua moeda se desvalorizasse substancialmente tornaria suas exportações mais competitivas. Os Estados mais fortes ganhariam com tais saídas, de modo que as apoiariam. Bootle e seus colegas garantem que essa saída

---

8 Capital Economics, *Leaving the Euro: A Practical Guide*. Disponível *online*. A monografia ganhou o prêmio Wolfson Economics. Recorro bastante a esse estudo exato e detalhado nas páginas seguintes.

poderia acontecer sem muitos danos se fosse planejada com cuidado. Reconhecem que, historicamente, em vez de promover a estabilidade, as desvalorizações geram caos. Foi o que sucedeu, por exemplo, com as desvalorizações na Argentina de 1955 a 1970, no Brasil em 1967 e em Israel em 1971. No entanto, os Estados fracos da Europa têm pela frente um futuro incerto caso permaneçam na zona do euro; trata-se de escolher dos males o menor. Como seria administrado o processo de separação? Talvez fosse vantajoso mantê-lo em segredo pelo máximo de tempo possível, a fim de planejá-lo com sensatez. Há bons precedentes. Por exemplo, na formação da República Checa e da Eslováquia, a decisão de ter moedas diferentes foi mantida em segredo com sucesso até seis dias antes da separação (os autores não mencionam o fato de que, na era da internet, é muito mais difícil guardar um segredo do que antes). No entanto, o segredo também tem suas desvantagens. Por definição, não pode haver discussões públicas nem debates para chegar a uma decisão. Não há como estabelecer um consenso entre os partidos em torno do projeto. Se a medida provocasse conflito político após a implantação, a confiança em seu êxito por parte do público e dos potenciais investidores desapareceria, e poderia haver uma ruptura social generalizada.

O número de pessoas "por dentro" teria de ser pequeno, apesar disso limitar o nível de conhecimento a que se poderia recorrer. Mesmo assim, sempre existiria a possibilidade de documentos vazarem. Portanto, controles de capital e outras medidas regulatórias precisariam ser introduzidos o mais cedo possível, também sem debate público. Uma vez implementados tais controles, a saída dos países deve ocorrer o mais rápido possível. Por causa das complicadas questões jurídicas envolvidas, abandonar o euro não seria uma simples desvalorização de moeda. A decisão de sair, levando a uma moeda fortemente desvalorizada, teria profundas consequências para as obrigações contratuais, públicas e privadas, denominadas em euros. As economias dos países da zona do euro são tão interdependentes que muitas dessas obrigações ultrapassam suas fronteiras. Um país que reintroduzisse sua própria moeda teria de saldar muitas de suas obrigações em euros – cujo valor aumentaria, talvez muito, por causa da desvalorização da moeda nacional. Assim, poderia haver prolongadas batalhas jurídicas para resolver essas questões. Uma quantidade desconhecida de devedores talvez fosse obrigada a dar calote ou então a negociar abatimentos em suas obrigações.

Como a saída de um país seria organizada em termos de produção de notas e moedas, especialmente se o segredo precisasse ser preservado o máximo possível até momento de saída? Alguns têm sugerido que as notas de euro emitidas no país de saída (identificadas pelos seus números de série), mais as moedas com seus símbolos nacionais, poderiam ser usadas como as novas moedas locais. As notas poderiam ser carimbadas como a moeda reintroduzida. É improvável que tal estratégia funcionasse. Os euros carimbados poderiam muito bem ser confundidos com euros comuns quando circulassem fora do país. Além disso, as notas que as pessoas tiverem em casa provavelmente não seriam entregues e simplesmente desapareceriam na eurozona.

A melhor solução seria tentar abolir totalmente o dinheiro por um determinado período. A maioria das transações seria feita eletronicamente. Quase todos os negócios, atualmente, funcionam sem dinheiro físico de qualquer maneira; pagamentos de ordenados e salários acontecem da mesma forma. Muitas trocas hoje feitas em dinheiro poderiam ser realizadas por meios eletrônicos, cheques ou outras formas de promissórias. Restariam muitas transações pequenas em dinheiro. Uma possibilidade seria que continuassem a ser feitas em euros. A taxa de conversão adotada no país após sua saída, propõem Bootle e seus colegas, deveria ser de um para um. A moeda comum ainda poderia ser usada por algum tempo nessas transações menores, mesmo quando seu valor caísse nas trocas internacionais. A dificuldade óbvia seria que as pessoas poderiam relutar em usar o euro dessa maneira, já que seu valor seria substancialmente maior do que o da moeda local. Ou então os prestadores de serviços imporiam preços diferentes em euros e em moeda nacional fornecida por meios eletrônicos. No momento da introdução das novas notas e moedas nacionais, o euro passaria a ser tratado como moeda estrangeira.[9]

Como poderiam ser evitados a fuga de capitais e o colapso potencial do sistema bancário? Haveria óbvias dificuldades de cronograma e a necessidade de manter segredo, pois os indivíduos sem dúvida sacariam e guardariam a máxima quantidade de euros que pudessem. O anúncio da saída teria de ser feito num dia em que os bancos estivessem fechados ou num feriado bancário decretado. Quase com certeza seria necessário manter um controle draconiano de capital a essa altura, como a proibição de adquirir novos ativos estrangeiros ou manter contas em bancos estrangeiros. Os controles incluiriam também toda uma série de transações ortodoxas de mercado, como a compra e venda da maioria dos instrumentos de financiamento. Seria igualmente necessário gerenciar as consequências mais amplas da saída de um país para os membros que permanecessem na zona do euro. Elas poderiam ser profundas. No pior dos cenários, mesmo a saída de um país pequeno poderia estimular a perda de confiança no mercado, que então se disseminaria para toda a zona do euro e daí para a economia mundial de modo geral. Assim, o FMI, o BCE, o Banco Mundial e a maioria das instituições financeiras teriam de desempenhar um papel decisivo nesse processo.

A saída mesmo de um país pequeno da zona do euro está, pois, longe de ser a opção fácil de que tanto se fala. A maioria das instituições e Estados da UE sem dúvida já se preparou "em

---

9 Ibid., p.39-46.

CONTINENTE TURBULENTO E PODEROSO

princípio" para essa eventualidade – pelo menos, é o que se espera. Desse modo, há pelo menos uma chance de que a saída de um ou dois países pequenos possa ser administrada sem grandes danos para o edifício inteiro. Mas o que aconteceria se um país maior resolvesse sair ou fosse forçado a fazê-lo – digamos, a Espanha ou a Itália? Todos os problemas já aventados surgiriam, mas numa escala maior e mais perigosa. Um estudo publicado pela Fundação Bertelsmann apresenta uma análise detalhada da questão. A saída conjunta da Grécia e de Portugal seria muito dispendiosa, em termos de aumento do desemprego e queda da demanda, tanto internamente quanto na zona do euro. Se a Espanha se juntasse a eles, os custos aumentariam de maneira exponencial e já afetariam outras grandes economias do mundo. A diminuição do crescimento nos EUA equivaleria a 1,2 trilhão de euros até 2012. Se a Itália saísse, a situação poderia muito bem escapar ao controle, provocando uma nova e profunda crise econômica mundial. De acordo com o estudo, a Alemanha, em consequência, perderia 1,7 trilhão de euros nesse período; os EUA, 2,8 trilhões; e a China, 1,9 trilhão.[10]

Creio que a zona do euro deva ser mantida intacta, se isso for humanamente possível, e sem desertores – não somente por causa de sua importância dentro da Europa, mas também em razão do *status* global do euro. É importante lembrar que a criação do euro não se deveu unicamente à ambição política. Havia uma longa história de instabilidade monetária na Europa. No início do período pós-guerra, as moedas não eram conversíveis. As transações comerciais se faziam mediante acordos específicos entre países e, em pouco tempo, o sistema se tornou impraticável.[11] Com a dissolução de Bretton Woods no começo dos anos 1970,

---

10 Greece's withdrawal from the eurozone could cause global economic crisis, informe à imprensa, Bertelsmann Foundation, 17 out. 2012. Disponível *online*.
11 Mayer, *Europe's Unfinished Currency: The Political Economics of the Euro*, Capítulo 1.

permitiu-se que as moedas flutuassem uma com relação à outra e ao dólar. A nova situação levou volatilidades consideráveis. Um dos melhores estudos sobre sua evolução fala do "mal-amado padrão dólar".[12] Até bem recentemente, a política monetária norte-americana permanecia firmemente voltada para si mesma, apesar de sua repercussão no resto do mundo. Era do interesse dos Estados europeus tentar limitar seus efeitos negativos – o que resultou na criação do Sistema Monetário Europeu. O SME era essencialmente uma cesta de moedas, com taxas bilaterais de câmbio que podiam flutuar dentro de margens estabelecidas segundo os países envolvidos, dependendo das variações de suas circunstâncias econômicas. O objetivo era construir um sistema no qual os Estados membros seriam mais ou menos iguais em termos de potencial econômico. A Alemanha de fato emergiu como a influência dominante, o que reduziu a competitividade de alguns outros membros da UE por causa das altas taxas de juros.

Desvalorizações monetárias ocorreram depois na Itália e na Espanha. A libra esterlina britânica e a lira italiana foram removidas do Mecanismo de Taxas de Câmbio, a primeira durante uma série de eventos dramáticos que ficaram conhecidos como a "Quarta-feira Negra". A moeda francesa também ficou sob forte pressão na dita "batalha do franco", que acabou sendo protegido pela intervenção ativa do Bundesbank. As pressões subjacentes dentro do SME nem assim puderam ser detidas. A peseta espanhola foi desvalorizada juntamente ao escudo português. O SME foi reformulado, permitindo maiores flutuações das moedas, mas os problemas não desapareceram, e o franco francês também precisou ser desvalorizado. A divergência entre as moedas e as más soluções disponíveis para controlá-la significava que elas eram fortes demais em relação à moeda global dominante, o dólar norte-americano. Mesmo nos penosos anos recentes, o

---

12 McKinnon, *The Unloved Dollar Standard: From Bretton Woods to the Rise of China.*

CONTINENTE TURBULENTO E PODEROSO

euro foi um bem-sucedido contrapeso à moeda norte-americana nos mercados mundiais.

A estrutura intelectual da teoria econômica que embasava a desregulamentação está mais ou menos em ruínas. Se o euro sobreviver em boa forma, a UE deveria ser um ator-chave na reconstrução, juntamente aos EUA e particularmente a China. É do interesse de países credores como a China, neste momento, permitir que suas moedas se valorizem, como condição para injetar mais estabilidade na ordem financeira mundial. Não somente as dívidas cairiam a níveis mais administráveis como os chineses poderiam voltar-se para a próxima fase de seu desenvolvimento, que deve ser o estímulo da demanda interna. Afinal, a liderança chinesa deixou bem claro tanto aos americanos quanto aos europeus que já se foram os dias durante os quais poderiam sair facilmente, pedindo emprestado, das enrascadas em que se metiam. O tempo dirá até que ponto essa possibilidade é realmente viável, mas é difícil enxergar como, de outro modo, os desequilíbrios mundiais atuais possam ser corrigidos.

"Continente turbulento e poderoso" – esperamos que a agitação agora vista novamente na Europa permaneça superficial se comparada às tensões e aos conflitos que marcaram seu passado. A União ainda pode afundar, ou mesmo se desintegrar, em resultado de uma reação em cadeia de circunstâncias que os Estados membros foram incapazes de controlar. A transição necessária para um sistema mais unificado e democrático talvez se revele politicamente impossível. No entanto, uma União mais integrada poderia se tornar um poder de âmbito mundial. Esse é um resultado que os pró-europeus devem neste momento buscar ativamente. A UE tem agora a oportunidade não somente de avançar, mas também de corrigir algumas das suas limitações e contradições históricas. "Por isso eu lhes digo: que a Europa se erga!" – após um lapso de cerca de setenta anos, as palavras de Churchill ainda podem nos inspirar.

Referências bibliográficas

ANDERSEN, G. (ed.). *Welfare States in Transition: National Adaptations in Global Economies*. London: Sage, 1996.

ANDERSON, A. *Makers: The New Industrial Revolution*. London: Random House, 2012.

ANDERSON, B. *Imagined Communities*. London: Verso, 1983.

BECK, U. *German Europe*. Cambridge: Polity, 2013.

BEGG, I. *Fiscal Union for the Euro Area: An Overdue and Necessary Scenario?* Gütersloh: Bertelsmann Stiftung, 2011.

BERGGRUEN, N.; GARDELS, N. *Intelligent Governance for the 21st Century:* A Middle Way between West and East. Cambridge: Polity, 2013.

BLYTH, M. *Austerity: The History of a Dangerous Idea*. Oxford: Oxford University Press, 2013.

BLYTH, M. *Austerity:* The History of a Dangerous Idea. Oxford: Oxford University Press, 2013.

BRUYN, S. et al. *Does the Energy Intensive Industry Obtain Windfall Profi ts through the EU ETS?*. Delft: CE Delft, 2010.

BRUTER, M.; HARRISON, S. *How European Do You Feel?* The Psychology of European Identity. London School of Economics, 2012.

BUCHAN, D. *Can Shale Gas Transform Europe's Energy Landscape?* London: Centre for European Reform, July 2013.

BRYNJOLFSSON, E.; MCAFEE, A. *Race Against the Machine*. Lexington, MA: Digital Frontier, 2011.

CANTLE, T. *Interculturalism: The New Era of Cohesion and Diversity*. Basingstoke: Palgrave Macmillan, 2012.

CHARTER, D. *Au Revoir, Europe:* What if Britain Left the EU? London: Biteback, 2012.

CRAWFORD, A; CZUCZKA, T. *Angela Merkel:* A Chancellorship Forged in Crisis. Chichester: Wiley, 2013.

CONNOLLY, B. *The Rotten Heart of Europe*. London: Faber & Faber, 1995.

COOPER, R. *The Post-Modern State and the World Order*. London: Demos, 2000.

DIAMOND, P.; LODGE, G. *European Welfare States after the Crisis: Changing Public Attitudes*. London: Policy Network, 2013.

FANSHAWE, S.; SRISKANDARAJAH, D. *'You Can't Put Me in a Box': Super-Diversity and the End of Identity Politics in Britain*. London: IPPR, 2010.

FOUCAULT, M. *Discipline and Punish*. London: Penguin, 1991.

FREELAND, C. *Plutocrats: The Rise of the New Global Super-Rich and the Fall of Everyone Else*. London: Allen Lane, 2012,

GIDDENS, A. A social model for Europe? In: GIDDENS, A.; DIAMOND, P.; LIDDLE, R. (eds.). *Global Europe, Social Europe*. Cambridge: Polity, 2006.

GIDDENS, A. *Europe in the Global Age*. Cambridge: Polity, 2006.

GIDDENS, A. *Over to You, Mr Brown: How Labour Can Win Again*. Cambridge: Polity, 2007.

GIDDENS, A. *The Politics of Climate Change*. Cambridge: Polity, 2011.

GIDDENS, A. *The Third Way*. Cambridge: Polity, 1998.

GUIBERNAU, M. *Belonging: Solidarity and Division in Modern Society*. Cambridge: Polity, 2013.

HALE, T.; HELD, D.; YOUNG, K. *Gridlock:* Why Global Cooperation is Failing when We Need it Most. Cambridge: Polity, 2012.

HEWITT, G. *The Lost Continent*. London: Hodder & Stoughton, 2013.

HAMILTON, D. S.; QUINLAN, J. P. *The Transatlantic Economy 2012*. Center for Transatlantic Relations, Johns Hopkins University, 2012.

HELM, D. *The Carbon Crunch: How We're Getting Climate Change Wrong – and How to Fix It*. New Haven, CT: Yale University Press, 2012.

HEISE, A.; LIERSE, H. *Budget Consolidation and the European Social Model*. Berlin: Friedrich Ebert Stiftung, 2011.

CONTINENTE TURBULENTO E PODEROSO **263**

HERRING, H.; SORRELL, S. *Energy Efficiency and Sustainable Consumption: The Rebound Effect*. Basingstoke: Palgrave Macmillan, 2008.

HOBSBAWM, E.; RANGER, T. *The Invention of Tradition*. Cambridge: Cambridge University Press, 1992.

HUNTINGDON, S. *Who Are We?* New York: Simon & Schuster, 2004.

KAGAN, R. *Paradise and Power: America and Europe in the New World Order*. London: Atlantic, 2006.

KEANE, J. *The Life and Death of Democracy*. London: Simon & Schuster, 2009.

KEARNEY, I. Economic challenges. In: REYNOLDS, B.; HEALY, S. (eds.). *Does the European Model have a Future?* Dublin: Social Justice Ireland, 2012.

KURZWEIL, R. *The Singularity is Near: When Humans Transcend Biology*. London: Duckworth, 2005.

LEIKEN, R. S. *Europe's Angry Muslims*. Oxford: Oxford University Press, 2012.

MARIN, B. *Welfare in an Idle Society?* London: Ashgate, 2013.

MARRIS, E. *Rambunctious Garden: Saving Nature in a Post-Wild World*. London: Bloomsbury, 2011.

MARSH, D. *Europe's Deadlock*. New Haven, CT: Yale University Press. 2013.

_____. *The Euro: The Battle for the New Global Currency*. London: Yale University Press, 2011.

MARSHALL, T. H. *Citizenship and the Social Class*. Cambridge: Cambridge University Press, 1950.

MARTECH, M. *Positive Impact of Industrial Robots on Employment*. London, 2011.

MAYER, T. *Europe's Unfi nished Currency: The Political Economics of the Euro*. London: Anthem Press, 2012.

MCKINNON, R. I. *The Unloved Dollar Standard: From Bretton Woods to the Rise of China*. Oxford: Oxford University, 2013.

MENON, A.; PEET, J. *Beyond the European Parliament:* Rethinking the EU's Democratic Legitimacy. London: Centre for European Reform, December 2010.

METTLER, A.; WILLIAMS, A. D. *Wired for Growth and Innovation: How Digital Technologies are Reshaping Small- and Medium-Sized Businesses*. Brussels: Lisbon Council, 2012.

MOORE, K.; MASON, P.; LEWIS, J. *Images of Islam in the UK*. Cardiff: Cardiff University Press, 2008.

MISSIROLI, A. (ed.). *Enabling the Future: European Military Capabilities 2013-2025*. Paris: European Union Institute for Security Studies, 2013.

NYE, J. *Soft Power: The Means to Success in World Politics*. New York: Public Affairs, 2004.

OECD. *Pensions at a Glance 2011: Retirement-Income Systems in OECD and G20 Countries*. Paris: OECD, 2011.

PATTEN, C. *East and West: The Last Governor of Hong Kong on Power, Freedom and the Future*. London: Pan Macmillan, 1998.

PIERSON, P. (ed.). *The New Politics of the Welfare State*. Oxford: Oxford University Press, 2001.

RATTANSI, A. *Multiculturalism*. Oxford: Oxford University Press, 2011.

ROSENZWEIG, L. M. *Win–Win Ecology: How the Earth's Species Can Survive in the Midst of Human Enterprise*. Oxford: Oxford University Press, 2003.

SAPIR, A. et al. *An Agenda for a Growing Europe*. Brussels: European Commission. July 2003.

SARRAZIN, T. *Europa braucht den Euro nicht*. Munich: Deutsche Verlags-Anstalt, 2012.

SCHÄEFFER, A.; Streeck, W. (Orgs.). *Politics in the Age of Austerity*. Cambridge: Politics, 2013.

SCHEFFER, P. *Immigrant Nations*. Cambridge: Polity, 2011.

SCHMIEDING, H.; SCHULZ, C. *The 2012 Euro Plus Monitor:* The Rocky Road to Balanced Growth. Brussels: Lisbon Council and Berenberg Bank, 2012.

SCHIMPFF, S. *The Future of Medicine*. Washington, DC: Potomac, 2007.

SEM, A. *Identity and Violence*. New York: Norton, 2006.

SIMMS, B. *Europe:* The Struggle for Supremacy. London: Allen Lane, 2013.

SHAXSON, N. *Treasure Islands: Tax Havens and the Men who Stole the World*. London: Bodley Head, 2011.

STEPHENS, J. D. The Scandinavian welfare states. In: ESPING-SUNSTEIN, R. C. *Laws of Fear: Beyond the Precautionary Principle*. Cambridge: Cambridge University, 2005.

SUMMERS, L.; Foreword. In: BARBER, M.; DONNELLY, K.; RIZVI, S. *An Avalanche is Coming: Higher Education and the Revolution Ahead*. London: IPPR, 2013,

SWEZEY, D.; RYAN, M. *Manufacturing Growth: Advanced Manufacturing and the Future of the American Economy*. Breakthrough Institute, October 2011.

TARIFA, F. *Europe Adrift on the Wine-Dark Sea*. Chapel Hill, NC: Globic Press, 2007.

TAYLOR, C. *Multiculturalism: Examining the Politics of Recognition*. Princeton, NJ: Princeton University Press, 1994.

TREMBATH, A. et al. *Coal Killer: How Natural Gas Fuels the Clean Energy Revolution*. Oakland, CA: Breakthrough Institute, June 2013.

VAN MIDDELAAR, L. *The Passage to Europe:* How a Continent Became a Union. London: Yale University Press, 2013.

VOGEL, D. *The Politics of Precaution: Regulating Health, Safety, and Environmental Risks in Europe and the United States*. Princeton, NJ: Princeton University Press, 2012.

WEIWEI, Z. *The China Wave: Rise of a Civilizational State*. Hackensack, NJ: World Century, 2012.

Índice remissivo*

Afeganistão, 218-9

África do Norte, 147, 153, 208, 210, 237-8

Agência Ambiental Europeia, 198

Agência Internacional de Energia (AIE), 190

Ahtonen, Annika, 126

AIE, *ver* Agência Internacional de Energia

Alemanha
  e China, 240
  e fábrica de carros elétricos Tesla, EUA, 88
  energia, 201-2, 205
  e França, influência da, 8, 25-8, 45-8, 50-1
  e Grécia, relações entre, 24, 75-6, 77, 156
  gasoduto Nord Stream, 211, 227-8
  renováveis, 203-4, 212
  esquemas de empregos para jovens, 140-1
  estudos sobre a pobreza, 119-20
  euro/eurozona, 31-6, 45, 66, 71, 155-7, 248-9, 251-3
  imigração, 154-7
  trabalhadores turcos "convidados", 146-7, 156
  pesquisas de opinião pública, 6, 47-8
  predomínio da, 8, 12, 23-8, 247-50
  problemas de segurança, 233, 235
  Líbia, 231
  programa de austeridade, 115
  ver também Merkel, Angela

Alto Representante/vice-presidente (HVRP) e Resto do Mundo (ROTW), 232, 237-45

Amazon, Reino Unido, 99

---

* Os números de página em *itálico* se referem a figuras e tabelas.

América Latina, 220-1
Anderson, Benedict, 172
Anderson, Chris, 87-8
Andor, László, 122
Ano Europeu dos Cidadãos, 53
Ano Europeu do Voluntariado (AEV), 52-3
antropocena, era, 192
aposentadoria/pensões, 134-8
aprendizado por toda a vida (Programa Erasmus), 52, 138, 141-2
árabe, movimento democrático, 227, 237
armas nucleares, Irã, 227
AROPE, medida, 122
Ashton, Catherine, 41, 232
assistência médica, 125-8
   e internet, 127-8, 131-2
   Finlândia, 128-9
   Suécia, 124
austeridade
   impacto da, 69-72
   versus investimento, 16, 65, 124-5
   ver também crise econômica; crescimento econômico/recuperação
Áustria, 6, 122, 155

Bálcãs, 5, 14, 20, 217, 234, 238
bancos
   consequências da saída da eurozona, 256
   consequências do colapso da eurozona, 249-51
   e sindicatos bancários, 27-30, 66
   Irlanda, 117

taxa de transação financeira, 98-9
Banco Central Europeu (BCE), 28-34, 114
   liderança, 9-10, 23-4, 27
Banco de Investimento Europeu (BIE), 211-2
Banting, Keith, 162-3
Barroso, José Manuel, 36, 41, 53
bem-estar, *ver* modelo social
bem-estar positivo, 109, 137
Berlusconi, Silvio, 24, 248
Beveridge, William, 109-10
Bootle, Roger, 253, 255
Boston Consulting Group (BCG)
   reshoring da manufatura, 89-93
Brundtland, relatório, 193

Cable, Vince, 251-2
"cacofonia estratégica", 233
Cameron, David, 21, 58-60
Canadá, 61-2, 159, 198, 228
Cancún, Conferência da ONU em, 187-8
carvão, 197, 204-5, 208-9
China, 239-40
   direitos humanos, 239
   emissões/mudança climática, 184-7, 191, 196-8
   energia, 203, 207-8
   identidade e democracia, 173-4
   interesses estratégicos, 227
   manufatura e economia, 18-9, 90, 92
   painéis solares, *dumping* dos, 240
Chipre, 30, 96, 228, 242
Churchill, Winston, 3-7, 21, 39-40, 58

CONTINENTE TURBULENTO E PODEROSO 269

cidadãos
desilusão, 5-7
e instituições da UE, 7-9, 38-9
e modelos de bem-estar social, 110-1, 114
envolvimento, 12, 52-7
imigração, preocupação com a, 148-9
países da eurozona, 48-9
"Cimeira da Terra" do Rio, 194
Clinton, Hillary, 186
Comissão Europeia
candidatos presidenciais, 46
Esquema de Comércio de Emissões (ECE), 181-4
Eurobarômetro, 6
eurobond, endosso ao, 36
Europa 2020, iniciativa, 78-86
governança da UE, 8-9
integração política, 46
papel, 38, 42
presidente Barroso, 36-7, 41, 53
problemas de eleição, 36-7, 47
problemas de energia, 208, 210-1
projetos de envolvimento de cidadãos, 12, 52-5
taxa de transação financeira, 100
Compacto Fiscal, 31-3, 60
comunidade de destino, 10, 49, 247
ver também interdependência/integração
Comunidade Europeia, fundação e expansão, 216
Connolly, Bernard, 57
Conselho da Europa, 38

Conselho de Ministros, 38
Conselho Europeu, 8-9, 38, 42, 225, 234
conservação, 192
Consórcio Internacional de Jornalistas Investigativos, 97
Copenhague, Conferência de/Acordo, ONU, 19, 186-7
corrupção, 56-7, 128, 174
crescimento da renda, 100-1
crescimento econômico/recuperação, 15
estratégias, 78-82
investimento em energia, 209-13
ver também indústrias manufatureiras
"crescimento inclusivo", 80, 100
"crescimento inteligente", 79-80
crianças, investimento nas, 112, 120
crise econômica, 15-6
eurozona, 4-6, 23
impacto sobre emissões, 196-7
impacto sobre modelo social (MSE), 114-8
ver também austeridade
cuidados infantis, serviços de, 121

De France, Olivier, 233
democracia, 170-1
América Latina, 220
China, 174
déficit, 7-8, 38-9
monitorada, 55-6
online, 54-5
representativa, 55, 171
ver também eleições

democracia monitorada, 55-6

democracia representativa, 55, 171

Derrida, Jacques, 103

desemprego, 116, 118, 121-3, 134-6

  benefícios, 110

  e os sem-teto, 103

  jovem, 139-42

  ver também emprego; verbetes começados por "trabalho"

Desertec, 210

desigualdades, *ver* pobreza/desigualdades

desindustrialização, 16-7, 168-9

  e reindustrialização, *ver* indústrias manufatureiras

digital, tecnologia

  impressoras 3D, 87, 236

  modelo social (MSE), 128-33

  produção, 81, 83-4, 86-9

  ver também tecnologias da internet

Dinamarca, 59-60, 107

direitos humanos, China, 239

divisões Norte-Sul, 104, 118, 136, 140

Doha, Conferência de, ONU, 187-8

Draghi, Mario, 27, 31, 114

drones, tecnologia de, 235-6

Durban, Conferência de/Plataforma, ONU, 187-8

"ecologia da reconciliação", 192

economias emergentes, 62-3, 67, 98

educação

  aprendizado por toda a vida (Programa Erasmus), 52, 138, 141-2

  Europa 2020, iniciativa, 79

internet, 120, 128-33

  ver também modelo social

eleições, 11, 36-7, 47

  de presidente da Comissão, 46

  de um presidente europeu, 40, 43-4, 51

  e eleitorado, 8-9, 38-9

  nacionais, 48-9

elemento subsidiário, 43

eletricidade, rede, 210

elisão internacional/estratégias de evasão, 98-100

emissões de carbono, *ver* mudança climática/meio ambiente

emissões de gases do efeito estufa, *ver* mudança climática/meio ambiente; energia

empregos

  benefícios não econômicos, 110-1

  criação de, 67, 80, 89-95

  Europa 2020, iniciativa, 79-8

  ver também desemprego; *verbetes começados por* trabalho

empregos, criação de, 67, 80, 89-95

empresas globais/multinacionais, 97-101

empresas multinacionais/globais, 97-101

energia

  fontes tradicionais e tecnologias de transição, 204-9

  investimento, 209-13

  renovável, 195-7, 203-4

  trilema, 199-204

energia nuclear, 200-3, 212

energia renovável, 195-7, 203-4

energia solar, *ver* energia renovável

CONTINENTE TURBULENTO E PODEROSO

envelhecimento da população, 134-42

e assistência médica, 125-6

e imigração, 163

Erasmus, Programa (e aprendizado por toda a vida), 52, 138, 141-2

Espanha, 6, 71, 73, 85

aumento de renda, 100

democracia antiga, 170

desemprego, 116-8

políticas de austeridade e protestos, 103, 115-7

reindustrialização, 94

trabalhadores da área da saúde, Finlândia, 128

Esquema de Comércio de Emissões (ECE), 180-5, 196, 209, 212

esquemas de reciclagem de trabalhadores, 120-1, 138

Estado de investimento social, 18-9, 109-14, 126

Estados Unidos (EUA)

bancos, 28, 30

crescimento de renda, 100

e Canadá, 61-2

emissões/mudança climática, 19-20, 180, 184-8, 191, 196

energia, 91-2, 205-8

política, 199

e Otan, 217-24

esquemas de reciclagem do trabalho, 119-20

e UE

acordo de livre comércio, 69, 95, 221-2

crise na eurozona, 32

desemprego de jovens, 139

Guerra Fria/pós-Guerra Fria, relações, 215, 217, 224-7

relações com o Reino Unido, 62-3

identidade nacional, 172-3

investimento, 85

legislação fiscal, 97-8

migração europeia para os, 145-6

nova tecnologia militar, 235-6

Pew, Centro de Pesquisa/Fundação, 48, 223

Plano Marshall, 65-6

reshoring de manufaturas, 89-95

Síria, 230

EU1, 9-10, 26, 38-40, 42-3, 224

EU2, 9-12, 23-7, 31, 46, 57, 66-7, 82, 142, 224, 232, 247

EU3, 36-7

Euratom, Tratado, 202

eurobonds, 33-4,36

euro/eurozona, 23-6, 28, 34-8

benefícios do, 11-3, 258-9

consequências da saída, 253-7

consequências do colapso, 250-3

e Alemanha, 31-6, 45, 66, 71, 155-6, 248-9, 251-2

e Compacto Fiscal, 31-3, 60

e crise econômica global, 4-6, 23

e federalismo, 41-8

e Reino Unido, 59-61

história de instabilidade monetária, 257-8

impacto da austeridade, 69-72

pesquisas de opinião pública, 47-8

ver também Banco Central Europeu; *países específicos*
eurocéticos, 13, 37, 42, 50-1
 Alemanha, 24
 e pró-europeus, 11, 47
 Reino Unido, 59, 62-3
Europa de papel, 10-1, 38-9, 69, 232
Europe 2020, iniciativa, 79
Euro Plus Monitor, 70-1

federalismo, 20, 36-7
 e expansão da UE, 240-1
 preocupações dos eurocéticos, 13
 questão da liderança, 25-7, 40-4, 46-7, 51, 56
 reestruturação, 39-45
 ver também interdependência/integração
federalismo econômico, 36-7
Finlândia, 6, 107, 128, 202
Fischer, Joschka, 247
flexibilidade da força de trabalho/ "flexigurança", 108-11, 120
FMI, *ver* Fundo Monetário Internacional
Força de Reação Rápida Europeia, 225
Foucault, Michel, 133
França
 e adesão da Turquia, 242
 e Alemanha, 9, 26-7, 45-8, 51-2
 "garantia da juventude", 141-2
 economia, 71-2, 85
 energia, 200-1, 205
 e Países Baixos, políticas de imigração comparadas, 158
 e parceria transatlântica, 222-3

Islã
 "guerras dos véus", 160-1, 165
 Mohamed Merah, incidente com, 153, 160
 segurança, 61-2, 225, 233, 235
 Mali, 224
 Síria, 231
fraude, Esquema de Comércio de Emissões (ECE), 183
Fukushima, usina nuclear de, 200-2
Fukuyama, Francis, 174
Fundo Monetário Internacional (FMI), 4, 9, 23-4, 26-7, 72, 74

gás
 gasoduto Nord Stream, 211, 227-8
 Rússia, 210-1, 229
 xisto, 205-8, 212
Gellner, Ernest, 215
gelo ártico, derretimento do, 190, 198
geoengenharia, 199
gestão de riscos, Estado de bem-estar como, 110
globalização, 17, 46, 244
 e imigração, 144-52
Goodhart, David, 161-2
Gorbachev, Mikhail, 216
Gore, Al, 180
Grã-Bretanha *ver* Reino Unido
Grand, Camille, 225
gravidez na adolescência, 121
Grécia
 desemprego, 74, 103
 e Alemanha, relações entre, 24, 75-7, 156

CONTINENTE TURBULENTO E PODEROSO 273

e China, 174
economia, 72-8
  corrupção, 56-7
  eurozona, comparação, 71, 85
  evasão fiscal, 74-5, 77, 98
  privatização, 76
  socorros/dívida, 28, 33, 75
energia, 205
  investimento em infraestrutura, 211-2
origens da democracia, 170-1
sistema de saúde, 127
Grillo, Beppe, 24
Guerra Fria/pós-Guerra Fria, era da, 215-7, 224-7

Habermas, Jürgen, 48, 103
Hatzidakis, Kostis, 76
Havel, Václav, 175-6
Hollande, François, 9, 26, 51, 142
Huntington, Samuel, 172

identidade, nacional e europeia , 172-7
identidade nacional e europeia, 172-7
idioma inglês, 53
imigração, 143-4
  ansiedades, 63, 69, 107, 154-9
  e globalização, 144-52
  e interculturalismo, 19, 164-9, 172
  e solidariedade, 161-2
  e "valores europeus", 170-7
  ilegal, 147-8
  imperativo cosmopolita, 62-3, 144, 165-6
  Reino Unido *ver em* Reino Unido (RU)

e tradição não tradicional, 152-4
  ver também multiculturalismo
imigrantes de segunda geração, 150, 157
Immelt, Jeff, 91
imperativo cosmopolita, 62-3, 144, 166
impressoras 3D, 87, 236
indústrias manufatureiras e de serviços, transformação das, 82-6
infantil, pobreza, 118
Iniciativa dos Cidadãos Europeus, 54-5
inglês, idioma, 53
Instituto para Estudos de Segurança, 232-3
interculturalismo, 19, 164-9, 172
interdependência/integração
  e mutualidade, 13, 31-4, 45, 66
  envolvimento público, 52-7
  estrutura e processo, 44-51
  oportunidades e riscos, 17, 244
  progresso, 28-39
  Reino Unido e Europa, 58-63
  ver também federalismo
investimento, 84-6
  austeridade *versus*, 16, 65, 124-5
  em crianças, 112-3, 120
  em energia, 209-13
  na Grécia, 75-7, 211-2
  Estado de investimento social, 18-9, 109-14, 126
Irã, 227
Iraque, Guerra do, 217-20
Irlanda, 6, 71, 85, 117, 118

islâmicos, imigrantes, 152-7, 160-1, 166-8, 171
islâmicas, mulheres, 152, 160-1, 166, *167*, 237-8
Issing, Otmar, 33
Itália, 24, 73, 100

Jang Weiwei, 173, 177
Japão
  usina nuclear de Fukushima, 200-1
  investimento, 85
jovens, desemprego dos, 139-42
jurisdições secretas, *ver* paraísos fiscais/evasão

Kaczy ski, Jarosław, 248
Kagan, Robert, 217-8, 220-2
Keane, John, 170-1
Kennedy, John F., 222
Kissinger, Henry, 40-2
Kosovo, 234, 238
Krugman, Paul, 250
Kymlicka, Will, 162-3
Kyoto, Protocolo de, 182, 185, 188, 219

Lagarde, Christine, 27
Lavrov, Sergey, 230
Leonard, Mark, 217-20
Leste Europeu, 200, 202, 210-1, 227
Líbia, 224, 230
liderança, 25-7, 40-4, 46-7, 51, 56
Li Keqiang, 240
Lisboa, Agenda de, 71, 78-81, 107, 219-20

Lisboa, Tratado de, 41, 54, 200-2, 219-20, 224, 232
Lisbon Council, 70-1, 74, 76
Llenza, Michael, 236
Luxemburgo, 71, 99

manufatureiras, indústrias, 67-8
  e indústrias de serviços, transformação das, 82-6
  produção digital, 82-4, 86-9
  reshoring, 89-95
Marin, Bernd, 135
McLuhan, Marshall, 55
Mecanismo de Estabilidade Europeu, 30
Medvedev, Dimitri, 228-9
Merah, Mohamed, 153-4, 160
mercados de trabalho
  e "dependência do bem-estar", 110
  em toda a UE, 128
  entrada e saída de mulheres, 121-2, 135-6
  pessoas mais velhas, 138
  reformas. 106-7, 113
mercado único, 80, 84
Merkel, Angela
  China, 240
  como "presidente", 9, 23-4, 27, 42, 46, 240
  e Nicolas Sarkozy, 26
  esquema de treinamento de âmbito europeu, 141
  eurobonds, 33-4, 36
  integração financeira, 31
  Hitler, comparação com, 247-8

CONTINENTE TURBULENTO E PODEROSO

multiculturalismo, 156, 157

Rússia, 228

"método Monnet" de governança, 8-10

Mettler, Ann, 82, 84, 86

Middelaar, Luuk van, 36

mídia social, 54-5

migrantes marroquinos, 147, 149, 151, 160

modelo social (MSE), 18, 103-4

consequências da crise financeira, 114-8

corte de custos e reforma, 123-8

desigualdades, 118-23

e imigração, 161-2

Estado de investimento social, 18-9, 109-14, 126

Idade de Ouro do Estado de bem--estar, 105-9

tecnologia digital, 128-33

Monti, Mario, 24

movimento "verde", 191-2

muçulmanos, *ver verbetes começados por* "islâmico"

mudança climática/ambiente, 19, 151

Esquema de Comércio de Emissões (ECE),180-6, 196, 209, 212

Europe 2020, iniciativa, 79, 94-5

ONU, processos da, 185-91, 196

proposta de políticas, 196-200

princípio da precaução, 19, 192-6

sustentabilidade, dificuldade de definição de, 79, 192-3

"verde", movimento, 191-2

ver também energia

mulheres

islâmicas, 152-4, 166, *167,* 238

mercado de trabalho, 121-2, 136-7

multiculturalismo, 19, 159-61

e interculturalismo, 19, 164-9, 172

fracasso do, 19, 155-8

políticas de imigração holandesa e francesa, 158

mutualidade, 13, 31-2, 34, 47, 66

Nkoana-Mashabane, Maite, 188

Nord Stream, gasoduto, 211, 227

nórdicos, países, 106-7, 124, 135, 138

Noruega, 202-3

Nye, Joseph, 221

Obama, Barack, 23, 186-7, 221-2

OCDE, 98, 136

Oceano Antártico, aquecimento do, 190

Oriente Médio

fundamentalismo islâmico, 153

instabilidade, 15, 177, 227, 237-8

migração, 147

origens da democracia, 170

recursos energéticos, 200, 208, 210, 227

oportunidade e risco, 17, 165, 194, 209, 244

Organização das Nações Unidas (ONU)

Conselho de Segurança, 62

Líbia, 230

mudança climática e meio ambiente, 185-91, 196

Síria, 230-1

Organização Mundial do Comércio, 219
Otan, 218, 227, 233
  e Canadá, 61
  e França, 222, 224
  e Rússia, 228-31
  e EUA, 20, 43, 217-8, 222, 224-7

Pacto de Crescimento e Estabilidade, 31, 47
Painel Intergovenamental de Mudança Climática (PIMC), 185-6
Países Baixos, 24, 71, 122
  energia, 202, 21
  imigração, 149
    e França, comparação de políticas, 157-8
Papandreou, George, 73
paraísos fiscais/evasão, 68, 95-101
  Grécia, 73-4, 77, 97
Parlamento Europeu, 8-9, 39-40, 42, 46, 183-4
parlamentos nacionais, 39
Partido do Povo Europeu, 46
Partido dos Socialistas Europeus, 46
pensões/aposentadoria, 134-8
pequenas e médias empresas (PMEs), 77, 83, 87-9
"garantia da juventude", 140-1
presidente europeu, eleição proposta de um, 40-1, 43-4, 51
petróleo, 200, 208, 227, 230
Pew, Centro de Pesquisa/Fundação, 48, 223

Política de Defesa e Segurança Comum, 231-2, 234-5
política externa e questões de segurança, 231-7
  Alto Representante/vice-presidente (HVRP) e Resto do Mundo (ROTW), 232, 237-45
  Guerra Fria e depois, 215-7, 224-7
  EUA, 217-24
  Rússia, 227-31
pobreza/desigualdades, 118-23
  "crescimento inclusivo", 79, 100
  Europa 2020, iniciativa, 79
  poder militar, *ver* política externa e questões de segurança; Otan
Polônia, 205-6, 216, 248
populismo/partidos populistas, 11, 24, 47, 148-9
Portugal, 6, 71, 83, 85, 94
princípio de precaução, 19, 192-6
prisões, 132-3
privacidade, 55
problemas de segurança, *ver* política externa e questões de segurança; Otan
produção automatizada, 93
público, *ver* cidadãos
Putin, Vladimir, 173, 227, 229-30

Rasmussen, Anders Fogh, 229
Rede de Justiça Fiscal, 96
referendos, 48, 63
  Reino Unido, 60-1
Rehn, Olli, 27

CONTINENTE TURBULENTO E PODEROSO 277

reindustrialização, *ver* indústrias manufatureiras
Reino Unido, 58-68
 Amazon, 99
 Compacto Fiscal, 31
 crescimento de renda, 100
 economia, 72-3, 85
 emissões, 198
 energia, 203, 205-6
 imigração, 119, 134, 161-2, 168
 atentados a bomba em Londres (2005), 166
 imigração, estudos de, 119
 investigação de instituições, 56
 pós-imperialismo, 45
 programas de cidadania ativa, 52
 reindustrialização, 94
 segurança, 225-6, 233, 235
 Síria, 230-1
 sistema de pensões, 137-8
 "rejuvenescimento", envelhecimento da população e, 134-42
 relações internacionais, 20-1
República Checa, 31, 183, 205
reshoring de manufaturas, 89-95
risco e oportunidade, 17, 165, 194, 209, 244
Rompuy, Herman Van, 41
Rosenzweig, Michael 192
Rússia, 227-31
 e Europa Oriental, 200, 210-1
 e União Soviética, 215-6
 identidade nacional, 173
 impacto da mudança climática, 198

interesses estratégicos, 227
Sarkozy, Nicolas, 24-6
Sarrazin, Thilo, 154-7, 161
saúde pública, 126
Scheffer, Paul, 148-52
Schengen, Acordo, 148
Schröder, Gerhard, 66
Schulz, Martin, 46
Sen, Amartya, 168
Sikorski, Radosław, 34
Singh, Fauja, 137
Sinn, Hans-Werner, 33
Síria, 230-1
Sirkin, Harold, 90
Sistema Monetário Europeu (SME), 258
soberania nacional, *ver* soberania/soberania+
soberania/soberania+, 13-4, 51, 232-3, 244
solidariedade
 e imigração, 161-3
 UE, 244
Soros, George, 32-4
Suécia, 59-60, 70, 107, 124
sustentabilidade, dificuldade de definição de, 79-80, 192

Tajani, Antonio, 93
taxa
 carbono, 180
 transação financeira, 99-80
 e sistemas de bem-estar, 111-2, 162
taxa de transação financeira, 99
Taylor, Charles, 159

tecnologias da internet, 17
  aplicações na educação, 120-1,
    128-31
  e assistência médica, 126-7, 131-2
  e democracia, 54-7
  e mercado único, 80, 84
  e migração, 122-3, 150, 165, 169
  ver também tecnologias digitais
Tesla, fábrica de carros elétricos, EUA, 87
tório, 202-3
Tobin, James, 99
tolerância, 171
transnacional/global, empresa, 98-101
transparência
  promoção da, 57
  regra da, 55
Transparência Internacional, 56-7
Tratado de Segurança Europeu, 228
turbinas eólicas, ver energia renovável

turcos, trabalhadores "convidados",
  146-7, 149, 156
Turquia, adesão à UE, 241-2

"valores europeus", 170-7
vigilância, 132-3
  tecnologia dos drones, 235
voluntariado, 52-3

União Soviética, 9, 173, 215-6

xisto, gás de, 20, 92, 205-8, 212, 230

Wen Jiabao, 239
Wilders, Geert, 24
Williams, Anthony, 82, 84, 86
Witney, Nick, 231-2

Youngs, Richard, 154

SOBRE O LIVRO

Formato: 14 x 21 cm
Mancha: 23 x 42 paicas
Tipologia: StempelSchneidler 11/14
Papel: Off-White 80 g/m² (miolo)
Cartão Supremo 250 g/m² (capa)
1ª edição: 2014

EQUIPE DE REALIZAÇÃO

Capa
Igor Daurício

Edição de texto
Mariana Pires (Copidesque)
Camilla Bazzoni de Medeiros (Revisão)

Editoração Eletrônica
Sergio Gzeschnik (Diagramação)

Assistência Editorial
Alberto Bononi

Impressão e Acabamento

FARBE DRUCK
gráfica e editora ltda.